Jaquelin Robertson
Stanley Tigerman (Hrsg.)

Der Postmoderne Salon
Architekten über Architekten

Aus dem Englischen
von Hans H. Harbort

Birkhäuser Verlag
Basel · Berlin · Boston

Die Originalausgaben, die als Grundlagen zu diesem Buch verwendet wurden, sind 1985 bzw. 1987 unter den Titeln „The Charlottesville Tapes" und „The Chicago Tapes" bei Rizzoli International Publications, Inc., New York, erschienen
©1985, 1987 Rizzoli International Publications, Inc., New York

Umschlagentwurf und -foto: Friederike Schneider

Die Deutsche Bibliothek – CIP-Einheitsaufnahme

Der postmoderne Salon : Architekten über Architekten / Jaquelin Robertson ; Stanley Tigerman (Hrsg.). Aus dem Engl. von Hans H. Harbort. – Basel ; Berlin ; Boston : Birkhäuser, 1991
   (Birkhäuser Architektur Bibliothek)
   Orig.-Ausg. gesondert u.d.T.: The Charlottesville tapes u.: The Chicago tapes
   ISBN 3-7643-2486-4
NE: Robertson, Jaquelin [Hrsg.]

©1991 der deutschsprachigen Ausgabe: Birkhäuser Verlag, Basel · Berlin · Boston
Printed in Germany
ISBN 3-7643-2486-4

Inhalt

Zur deutschen Ausgabe

Architekten im Medaillon: Die berühmtesten unter denen, die heute in der Architekturwelt Geltung haben, für die einen die schwarzen, für die anderen die weißen Schafe der Zunft, einander eng verbunden durch Feind und Ehr', trafen sich auf zwei Konferenzen in Charlottesville und Chicago.

Die Protokolle dieser Konferenzen sind überaus aufschlußreich; denn sie offenbaren nicht nur die Person, die hinter dem oft veröffentlichten Namen steht, sondern sie machen auch deutlich, was die Architekten heute, zu Recht oder zu Unrecht, zutiefst bewegt, was sie von ihrer Verantwortung halten und wie weit ihre künstlerische Freiheit reicht. Die Protokolle dokumentieren missionarischen Übereifer ebenso wie solides Qualitätsgefühl, sie zeigen die Johnsonsche Unbeirrbarkeit ebenso wie die Verletzlichkeit der Nachgeborenen.

Dieses Buch ist der Zusammenschnitt der beiden Konferenzen. Eine Auswahl mußte getroffen werden, um dem Buch eine lesbare Länge zu geben. Die Kriterien der Auswahl waren folgende: die Architekten, die auf beiden Konferenzen vorgetragen haben, wurden immer nur mit einem, dem wichtigeren ihrer Beiträge, aufgenommen. Auf bestimmte Positionen und bestimmte Persönlichkeiten konnte nicht einfach verzichtet werden. Der mühevollen verlegerischen Auswahl fielen dennoch zum Opfer: die Beiträge von Carlo Aymonino, Thomas Beeby, Henry Cobb, Bruce Graham, Toyo Ito, Ron Krueck, Robert Stern, Susana Torre und Taft Architects.

Die beiden Herausgeber, Jaquelin Robertson und Stanley Tigerman, kommen in ihren Einführungen und in ihren ausführlichen Diskussionsbeiträgen zu Wort.

Der Verlag

Die Konferenz in Charlottesville

Die Bühne

Die Zusammenkunft der Architekten, die im November 1983 an der Universität von Virginia, in Thomas Jeffersons Rotunda stattfand, in einer kolonialen Version des römischen Pantheon, dem Mittelpunkt einer der einflußreichsten *New Communities* der Neuen Welt, nahm ihren eigentlichen Ausgang in New York, in der kommerziellen Hochburg unseres Jahrhunderts. Und dies war die Idee: Einige der international bekannten Architekten, die man ohnehin zum zehnten Jahrestag der Gründung des *Institute for Architecture and Urban Studies* einladen wollte, sollten bereits einige Tage vorher zu einem exklusiven informellen Gesprächs- und Arbeitsforum, unter dem Motto *show-and-tell*, zusammenkommen, und die Protokolle dieses Forums sollten später als erste Ausgabe einer neugegründeten Architekturzeitschrift – *Architects on Architecture*, Architekten über Architektur – veröffentlicht werden.[1] Diese Einladung sollte die Leute nicht nur dazu bringen, wirklich zur Geburtstagsfeier des IAUS zu kommen (Architekten gehen überall hin, wo sie über ihre Arbeit reden können), sie trug auch ganz die Handschrift von Peter Eisenman mit seiner besonderen Art von Doppelstrategie, mit der er ein fremdes Ereignis zu nutzen weiß, um daraus für sich selbst eine besondere Publicity herauszuholen (hier eher durch Anti-Publicity, weil geheim und exklusiv) und sich dabei zugleich noch die Möglichkeit für eine neue Publikation zu verschaffen. Die sauber kalkulierte Idee eines amerikanischen Impresarios..., von gleicher Güte wie die, die das Institut überhaupt erst groß gemacht haben.

Obwohl man ursprünglich daran gedacht hatte, die Konferenz vom IAUS in New York veranstalten zu lassen, lehnte das Institut aus einer ganzen Reihe von Gründen ab (unter anderem wegen der gerade stattfindenden „Wachablösung" innerhalb des IAUS und der neuartigen Form der geplanten Konferenz). Da bot sich Charlottesville als reizvoller und vergleichsweise neutraler Schauplatz an. Die Einladungsschreiben trugen das eher mysteriöse Kürzel „P3"[2] und waren unterschrieben von Eisenman, Graves, Gwathmey, Robertson und Siegel. Die Eingeladenen wurden gebeten, *nicht* mit Außenstehenden über die Konferenz zu sprechen. Das machte das Ganze nicht nur exklusiver, sondern würde – so hoffte man – der Gefahr vorbeugen, allzu viele, die nicht auf der Liste standen, zu verstimmen (und hier gab es, wie sich unschwer denken läßt, mehr als genug hochqualifizierte Kandidaten). Außerdem war den Einladungen die folgende Absichtserklärung beigefügt:

[1] In Anlehnung an Bernard Rudowskys *Architecture without Architects*, was natürlich noch ganz andere Varianten ermöglicht: Journalismus ohne Journalisten, zum Beispiel, oder Geschichte ohne Historiker ....

[2] Das Kürzel „P3", das an ein Anagramm denken läßt und Assoziationen an eine Geheimloge der Freimaurer weckt, verlieh der Einladung etwas Mysteriöses, das allerdings vielleicht besser nicht weiter verfolgt werden sollte.

8

„Es gibt zwar mehr als genug Architekturzeitschriften, aber allzu oft sprechen sie jeweils für ganz bestimmte Interessengruppen. Die einen für Inserenten, Verleger und praktizierende Architekten, die anderen für Historiker, Kritiker und Journalisten. Selbst bei den besten dieser Zeitschriften verfügen diejenigen, die über Architektur schreiben, in der Regel weder über den professionellen Blick eines ausgebildeten Architekten, noch lehren oder praktizieren sie Architektur. Die Beschäftigung mit der Ideengeschichte der Architektur hat eine neue Hegemonie der schreibenden Zunft mit sich gebracht. Gegenwärtig wird die Architektur von Historikern, Kritikern und Journalisten beherrscht; sie sagen den Architekten nicht nur, was sie gemacht haben, sondern, noch wichtiger, geben ihnen gute Ratschläge, was sie tun sollten. Eine Gruppe Architekten aus aller Welt wird jetzt zusammenkommen und ihre Arbeiten ganz offen diskutieren und kritisieren. Das Ergebnis dieser Diskussionen wird kein neues Manifest und auch kein neuer akademischer Codex für die Architektur werden. Vielmehr sollen die Erfahrungen, die aus dieser gegenseitigen Kritik hervorgehen, den Anfang einer neuen Folge von jährlichen Publikationen bilden – eine Art Protokollreihe der Architektur."

[3] Eisenman und Stern hatten schon vorher erfolgreich in dieser Richtung experimentiert mit der Rubrik „Five on Five", in der fünf Architekten die Arbeiten der „New York Five" besprachen. In: *Architectural Forum*, Mai 1973. Greenberg, Giurgola, Moore, Robertson und Stern nahmen hier Stellung zu den Arbeiten von Eisenman, Graves, Gwathmey, Hejduk und Meier.

In dem Einladungsschreiben wurden die Gäste außerdem gebeten, jeweils ein bislang noch unveröffentlichtes Projekt mitzubringen und den Kollegen zur Begutachtung bzw. Kritik vorzustellen, wobei besonders betont wurde, daß keine „Außenseiter", d. h. Kritiker, Journalisten oder Historiker, anwesend sein würden – außer einem Vertreter des Verlags Rizzoli, dem die Exklusivrechte an den gezeigten Arbeiten übertragen werden sollten. Die im Anschluß an die Konferenz veröffentlichte Zeitschrift sollte alljährlich erscheinen – damit war impliziert, daß noch weitere solcher Konferenzen mit Architekten zum Thema Architektur geplant waren.

Kurzum, dies sollte der Auftakt einer ganzen Serie von offenen Schlachten oder „close encounters" sein, die Kritik, Anregung und Inspiration, ja: ein wahres Feuerwerk an Auseinandersetzung versprachen.[3]

Die Akteure

Diejenigen, die nach Charlottesville eingeladen wurden, entstammten in erster Linie jenem Kreis von Architekten, Weggenossen wie auch Dissidenten, die im Umkreis des Instituts und der New Yorker Architekturszene der 60er Jahre groß geworden waren – es waren Amerikaner und einige geschätzte Ausländer, die sich, wie man glaubte, wirklich ernsthaft mit Architektur beschäftigten. Es waren Leute, die sich untereinander kannten, die sich gemeinsam beruflich entwickelt, gemeinsam gelehrt und einander auf Konferenzen gesehen hatten. Zum Teil

9

waren sie Überbleibsel von den ehemaligen „White"- und „Gray"-Gruppen oder den frühen CASE-Konferenzen, vor allem aber waren sie so etwas wie Veteranen einer Vielzahl früherer Veranstaltungen und Exkursionen des Instituts. Mit anderen Worten: Alles bekannte Spieler aus bekannten Clubs. Es gab Ausnahmen, zum Beispiel waren Roche und Rudolph von der älteren Generation geladen, nicht jedoch Pei, Barnes oder Giurgola; und von der jüngeren Generation sind ein halbes Dutzend – Botta, Hejduk, Moore, Rossi, Stirling und Venturi – der Einladung nicht gefolgt. Wenn man die Liste der Eingeladenen genauer betrachtete, konnte man unschwer „Freunde" und „Feinde" aus vergangenen Tagen identifizieren. Aber es war eine Zeit der Neubesinnung, der Neuorientierung, und von alten Allianzen und der polemischen Solidarität war nur noch wenig übrig. Und es war vielleicht nicht zuletzt dieses veränderte Verhältnis der Akteure untereinander, das dazu beitrug, den Diskussionen so etwas wie Ernsthaftigkeit und Zuversicht zu verleihen – zumindest oberflächlich. In gewissem Sinn bestätigte die Konferenz eine „neue Ordnung der Dinge". Ohne die Anwesenheit und Hilfe von Kritikern, Groupies oder Claqueuren (deren Funktion u. a. darin besteht, für eine ungleiche Rangordnung unter annähernd gleichen Talenten zu sorgen) waren die, die hier in Charlottesville zusammenkamen, mehr oder weniger auf sich selbst gestellt. Jeder von ihnen hatte inzwischen sein ganz eigenes Verständnis von Architektur, seine ganz persönliche Praxis entwickelt.[4] Jeder hatte, mehr oder weniger deutlich, die Erfahrung gemacht, was es bedeutet, plötzlich „in" oder „out" zu sein, Erfolg zu haben oder zu scheitern. Alle standen mitten in jenem Prozeß von Reifung, Veränderung, Zweifel, Hochgefühl, Frustration und übertriebener Selbsteinschätzung, der das Leben eines jeden Architekten kennzeichnet. Zugegeben, einige waren auf diesem Wege schon ein Stück weiter als andere und hatten schon einige Bauten hinter sich, während andere ihre praktische Arbeit eher durch Lehren und Schreiben, durch staatliche Aufträge oder durch Zeichnungen und Polemiken ergänzt hatten. In erster Linie jedoch handelte es sich bei denen, die kamen, um Architekten von Rang und Qualität, die ihren Beruf nicht nur als Kunstform betrachteten, sondern darüber hinaus überzeugt waren, daß der Architektur auf kulturellem Gebiet eine zentrale Rolle zukomme bzw. zukommen sollte. Es war eben diese gegenseitige Achtung, dieser gegenseitige Respekt, der von Anfang an ein Gefühl von Kameraderie entstehen ließ und die latenten Feindseligkeiten und die Egomanie, so charakteristisch für diese Zunft, wenigstens teilweise aufhob. Charlottesville entzog die Beteiligten so vorübergehend ihrem alltäglichen Konkurrenzneid – nicht unähnlich einem elitären Vetera-

[4] Interessanterweise war unter den Teilnehmern an der Konferenz nicht eine einzige Frau.

10

nentreffen. In dieser Hinsicht war es typisch männlich, eine Extraausgabe von Herrenabend. Rückblickend jedoch war es ein bedeutsames Ereignis, ebenso gut ausgedacht wie eingefädelt. Es half wieder einmal, Stärke und Nützlichkeit einer Berufsgruppe zu untermauern, um einem allzu anfälligen Handwerk psychische Sicherheit zu geben (gegen wechselndes Glück).

Was die Statistik betrifft, so kamen die fünfundzwanzig Architekten aus acht verschiedenen Ländern: den USA (15), Japan (3), Luxemburg (2), Österreich (1), Deutschland (1), Italien (1), den Niederlanden (1) und Spanien (1). Fünf von ihnen sind oder waren Dekan oder Leiter von bedeutenden Architekturschulen. Zweiundzwanzig übten neben ihrem Beruf eine Lehrtätigkeit aus, drei hatten in großem Umfang für staatliche Institutionen gearbeitet. Nur vier hatten Büros mit mehr als dreißig Mitarbeitern. Drei Architekturbüros wurden jeweils von zwei Partnern gleichzeitig vertreten. Das durchschnittliche Alter der Teilnehmer lag etwa bei 50 Jahren, Leon Krier war der jüngste, und Philip Johnson, Mäzen und Mentor zweier Generationen, wirkte ein weiteres Mal als „Meister vom Stuhl".

Die Handlung

Das Programm der zweitägigen Konferenz war anstrengend genug: an beiden Tagen vormittags und nachmittags eine Arbeitssitzung mit jeweils sechs Präsentationen, unterbrochen nur durch kurze Pausen für Kaffee, Lunch oder ein paar Schritte auf dem Rasen. Den Vorsitz bei diesen vier Sitzungen führten Burgee, Eisenman, Stern und ich selbst, wobei jeder Architekt zehn Minuten Zeit hatte, um sein Projekt zu präsentieren, und anschließend weitere zwanzig Minuten, um auf die „hilfreiche" Kritik der anderen zu antworten. Das bedeutete, daß die Diskussion die vorgesehene Zeit ausnahmslos überschritt und oft gerade dann abgebrochen werden mußte, wenn man gerade zum Wesentlichen vorgedrungen war – was immer geschieht, wenn man zu viel will in zu kurzer Zeit. Manchmal fühlte ich mich unwillkürlich an eine dieser phantastischen Akademie-Jurys erinnert, besetzt mit Kritikern, die alle aus dem „Who's Who" kamen – die besten und ehrgeizigsten unter den eigenen Peers. Es war wie die Wiederholung eines uralten Rituals, neu zugeschnitten auf die Architektenseele, und ähnlich wie bei einer solchen Jury ging es auch hier sowohl um ehrliche, objektive Kritik als auch um die Begleichung alter und neuer Rechnungen. Trotz gelegentlicher Bitterkeit endeten die Sitzungen jedoch immer versöhnlich und freundlich, und man verließ die Sitzung mit dem Gefühl, daß man einander wieder ein Stück nähergekommen sei. Zweifellos war es ohne „Außenseiter" viel leichter, aufrichtiger zu sein und weniger zu prahlen.

11

Ein festliches Dinner am letzten Abend – bedauerlicherweise ohne die Japaner – gab Philip Johnson Gelegenheit zu einer seiner denkwürdigen „Zusammenfassungen" und überzeugte mich, daß wir uns viel häufiger in dieser Weise zusammenfinden sollten. Die Niederschrift der Tonbandaufzeichnungen kann nur eine Seite der Konferenz wiedergeben – nämlich das, was *gesagt* wurde. Das war aber meiner Meinung nach nur ein Teil dessen, worum es letztlich ging.

Nachbemerkungen Wenn ich jetzt an Charlottesville zurückdenke, dann fallen mir mehrere Dinge ein. Einmal haben mich die deutlichen Unterschiede zwischen den europäischen, amerikanischen und japanischen Architekten und ihre grundlegend verschiedene Arbeitsweise überrascht. Die Sprache, in der wir uns ausdrücken (sowohl verbal als auch in unseren Bauten), mag zunehmend allgemeingültiger werden, unsere Einstellung zu den Dingen ist es nicht. Im großen und ganzen sind die Amerikaner und die Japaner in erster Linie vom *Bauen* selbst fasziniert, vom allzu schnellen Bauen vielleicht, aber immerhin von dem, was wir zu tun gelernt haben. Unsere Ideologien haben offenbar mehr mit Detail und Stil zu tun als mit kulturellen oder sozialen Bezügen. Dagegen sind die Europäer, die nicht so viel zu tun haben, vorwiegend damit beschäftigt, sich über Architektur und ihre kulturellen Verstrickungen Gedanken zu machen. Daher sprachen die Amerikaner und Japaner auf dieser Konferenz von der städtebaulichen Bedeutung einzelner Gebäude oder Gebäudekomplexe, während die Europäer weiterhin bemüht waren, sich mit dem allgemeinen Bild „der Stadt" auseinanderzusetzen.

All das trifft, so scheint mir, auch jetzt, zwei Jahre später, immer noch zu. Unsere Welt ist die reale Welt gebauter Dinge, in der die *Techniken der Herstellung von Architektur*, die Formung und Vollendung großer Objekte, vorrangig ist. Wir hatten nur wenig Zeit, eine „Idealstadt" zu verwirklichen, weil wir viel zu sehr mit der tagtäglichen *Praxis* beschäftigt sind, damit, ein Projekt fertigzustellen, ihm und uns einen Ruf zu verschaffen, um das nächste beginnen zu können. Wir sind eben die Kräfte einer höchst kommerziellen Kultur, und in dieser Kultur gilt nun einmal, daß *Gebäude Produkte sind*. (Es liegt eine gewisse Ironie darin, daß Europäer, wenn sie eines Tages ihre „große Chance" erhalten, sozusagen über Nacht amerikanisch werden – d. h. genauso kommerziell wie wir.) Ich vermute, wir versuchen uns dagegen zu wehren, wenn wir alles intellektualisieren und uns den oberflächlichen Anschein von „Denken" geben. Überwältigt von ihren unbegrenzten Möglichkeiten haben sich die Amerikaner und Japaner an allem ein bißchen versucht, sie haben sich an Techniken und Stile und allerlei

12

Veröffentlichungen herangemacht, und es endete in vielen Fällen mit ernstlichen kulturellen Verdauungsbeschwerden. Ein typischer Fall von zu viel und zu schnell. Interessanterweise sind die einst so verhaßten Bauträger für uns heute zu Helden geworden, denen wir ebenso unkritisch folgen wie in der Vergangenheit einem Kaiser, König oder Bischof. Und so finden wir uns als Architekten plötzlich wieder als dienstbare Geister bei der Privatisierung öffentlichen Raums, bei der Verwandlung unserer Städte in eine Reihe „hochluxuriöser", isolierter Enklaven, in wetteifernde Inseln des Kommerz mitten in einem endlosen Ozean städtebaulicher Trostlosigkeit. Während wir Amerikaner und auch die Japaner immer wieder lautstark von der Stadt, von „Kontext" und „Zusammenhang" geredet haben, besteht das, was wir gebaut haben, doch aus nicht mehr als einzelnen Versatzstücken – privaten Einrichtungen oder Unternehmensniederlassungen, oft genug gut ent-worfen, aber nie in eine größere räumliche Ordnung eingebunden. Wir haben die Stadt weder als zivilisatorisches Kontinuum noch als materielle Matrix gesehen. Der einzige, der auf der Konferenz in Charlottesville eine Vision städtebaulicher Ordnung präsentierte, war Leon Krier, und ausgerechnet ihm wurde der Vorwurf „persönlicher Arroganz" und „altmodischen Denkens" gemacht. Es schien fast so, als hätte er uns mit seinem Totalanspruch Angst gemacht. Wir stürzten uns auf seine Zeichnungen und schlossen zugleich die Augen vor der in ihnen vorgebrachten Polemik gegen die Welt, so wie wir sie eingerichtet haben. Seine bissigen Ausfälle mochten manchmal pein-lich wirken, aber sie schmerzten trotzdem, weil sie unser Gewissen trafen. „Außenseiter" hätten in diesem Punkte die Architekten sicherlich weit stärker in die Pflicht genommen.

Philip Johnsons Bemerkung „Ich bin eine Hure" mag vielleicht ein nützliches und geeignetes Rezept für kommerzielles Überleben sein, sie ist aber alles andere als eine ermutigende Strategie für diejenigen, die sich darum bemühen, angemessenere, funktionale, schöne und sozial gerechte Städte zu bauen. Natürlich glauben nur wenige von uns, daß es Johnson nur darum geht, viel Geld zu verdienen, auch wenn er das immer wieder bereitwillig betont. Andererseits, warum behauptet er das immer wieder? Welche fremde Stimme spricht da aus einem, der so vollständig und tief Qualität und Vision verpflichtet ist? Ist er es vielleicht einfach müde, dem Bild vom elenden, ganz in Cord gekleideten Architekten auf dem Weg zu seinem x-ten Gemeinderats-treffen zu entsprechen? Ich habe den Verdacht, daß Johnson, dieser intellektuelle Mandarin, der schon so viel gesehen hat, die reale Machtlosigkeit nicht ausstehen kann, in der auch er sich als Architekt

13

und Bürger befindet, und der deswegen, ganz in der Tradition des amerikanischen Films, das Bild des attraktiven, faszinierenden Gangsters beschwört. Wie dem auch sei, dieses Bonmot, von den Massenblättern bereitwillig aufgegriffen, weist der Architektur, ihren Anhängern und ihren Kritikern, eine zwar verwirrende, vielleicht aber auch anregende neue Richtung. In Charlottesville sind wir darauf nicht eingegangen. Eingegangen sind wir aber auf seine Begeisterung für die Kaste der Spekulanten und Bauträger und das Geschick, mit dem er auf die neuen Herrscher eingeht. Denn fast alle größeren Projekte – nicht nur seine eigenen, sondern auch die der anderen – trugen den Stempel dieser neuen Form des Mäzenatentums. Genau das verleiht der amerikanischen Architektur ihre spezielle reiche Leere.

Und wieder einmal war ich verblüfft, wie sehr wir Architekten doch von der Welt um uns herum abgeschnitten sind. Das scheint besonders für die „denkenden Architekten" zu gelten. Scheinbar verstehen wir nicht besonders gut, wie unsere Gesellschaft funktioniert oder was die Menschen in unserem Lande wollen oder brauchen, und begeben uns statt dessen, wie Alice im Wunderland, in eine Situation, wo wir Antworten geben auf Fragen, die niemand gestellt hat. Darin mag eine Erklärung für unsere Machtlosigkeit liegen und auch dafür, warum wir trotz all unserer Anstrengungen (wir arbeiten genauso hart wie andere Leute auch) so schlecht belohnt werden. Es sind nicht nur unsere guten Absichten oder unser Altruismus, die uns von der eigentlichen „Fährte" ablenken, und es stimmt auch nicht, daß die Öffentlichkeit sich nicht für „höhere Dinge" interessiert (das tut sie sehr wohl). Was uns gegenwärtig fehlt, ist ganz einfach die Bereitschaft, die Dinge so zu sehen, wie sie sind, und zu tun, was man kann. Wir sind weder groß im Erkennen noch sind wir gute Wegbereiter. Wir sind Dienstleistende und folgen Modetrends. Wir denken mehr über Vorhangfassaden nach als über die Unterbringung von Autos. Wir sind Söldner, aber keine Generäle. Und so werden wir auch weiterhin jeden „Krieg", in dem wir uns engagieren, notwendig verlieren. Nur wenn wir erkennen und dann auch dafür eintreten, daß Architektur und Planung zusammengehören und legitime öffentliche Anliegen sind, und nur wenn wir versuchen, auch eine entsprechende öffentliche Politik zu entwickeln, werden wir mehr sein können als Coiffeure und Couturiers, ganz gleich ob für die Massen oder für die Reichen.
Diese beharrliche Weigerung der meisten „high design"-Architekten (besonders in Amerika), sich auf eine Konfrontation mit den wirklichen, öffentlichen Aufgaben der Stadtplanung einzulassen, wurde in Char-

14

lottesville vor allem durch das positive Beispiel von Carlo Aymonino deutlich – ein Mann, der seine öffentliche Verantwortung dadurch erfüllt, daß er Stadtplanung und Denkmalschutz in Rom verantwortet. Mit seinem Eintreten für den Denkmalschutz, den er als zentrale kulturelle Aufgabe und unverzichtbaren Bestandteil von Stadtplanung und Architektur hervorhob, löste Aymonino den vielleicht erstaunlichsten „Zwischenfall" dieser zweitägigen Konferenz aus – eine von Leon Krier in aller Form eingebrachte Petition mit dem Ziel, das Forum Romanum in seiner usprünglichen Gestalt als städtebauliches Modell wiederherzustellen. Dieses Manifest wurde zwar ausführlich diskutiert, schriftlich formuliert und mit „pro" und „contra" unterzeichnet, aber ich hatte den Eindruck, daß die meisten der Anwesenden eher geneigt waren, Ruinen als eine Art Freiluftmuseum, als bruchstückhafte Souvenirs zu belassen und zu erhalten. Die Möglichkeit einer originalgetreuen Rekonstruktion und neuer aktiver Nutzung wirkte selbst auf die, die den Vorschlag unterstützten, wohl eher verwirrend und abwegig.

Erreichte die Konferenz ihre vorgegebenen Ziele? Gelang es ihr, dank der Abwesenheit von Kritikern und Historikern eine neue Art von Dialog zu ermöglichen? Die Antwort lautet: Ja und Nein. Die Gespräche waren weniger strukturiert, als sie es hätten sein können, weniger gesellschaftlich, eher in sich selbst geschlossen. Aber sie waren zugleich auch aufrichtiger, lehrreicher und damit wahrscheinlich auch fruchtbarer, wenn nicht für die Architektur, so doch für die beteiligten Architekten. Ich glaube, die meisten von uns verspürten am Ende mehr Nähe, und es entstand vielleicht sogar so etwas wie Toleranz für die Intentionen und die Arbeit der Kollegen. Wir hatten das Gefühl, wir sollten häufiger unter ähnlichen Bedingungen zusammenkommen. Und natürlich gab es ein ganz konkretes Ergebnis – die aufgezeichneten und zur Publikation bestimmten Protokolle.

Am Sonntag nach der Konferenz pilgerte eine kleine Gruppe der Teilnehmer frühmorgens zu dem „kleinen Berg" bei Monticello. In der klaren, kalten Luft dieses Novembermorgens blickten wir hinunter auf das, was einst die so reiche, vielversprechende Wildnis der Neuen Welt gewesen war, und wir verspürten wieder einmal das Geheimnis und die Kraft von Architektur, der „gebauten Idee". Es war wie ein Schlußwort zu unseren Gesprächen.

Jaquelin Robertson
Dezember 1984

15

Philip Johnson/John Burgee

John Burgee	Dies ist ein Entwurf für Boston. Es handelt sich um ein Bürogebäude mit einer geplanten Nutzfläche von umgerechnet knapp 190 000 Quadratmetern. Das Grundstück weist eine etwas ungewöhnliche Form auf, denn die umgebenden Straßenzüge verlaufen gekrümmt und unregelmäßig. Es gab hier rundum eine Reihe von anderen neuen Bauten, recht ungeschickt plaziert, und so suchten wir nach einer Möglichkeit, unser Gebäude bestmöglich an das Grundstück anzupassen und ihm eine eigene, etwas ausgefallene Gestalt zu geben. In einer Stadt wie Boston stellt der Maßstab der alten Architektur ein ungeheures Problem dar. Wir versuchten, den Maßstab unseres Gebäudes dadurch zu verkleinern, daß wir es in mehrere einzelne Baukörper zerlegten – zwei große gläserne Türme mit einem darübergelegten Raster aus Granit und kleinere rechteckige Baukörper mit ausgestanzten Fenstern und einem palladianischen Motiv, so wie wir es an anderen Gebäuden in Boston gefunden haben. Auch die Behandlung der Fenster diente dazu, den Maßstab etwas aufzulockern. Wir haben hier eine Art sekundäres Raster aus verspiegeltem Glas unter dem eigentlichen Granit-Raster, wobei diese Art der Lichtführung auch im Inneren der Gebäude für ausgezeichnete Belichtungsverhältnisse sorgt.
Philip Johnson	Es ist ganz offensichtlich, daß dieser Entwurf einen Bruch mit unseren sonst eher historisierenden Arbeiten darstellt. Im wesentlichen haben wir es hier mit zwei platonischen Körpern zu tun, einem Zylinder und einem Quader, die eher ungefällig zusammengebracht wurden, um so etwas wie eine „dörfliche" Struktur zu bilden. Sie erkennen vielleicht die „mittelalterlichen" Anklänge oben in den Scharten und die Anklänge an das achtzehnte Jahrhundert in dem palladianischen Fenstermotiv.
Robert Stern	Ich würde von den Architekten gerne etwas mehr darüber hören, wie sie sich den oberen Abschluß ihres Gebäudes gedacht haben und welcher Unterschied zwischen einem Hochhaus und einem Wolkenkratzer besteht – wenn es tatsächlich einen Unterschied gibt.
Philip Johnson	Sie müssen mir schon erklären, was Sie mit dem Unterschied zwischen einem Hochhaus und einem Wolkenkratzer meinen. Für mich gibt es da keinen Unterschied.
Robert Stern	In meinem Lexikon ist ein Wolkenkratzer ein Gebäude, das nach oben hin einen markanten Abschluß besitzt, eine Art Spitze – ähnlich wie Sie es bei dem AT&T-Building oder dem Pennzoil-Building gemacht haben. Dieses Gebäude wirkt dagegen so, als sei es einfach oben abgeschnitten, mit einem verhältnismäßig schmalen Gesims.
Philip Johnson	Wenn man mit platonischen Körpern arbeitet, dann gibt es kein Oben und kein Unten.

18

Kevin Roche	Ich möchte fragen, wie sich das Gebäude auf die benachbarten Gebäude bezieht.
Philip Johnson	Die bereits vorhandenen Gebäude in der Umgebung sind vier Stockwerke hoch. Das Baugrundstück liegt in einem Teil von Boston mit einer verhältnismäßig niedrigen Bebauung. Wir wissen nicht, wer die anderen, noch unbebauten Grundstücke kaufen wird; wir wissen nur, daß man den anderen Bauherren sagen wird, sie müßten sich nach den von uns geschaffenen Vorgaben richten. Wir sind es, die hier den Baustil bestimmen. Aber natürlich werden auch die anderen vor dem gleichen Problem stehen wie wir: Wie kann man Gebäude dieser Größenordnung in eine kleinteilige Altstadt einfügen?
Kevin Roche	Wenn Sie von dem Gebäude als einem „Dorf" sprechen, dann wollen Sie damit offenbar sagen, daß die Bewohner dieses Dorfes ganz einfach auch die Nutzer des Gebäudes sind. Dieses Dorf leistet jedoch keinen Beitrag für die Stadt Boston insgesamt.
Philip Johnson	(Kopfnicken) Keinen Beitrag für die Stadt, ganz recht.
Kevin Roche	Wir stehen wieder vor dem Problem der Isolation.
Philip Johnson	Das Problem der Isolation, in der Tat. Wie zum Teufel soll man sonst ein Objekt mit 200 000 Quadratmeter gestalten, das eigentlich nicht in diesen Teil von Boston gehört?
Cesar Pelli	Ich würde gerne Bobs Frage weiter vertiefen. Wie kommt es, daß Sie manchmal ein Gebäude entwerfen, das wie das AT&T aussieht, und manchmal eines wie dieses hier? Zwei Gebäude mit völlig unterschiedlichen, wenn nicht gar einander ausschließenden Auffassungen von einem großen Hochhaus.
Philip Johnson	Wonach ich das entscheide? Das hängt ganz einfach von den jeweiligen Umständen ab. Die AT&T wollte eben ein senkrecht aufragendes Gebäude.
John Burgee	Entscheidend ist in erster Linie das Grundstück. Im Falle von AT&T war es das rechteckige Grundstück, welches ein rechteckiges Gebäude notwendig machte.
Cesar Pelli	Es geht aber nicht um die Figur im Grundriß, sondern darum, was das Gebäude aussagt. Diese beiden Gebäude sagen jeweils etwas völlig anderes darüber aus, was Architektur ist, was ein Hochhaus ist, wo die Architektur heute steht. Sie sehen da offenbar keinen Unterschied. Aber es ist wirklich an der Zeit, sich darüber Gedanken zu machen.
Philip Johnson	Ich halte nicht viel von Prinzipien, falls Sie das noch nicht bemerkt haben sollten.
Robert Siegel	Wie entscheiden Sie bei einem Grundriß mit mehreren einzelnen Baukörpern, wie Sie die Nutzfläche aufteilen? Ich spreche jetzt als jemand, der in dem Gebäude eine Fläche anmieten will, oder als jemand, der Renditeobjekte baut, und ich möchte gerne wissen, ob

20

	Sie der Grundrißkonfiguration überhaupt größere Beachtung schenken. Spielen bei diesem Grundriß irgendwelche wirtschaftlichen Überlegungen eine Rolle?
Philip Johnson	Solche Überlegungen haben wir abgelehnt.
Jaquelin Robertson	John und Philip bringen ihren jeweiligen Bauherrn dazu, alles zu tun, selbst wenn es dessen eigenen Prinzipien oder Interessen widerspricht.
Henry Cobb	Es gibt dabei keine Regeln – da stimme ich mit Philip überein. Bürogebäude sind die flexibelsten Gebäude, die man überhaupt bauen kann.
Philip Johnson	Sehr viel flexibler, als der Bauherr einem in der Regel sagt. Das absurdeste Gebäude auf der ganzen Welt ist Pennzoil. Man hatte mir gesagt, daß die kleineren Räume nie einen Mieter finden würden, und trotzdem wurden sie schließlich für zwanzig Dollar pro Quadratmeter teurer vermietet als der Rest des Gebäudes.
Frank Gehry	Auf Straßenniveau scheint es hier eine gewisse Unentschiedenheit im Hinblick auf die Plaza zu geben, wo Sie diese großen, überdimensionalen Eingänge angelegt haben…
Philip Johnson	Das sind keine echten Eingänge. Es gibt immer einen Vordereingang, den man nicht benutzt, und einen Hintereingang, durch den man normalerweise das Haus betritt – das Gebäude, in dem wir uns hier befinden, ist ein großartiges Beispiel dafür [Thomas Jeffersons Rotunda – d. Hg.]. Abgesehen davon kommen die meisten ohnehin vom Parkplatz, gehen dann unten durch und nehmen den Aufzug.
Frank Gehry	Warum dann das Ganze?
Philip Johnson	Oh, einfach wegen der Wirkung…
Rem Koolhaas	Sie haben uns eine eindrucksvolle Demonstration Ihrer Gleichgültigkeit vorgeführt und dazu noch eine eindrucksvolle Demonstration dessen, was Sie mit Ihrer eigenen Freiheit und Ihrem eigenen Selbstverständnis meinen. Aber nun, da Sie sich diese Freiheiten erkämpft oder sich die notwendigen Voraussetzungen geschaffen haben, nun gestalten Sie eine Komposition aus extrem steifen und sperrigen Elementen, in der Sie Ihre Freiheit nicht nutzen; es ist auf jeden Fall nicht sichtbar. Was mich dabei so konsterniert, ist der Widerspruch zwischen Ihrer Lässigkeit und dieser Verspanntheit, diesen unbeholfenen Elementen.
Philip Johnson	Guter Einwand. Ich wähle mir ganz einfach die Elemente aus.
Rem Koolhaas	Na gut, aber dann würde ich gerne wissen, auf welcher Grundlage Sie Ihre Wahl treffen.
Philip Johnson	Oh, eine Grundlage gibt es da nicht.
Peter Eisenman	Philip, ich finde, Rem hat einen sehr wichtigen Punkt angesprochen. Ich hatte gehofft, daß wir möglichst bald an diesen Punkt kommen würden. Wir wissen, daß du das Wort „Pastiche" (Flickwerk) verabscheust. Nun ist es aber eine Tatsache, daß du mit all diesen Wider-

sprüchen und mit deiner sogenannten Gleichgültigkeit keinen wirklichen Baukörper schaffst, sondern nur gebautes Flickwerk: eine Plaza, die die Menschen nicht betreten; Ecken, die nicht wirklich etwas verbinden; ein Sockel mit vier verschiedenen Gesimshöhen und auch noch vier verschiedenen Maßstäben. Du benutzt den Begriff „platonische Körper" und entwirfst dann einen palladianischen Bogeneingang. Dabei bleiben so viele Fragen offen, daß ich ganz einfach den Begriff des „Pastiche" wieder ins Spiel bringen muß.

Philip Johnson   Ich habe gar nichts gegen das Wort „Pastiche".

Peter Eisenman   Nicht?

Philip Johnson   Natürlich nicht. Du hast völlig recht. Ihr habt da beide ein paar wichtige Punkte angesprochen. Wenn ich auf einige dieser Werte, von denen ihr hier redet, verzichtet habe, dann habe ich das ganz bewußt getan. Die einzige Analogie, die mir dazu einfällt, sind die walisischen Burgen, die alle nur gebaut wurden, weil Edward VI. eben eine Vorliebe für Burgen hatte. Der alte Ed baute seine Burgen einfach so, wie es ihm gerade gefiel, und man kann dafür beim besten Willen keine vernünftige, logische Erklärung finden. Mein Entwurf hier hat ebenso wenig mit „Pastiche" zu tun wie diese walisischen Burgen.

Rob Krier   Ich habe ein großes Problem – und das hat überhaupt nichts mit den Details zu tun. Es hat zu tun mit der Idee des Hochhauses an sich. Ich würde nie ein Gebäude entwerfen, das mehr Stockwerke hat, als ich mit meinen eigenen Beinen erklettern kann. Wenn wir Hochhäuser entwerfen, dann lösen wir damit zwar einige der Probleme des Bauherrn, aber diese Gebäude werden für die Stadt selbst immer ein Problem bleiben – angefangen vom Verkehr bis hin zu vielen anderen Dingen. Wir brauchen eigentlich gar keine Hochhäuser, nirgendwo auf der Welt. Weder in Amerika noch sonstwo. Das Hauptproblem liegt meiner Meinung nach in der Gliederung des Stadtraums und in der Entwicklung der Stadtstruktur.

Philip Johnson   Dazu kann ich überhaupt nichts sagen–

Jaquelin Robertson   Aber es ist doch gut gemeint.

Philip Johnson   Ich habe Ihr Buch gelesen und ich stimme damit vollständig überein, aber ich bin nun mal eine Hure und ich werde sehr gut dafür bezahlt, daß ich Hochhäuser baue. Ich bin der Meinung, es gibt kaum etwas Unangenehmeres, als in einen Aufzug zu steigen, und ich sehe absolut nicht ein, warum wir Aufzüge brauchen. Wir haben doch mehr als genug Platz. Wenn man mit dem Flugzeug über dieses Land fliegt, dann fragt man sich doch, wo all die vielen Menschen sind.

Cesar Pelli   Die Gelegenheit ist einfach zu günstig, als daß wir sie einfach vorbeigehen lassen sollten. Sie sind bei der Beschreibung Ihres Gebäudes von den Gegebenheiten auf der einen Seite und den Möglichkeiten

22

	auf der anderen Seite ausgegangen, aber jedesmal, wenn es um ein bestimmtes Prinzip ging, dann haben Sie gesagt, Sie würden sich den Teufel darum scheren. Gibt es überhaupt etwas, was Ihnen wichtig ist?
Philip Johnson	Was uns wichtig ist, das hat John, glaube ich, vorhin sehr schön gesagt. Wir wollten eine Zitadelle schaffen, ein Dorf, eine unregelmäßige Sache.
Cesar Pelli	Das sind doch alles nur Vorstellungen, keine Architektur. Das ist doch nicht das, woran Sie wirklich glauben. Was aber macht Ihrer Meinung nach diese Gebäude zu wirklicher Architektur?
John Burgee	Es ist die Reduzierung des Maßstabs, der sich am Maßstab der benachbarten Gebäude orientiert.
Cesar Pelli	Alles nur Formalitäten. Was ist denn Ihrer Meinung nach das wirklich Architektonische an diesen Gebäuden?
Philip Johnson	Ich glaube, das ist etwas völlig anderes. Ich bin kein Philosoph.
Cesar Pelli	Sie weichen der Frage aus.
Philip Johnson	Ich glaube, Sie haben die Frage ganz einfach falsch gestellt. Was macht man denn, wenn man ein Gebäude baut? Man versucht herauszufinden, welche Formen auf das jeweilige Grundstück passen.
Robert Siegel	Alle diese Baukörper sehen so aus, als handele es sich um einzelne Bauten, selbständig und isoliert, die man nachträglich zusammengestellt hat. In dieser Kombination beeinflussen sie sich gegenseitig nicht. Es gibt keine Spannung zwischen benachbarten Elementen. Jedes Gebäude bleibt vollkommen unberührt. Wieso ist dies anders, als Fassaden für einzelne Gebäude zu entwerfen und sie dann einfach zusammenzupacken?
Philip Johnson	Es ist nichts anderes als das. Wir haben sie einfach zusammengeworfen. Und so ist dieses Durcheinander entstanden.
Rafael Moneo	Ich glaube, in dieser Gleichgültigkeit gegenüber der Technik, der Funktion, gegenüber den Details liegt etwas, was für den Entwurf von Wolkenkratzern sozusagen völlig neu ist. Bei Ihrer Art, eine Zitadelle zu bauen, ist der Architekt nur noch gefragt, eine geeignete Strategie für den Umgang mit dem Land, für die Gestaltung der Stadtlandschaft zu entwickeln. Sie beziehen sich nicht voller Nostalgie auf eine Idealarchitektur im Sinne Albertis. Aber vielleicht ist das ganz einfach Ihre Art, etwas zu tun, was am Ende nur auf eine einzige Weise verstanden werden kann. Dieser Mangel an Nostalgie kennzeichnet dabei wahrscheinlich nicht nur Ihren Entwurf, sondern viele der hier vorgestellten Projekte.

Leon Krier

Leon Krier

Meine Herren, ich freue mich, daß wir so schnell zu unserem eigentlichen Thema gekommen sind. Unser Problem ist doch wirklich das der kritischen Beurteilung. Ich würde sogar sagen, das kritische Urteil ist das wichtigste Werkzeug des Künstlers. Es ist nicht damit getan, ein Objekt zu schaffen und die Kritik daran jemand anderem zu überlassen. Als Künstler oder Architekt sind wir selbst die einzigen, die zu einem solchen Urteil in der Lage sind, wir tragen schließlich die Verantwortung dafür. Viele von Ihnen hier in dieser erlauchten Versammlung sind wahrscheinlich in der Lage, millionenschwere Aufträge zu erhalten, vielleicht sogar eine Stadt mit fünfzig Wolkenkratzern, von denen jeder einzelne so hoch ist wie das Empire State Building, aber es gibt vielleicht nur zwei Personen in dieser Runde, die einen solchen Auftrag ablehnen würden, und natürlich würden Sie, wenn der Auftrag angenommen und die Lösung gefunden ist, sagen: „Es ist nicht unsere Schuld. Wir sind schließlich nicht für die Dichte verantwortlich. Wir haben die Pläne nicht gemacht." Dazu kann ich nur sagen, daß Sie für das, was Sie tun, in der Hölle braten werden, weil es falsch ist – und weil Sie wissen, daß es falsch ist! Das Problem besteht doch darin, daß die heutigen Bebauungspläne einen nicht nur zwingen, wahre Monstrositäten zu bauen, sondern eine allgemeine Rücksichtslosigkeit fördern, die für die meisten modernen Bauvorhaben längst charakteristisch ist. Der Bebauungsplan bestimmt, wie die Zukunft aussehen wird. Er legt genau fest, wie unsere Städte in zwanzig Jahren sein werden. Er ist eben nicht nur eine abstrakte Idee.

Aus der militärischen Strategie wissen wir, daß wir die Schlacht verlieren, wenn wir den Lauf der Ereignisse nicht mehr bestimmen können. Es gab einmal eine Zeit, wo Kriege nicht bloß durch totale Zerstörung gewonnen wurden, sondern durch die geschickte Aufteilung der eigenen Kräfte und ihren bestmöglichen Einsatz. Heute kämpfen wir bis zum Ende, und das ist im Hinblick auf den Erfolg eine sehr schlechte Strategie. Wie Sie vielleicht wissen, haben mein Bruder und ich den vielleicht vermessenen Ehrgeiz, die ganze Welt nach unserem Gutdünken neu zu gestalten. Ich möchte Ihnen hier in aller Kürze eines dieser ehrgeizigen Projekte vorstellen, das ich für den Berliner Stadtbezirk Tegel entwickelt habe. Bevor ich dazu komme, möchte ich jedoch kurz auf etwas eingehen, was mir selbst erst vor kurzem klar geworden ist. Es hat damit zu tun, was mit der modernen Architektur geschehen ist. Die moderne Architektur war nicht wirklich eine neue Erfindung, sondern eher eine Art allgemeiner Verwirrung, das Ende einer Entwicklung. Automobile, Flugzeuge, Erdölraffinerien, Plakatwände – dies ist doch die ganze

26

Skala des Vokabulars der Moderne. Was wir für Innovationen gehalten haben, war in Wirklichkeit nur ein einziges Durcheinander
von Formen und Bautypen.

In den nächsten Jahren werden wir erleben, daß unsere Gebäude
– von Ihnen entworfene Gebäude – vorhandene Gebäude, Dörfer
und Zitadellen einfach nur nachäffen werden. Aber nicht nur das –
sie werden keine wirkliche Architektur mehr sein. Aus diesem Grunde
und um nicht zum Opfer der Ereignisse zu werden, lehne ich es ab
zu bauen, bis ich die Gelegenheit habe, eine Stadt oder zumindest
einen größeren Teil einer Stadt so zu bauen, wie ich es für richtig
halte. Eine Zeitlang war ich geradezu besessen von dem Bemühen,
die maximale Größe eines beliebigen Entwurfsproblems zu definieren. Was ist die maximale Größe für die Stadt? Im vorliegenden
Fall, einem Wettbewerbsprojekt für ein Gelände im Norden von
Tegel, war das Gelände viel zu klein, um eine Lösung für das
eigentliche Problem zu finden. Die meisten von Ihnen würden natürlich sagen: „Es ist nicht meine Aufgabe, über den vorgegebenen
Bereich hinauszudenken, sondern innerhalb seiner Grenzen zu arbeiten." Ich kann dazu nur sagen, diese Einstellung ist grundfalsch,
und Sie werden dafür in der Hölle schmoren. Ich habe bei diesem
Projekt also versucht, die ganze Stadt zu definieren und nicht nur
ein Viertel, nicht nur ein Grundstück. Das Gebiet, das in diesem Fall
vorgegeben war, war in zwei Bereiche unterteilt: einen für Wohnungen und einen für Kultur und Sport. Dank der Bemühungen von
Richard Meier, einem Mitglied der Jury für diesen Wettbewerb,
wurde der bestehende Flächennutzungsplan außer Kraft gesetzt, so
daß es möglich war, Gebäude mit verschiedenen Nutzungen zu
mischen. Trotzdem hielten sich alle Wettbewerbsteilnehmer automatisch an den bestehenden Flächennutzungsplan, obwohl das wie
gesagt nicht ausdrücklich verlangt war, und zwar einfach aus dem
Grunde, weil sie es eben gewohnt waren, so zu arbeiten. In Houston,
Texas, gibt es keinen Flächennutzungsplan, und trotzdem sieht diese
Stadt genauso aus wie alle anderen amerikanischen Städte, weil sie
ganz einfach ein Teil des Systems ist.

Das Gebiet, das ich mir für mein Projekt ausgewählt habe, hat etwa
die gleiche Größe wie die gesamte Stadt Florenz im Mittelalter. Ich
habe das Gebiet in vier Bereiche unterteilt. Das ist ganz logisch –
vier Stadt-Viertel ergeben eine Stadt. Meine „Stadt" ist genauso groß
wie eines der Arrondissements von Paris, die ebenfalls aus jeweils
vier Vierteln bestehen. Das ist vor allem für den Fußgängerverkehr
von Vorteil. Die Ausdehnung eines dieser Viertel entspricht genau
dem Bereich, den ein Mensch bei seinem alltäglichen Tun zu Fuß

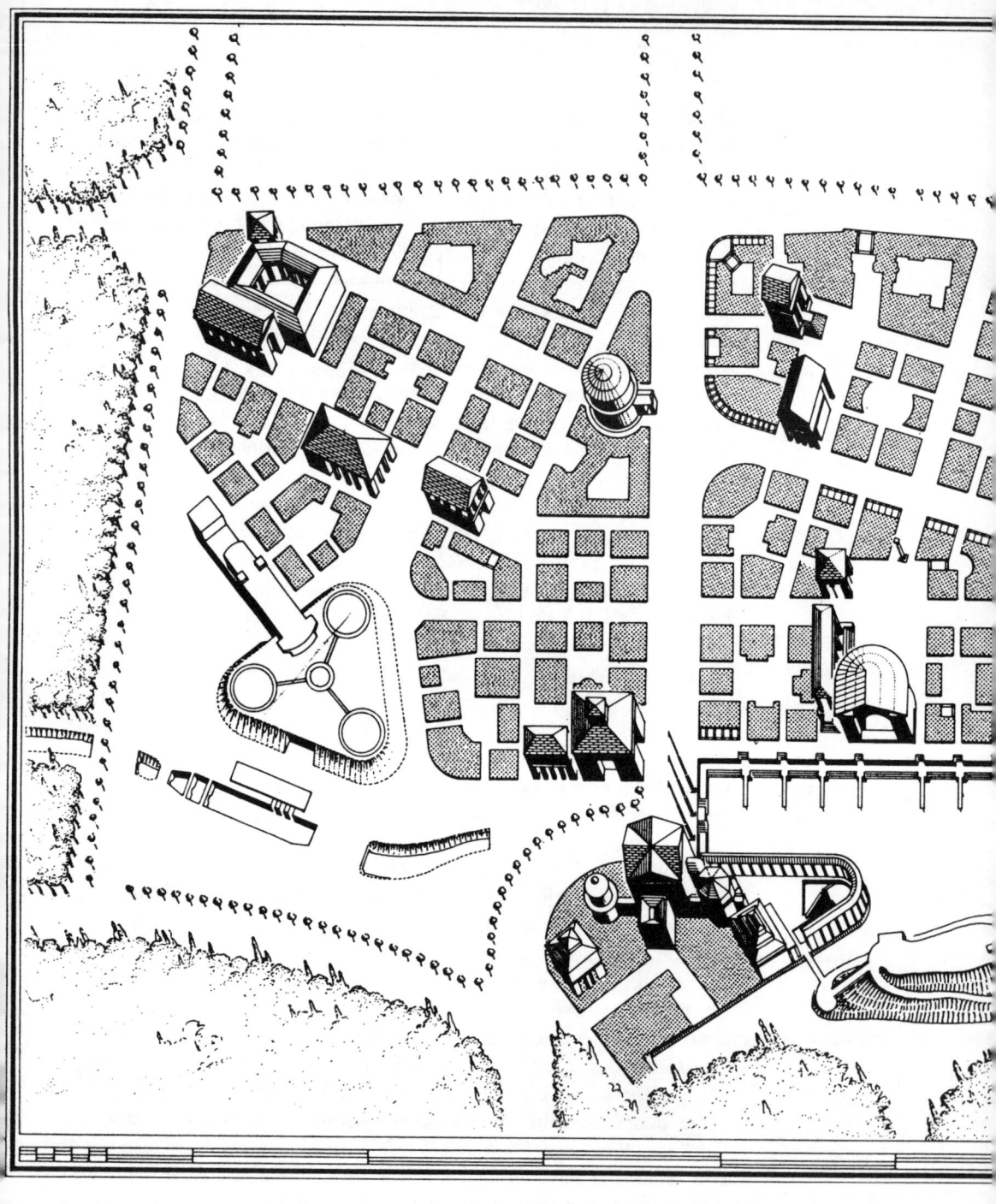

the new city of Te
The

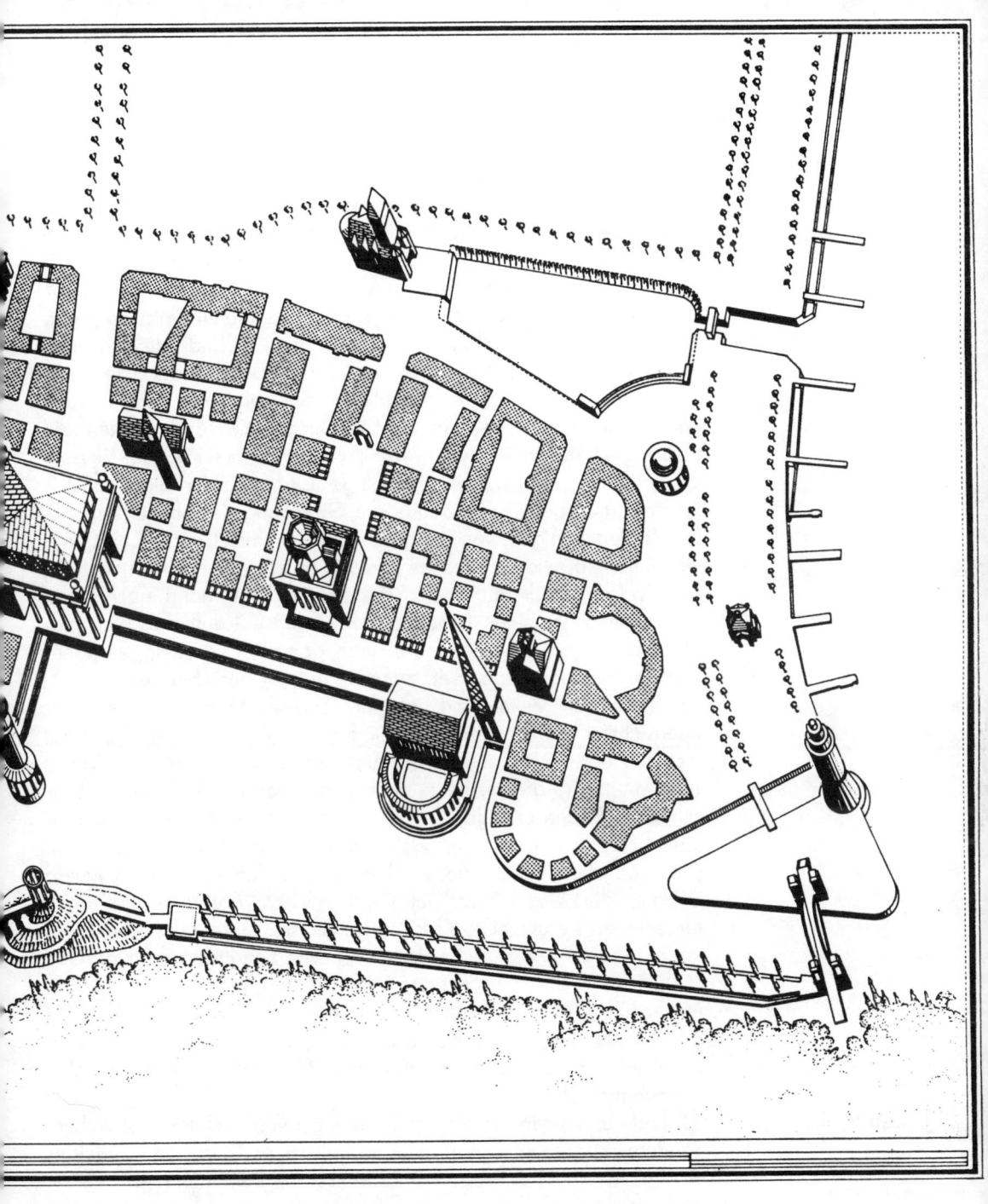

bour -quarter -Arch. Leon Krier

Assistant F. Savin

erreichen kann –, und zwar ganz bequem und, sagen wir, mit Stil. Danach habe ich Straßen, Plätze und Gassen angelegt. Die öffentlichen Gebäude wurden dabei nicht in einen Kultur- und Sportbereich gestopft, sondern ganz programmatisch auf die kleinstmöglichen Dimensionen gebracht und dann auf die wichtigsten Orte im Viertel verteilt. Sie liegen an den Plätzen, nicht an den Straßen, weil die Plätze die Brennpunkte einer Stadt sind. Dort, wo sich die Hauptstraßen kreuzen, habe ich einen großen, zentralen Platz angelegt. Die dreigeschossige Bebauung erlaubt eine Wohndichte von etwa 150 Menschen pro Acre, das sind rund 4000 Quadratmeter. Es sind Häuser im einfachen ortsüblichen Stil, mit guten Putzfassaden und schönen Fenstern. Für die öffentlichen Gebäude sollten die bestmöglichen Materialien gewählt werden – Stein, Granit. Dieser Generalplan bestimmt die zukünftige Ordnung der Stadt. Meine Vorstellungen gehen nun dahin, die Gestaltung der öffentlichen Gebäude den wenigen, von mir geschätzten Architekten zu übertragen, weil ich weiß, wie sie arbeiten und wie das Ergebnis aussehen wird. Die übrigen städtebaulichen Strukturen werden dann nach ganz einfachen allgemeinen Prinzipien entworfen – Traufhöhe, Nutzung, Stil und Proportionen –, so daß man ganz gut voraussagen kann, wie die Stadt in, sagen wir, zwanzig Jahren aussehen wird.
Ich habe den Wettbewerb an Mr. Charles Moore verloren, der offensichtlich ein besseres Gespür für das Wesen unserer Zeit hat als ich, aber ich habe mich auch weiterhin mit diesem Projekt beschäftigt und arbeite heute noch daran. Ich werde es bald abgeschlossen haben und das Ergebnis dann veröffentlichen. Ich bin für jeden Schritt verantwortlich. Ich habe mit Bauträgern gesprochen. Die schönsten Städte, die wir kennen, wurden von Unternehmern gebaut, die daran sehr viel Geld verdient haben – und doch hinterließen sie uns einige großartige Städte. Genau das ist es, was ich hier zu erreichen suche. Jeder einzelne Schritt repräsentiert eine Grundidee, – die nichts mit dem besonderen Ort zu tun hat, sondern universelle Gültigkeit besitzt. Eine platonische Idee sozusagen. Es gibt ein universelles Gesetz, das alles bestimmt, das zugleich aber einen im höchsten Maße individuellen Ort schafft, unverwechselbar, unnachahmlich.

Cesar Pelli   Ich finde es sehr interessant, daß Sie nicht von Architektur sprechen, sondern schon eher von Theologie. Bei dieser Theologie handelt es sich nicht um christliche Theologie, sondern eher um griechische Mythologie. Sie haben gesagt, daß wir in der Hölle schmoren werden. Dabei ist die größte Sünde, die man überhaupt begehen kann, doch die, daß man sich anmaßt, sich mit Gott auf eine Stufe zu stellen, selbst

30

	Gott zu spielen – und genau das ist es, was Sie tun: Sie versuchen, Gott zu spielen. Das ist für mich eine fundamentale Schwäche, die Ihren ganzen Ansatz in Frage stellt. Was mich selbst betrifft, so habe ich keine Angst davor, in der Hölle zu schmoren, aber ich bin eben auch nur ein einfacher Mensch.
Rem Koolhaas	Während Philip Johnson redete, dachte ich, es gäbe eine eindeutige Trennung zwischen europäischer und amerikanischer Architektur, wobei die amerikanische Architektur ganz bewußt auf jede theoretische Artikulation und Argumentation verzichtet, während die europäische Architektur davon geradezu besessen ist. Was mich nun fasziniert – und das könnte ein wichtiges Thema für diese Runde sein –, ist die Tatsache, daß der Verzicht auf Artikulation bei Philip Johnson und die streng moralische Haltung, die religiöse Dimension – mein Gott – eines Leo Krier zu Schlußfolgerungen führen, die in vielen Fällen durchaus austauschbar sind.
Kevin Roche	Leo, Sie werden wahrscheinlich selbst in der Hölle schmoren für Ihre Arroganz. Sie gehen davon aus, daß der Architekt die Rolle eines Diktators spielt, daß er unser gesamtes Leben, unsere gesamte Umwelt diktiert. Die Arroganz, die Philip an den Tag gelegt hat, seine Mißachtung für die Menschen und die konkrete Nutzung eines Gebäudes, ist um vieles geringer als Ihre Arroganz, denn Sie vereinnahmen die ganze Stadt. Allein die Vorstellung, daß ein einzelner Architekt sich anmaßt, ein solches Projekt ohne die Beteiligung anderer zu beginnen, ist ein Wahnsinn, der uns letzten Endes alle ins Verderben stürzen wird.
Leon Krier	Ich finde es wirklich interessant, daß ich von Kevin Roche der Arroganz bezichtigt werde. Ich mache doch nichts anderes als schreiben und zeichnen, und dafür übernehme ich die volle Verantwortung. Wenn man einen Plan für eine Stadt zeichnet, wenn man einen Flächennutzungsplan aufstellt, dann legt man damit – ob es einem nun gefällt oder nicht – ein für allemal fest, wie die Menschen in dieser Stadt in den nächsten fünfzig Jahren leben und sich bewegen werden.
John Burgee	Aber auch dafür würden Sie allein die Verantwortung tragen wollen. Das läuft doch auf das gleiche heraus.
Kevin Roche	Sie würden wirklich ohne die Beteiligung anderer Menschen auskommen?
Leon Krier	Ja, absolut. Schließlich ist doch der Architekt derjenige, der alle Teile der Stadt plant und kontrolliert.
Kevin Roche	Und wer gibt uns das Recht, solche Entscheidungen zu treffen?
Leon Krier	Wir nehmen es uns einfach.
Paul Rudolph	Ich finde dieses Projekt gerade deshalb so wichtig, weil so viele verschiedene Menschen dazu einen Beitrag leisten können. Der

31

Entwurf beschreibt die Beziehung der einzelnen Gebäudetypen zueinander. Sie interessieren sich offensichtlich sehr für die Hierarchie von Gebäudetypen – etwas, was wir in diesem Land nicht mehr kennen, wo die öffentlichen Gebäude oft recht klein sind im Vergleich zu privaten Wohnhäusern oder Geschäftsbauten. Für uns gilt praktisch das Gegenteil von dem, was Sie gesagt haben. Die St. Patrick's Cathedral in New York war anfänglich ein recht großes Gebäude und wirkt heute ungeheuer klein im Verhältnis zu allem anderen. Nicht, daß ich das, was Sie gesagt haben, verwerflich finde, aber wir stehen vor Problemen, die so völlig anders sind als das, was Sie beschrieben haben, daß wir damit kaum etwas anfangen können.

Peter Eisenman Ich möchte eigentlich nicht noch einmal auf die Arroganz kommen, aber es hat schon immer arrogante Dichter und Maler gegeben, die „einfach nur schreiben und zeichnen" wollten. Was ich vor allem problematisch finde, ist Ihre Bemerkung, der siegreiche Entwurf in diesem Wettbewerb stünde besser im Einklang mit dem tieferen Wesen unserer Zeit. Das klingt mir sehr nach der Vorstellung der Moderne, die sagte, die Architektur könne den Willen der Menschen ausdrücken, oder Architektur sei ein Ausdruck des „Zeitgeistes". Sie haben ganz offensichtlich eine bestimmte Ästhetik, genauso wie die Moderne eine bestimmte Ästhetik bevorzugte. Wie Rem schon gesagt hat, ist es durchaus verständlich, daß Sie zu den gleichen Schlußfolgerungen kommen wie Johnson. Ihre Ästhetik geht ganz einfach von anderen Wertvorstellungen aus, das ist alles. Wenn wir heute so etwas wie einen „Zeitgeist" haben, dann hat das nichts damit zu tun, daß wir unseren Blick zurück auf das 19. Jahrhundert richten, sondern damit, daß wir uns mit den Problemen der Zukunft befassen. Darauf gehen Sie aber offensichtlich in keiner Weise ein. Ich finde Ihre Weigerung, sich mit der ganz realen Hölle zu befassen, die uns bedroht und vor der Biologen, Psychologen und Philosophen uns warnen, höchst merkwürdig. Ich habe den Eindruck, daß Sie sich der Verantwortung dafür entziehen wollen.

Philip Johnson Leo hat kein Wort zu dem gesagt, was ihn wirklich auszeichnet – er ist einer der besten Künstler auf der ganzen Welt. Abgesehen davon, ob er in die Hölle oder in den Himmel kommt – mir persönlich ist das völlig gleichgültig, denn ich werde nicht dabeisein, um es zu erleben –, sollten wir darüber reden, ob jemand ein guter Künstler ist oder nicht. Es ist nicht so, daß Leon Krier festere Prinzipien hätte als ich, er ist einfach nur ein besserer Architekt. Dieser tempelartige Bau in seinem Plan, auf den er nicht näher eingegangen ist, ist eine großartige *tour de force* in seiner Art von Architektur. Daß er den Entwurf der Gebäude

32

anderen überlassen will, ist etwas, was ich nie verstehen werde, denn er ist selbst ein so verdammt guter Architekt.

Cesar Pelli Er hat seine Arbeit aber ganz bewußt nicht als Kunstwerk präsentiert, und ich finde, er hat das Recht, die Richtung der Diskussion zu bestimmen…

Philip Johnson Er kann über alles sprechen, was ihm Spaß macht. Ich wollte ihn nur als einen großen Künstler loben. Mir ist es völlig egal, was er hier sagt.

Robert Stern Leo hat hier etwas anderes angesprochen als ein theologisches Grundprinzip, es ging ihm eindeutig um ein Grundprinzip der Architektur: Er möchte, daß die Architektur selbst wieder zum eigentlichen Thema der Architektur werden sollte und nicht Dinge, die außerhalb von ihr liegen, ob es sich nun um Ozeandampfer, Fabriken oder sonstwas handelt. Seine Gebäude sind ein überzeugendes Beispiel für die Kontinuität zahlreicher architektonischer Ideen aus der Vergangenheit. Der große Bruch liegt natürlich dort, wo Leo sich mit den Problemen auseinandersetzen muß, die von vielen als die eigentlichen Probleme unserer Zeit bezeichnet werden – Probleme, die aus der amerikanischen Zivilisation erwachsen sind, im Gegensatz zur europäischen. Das eigentliche Dilemma besteht für mich darin, Leo, daß du mit dem Jet hier nach Charlottesville kommst und dich gleichzeitig weigerst, einen Flughafen zu entwerfen. Da liegt die eigentliche Schwäche deiner Argumentation, nicht im Werk selbst.

Leon Krier Ich würde sehr gerne einen Flughafen entwerfen, ich habe überhaupt nichts gegen Flughäfen. Ich liebe Flugzeuge. Ich habe auch nichts gegen Maschinen, aber sie müssen dem Menschen dienen, und das tun sie gegenwärtig offensichtlich nicht.

Robert Krier Ich würde gerne wissen, ob irgend jemand hier ein kulturelles Problem hat mit der tausendjährigen Evolution des klassischen griechischen Tempels. Ich habe den Eindruck, daß das nicht der Fall ist. Wir brauchen heute solche Werte, um unsere neue Ordnung neu zu definieren.

Leon Krier Weil wir in einer problematischen Zeit leben, glauben viele Künstler, sie müßten problematische Kunstwerke schaffen und sich problematische Musik anhören, aber all das hat nichts mit dem eigentlichen Sinn der Schönen Künste zu tun. Die Schönen Künste beschäftigen sich mit Lösungen, nicht mit Problemen, und das Ziel des Klassizismus besteht darin, die eleganteste Lösung eines Problems zu finden.

Rob Krier

Rob Krier	Es war ein bißchen schwierig für mich, Ihnen eine noch unveröffentlichte Arbeit mitzubringen, und so habe ich mich entschieden, Ihnen hier zwei Entwürfe vorzustellen, mit denen ich in der letzten Zeit zwei Wettbewerbe verloren habe. Das erste ist ein kleines Rathaus mit einer Grundschule, einer Turnhalle und Raum für kulturelle Aktivitäten. Es handelt sich um ein freistehendes Gebäude am Rande eines kleinen Dorfes in der Nähe von Wien. Der zweite Entwurf ist eine Kunstakademie, ein städtebaulicher Beitrag für Berlin. Bei dem ersten Entwurf war es mein wichtigstes Ziel, lauter unterschiedliche Objekte rings um einen traditionellen Hof zu stellen. Ich habe dabei versucht, dem zentralen Klosterhof die gleiche Atmosphäre zu verleihen wie der Benediktinerabtei, in der ich zur Schule gegangen bin. Da das Dorf keine eigene Kirche besitzt, habe ich vorgeschlagen, einen kleinen Turm zu bauen, um ein Merkzeichen zu setzen. Beim zweiten Projekt ging es um die Schließung einer Baulücke in einer traditionellen, 21 Meter hohen Straßenwand in Berlin. Der Hauptgedanke war, eine Blockdurchquerung zu schaffen. Ich wollte, daß die Kunstschule wie ein öffentliches Gebäude aussehen und eine gewisse Monumentalität haben sollte, um so innerhalb der Stadt eine gewichtigere Rolle zu spielen. Es war eines der traditionell wichtigsten Prinzipien der Architektur, alle angewandten Künste in sich zu vereinigen, einschließlich Bildhauerei und Malerei. Die palladianischen Villen wurden in ihrer Geometrie von Architekten entworfen, dann aber von Bildhauern und Malern fertiggestellt. Ich habe der Straßenfassade eine Art Relief gegeben, damit die Vorübergehenden ein Gefühl für die bildhauerischen Qualitäten eines Gebäudes entwickeln können. Der Dialog zwischen der figurativen Skulptur und dem abstrakten geometrischen Hintergrund der Architektur ist für mich eines der wichtigsten theoretischen Prinzipien. Das Abstrakte in der Bildhauerei des zwanzigsten Jahrhunderts hat nichts zu tun mit der Abstraktheit der Architektur – zwischen diesen beiden gibt es keinen Dialog. Ich bin davon überzeugt, daß der menschliche Körper, so wie die Griechen ihn verwendeten, und klassische Elemente wie Architrave auch heute noch etwas zu sagen haben. Diese Art von sinnlicher, bildhauerischer Qualität muß mit der Geometrie in Dialog treten.
Hans Hollein	Meine Kritik am ersten Projekt wäre, daß es einfach viel zu groß ist für ein kleines Dorf, das keine Dorfkirche braucht.
Rob Krier	Es ist ein verzweifeltes Projekt für ein nichtexistierendes Dorf.
Hans Hollein	Was Sie brauchen, ist ein größeres Dorf.
Rem Koolhaas	Mein eigenes Verhältnis zur Architektur ist weitgehend das gleiche wie deines, Rob, und zwar in dem Sinne, daß ich eine ungeheure Menge von Projekten entworfen, aber nur sehr wenige gebaut habe. Ich

	entdecke in mir eine zunehmende Abneigung dagegen, so weiterzumachen, ich sehne mich nach Veränderung. Im Gegensatz zu mir scheint es für dich keine Notwendigkeit zu geben, irgend etwas zu verändern, und deshalb meine Frage: Gibt es bei dir auch eine Art von Weiterentwicklung?
Rob Krier	Du meinst eine persönliche Weiterentwicklung? Eine künstlerische Weiterentwicklung?
Rem Koolhaas	Genau.
Rob Krier	Ich muß sagen, daß mich Neuerungen in der Architektur nicht interessieren.
Rem Koolhaas	Nein, das weiß ich, aber das habe ich auch nicht gemeint. Ich sagte: Weiterentwicklung.
Rob Krier	Entwicklung ist eine Sache der Qualität. Vielleicht werde ich in zwanzig Jahren in der Lage sein, ein wirklich vollkommenes Objekt zu schaffen. Heute bin ich noch nicht so weit, denn ich habe erst sehr wenig gebaut. Ich habe noch nicht genügend Erfahrung, um ein guter Architekt zu sein. Auch die besten Zeichnungen der Welt garantieren noch kein gutes Gebäude.
Rem Koolhaas	Okay. Ich habe diese Frage nur deshalb gestellt, weil ich gewisse Unterschiede zu deinen früheren Arbeiten sehe, die ich als sehr „ernst" empfunden habe, wenn ich es so ausdrücken darf. Jetzt scheint mir deine Arbeit eher – ich will nicht sagen: oberflächlich, aber stärker kritisch reflektiert, beinahe automatisch.
Kevin Roche	Ich würde Sie gerne fragen, was Ihrer Meinung nach gutes Bauen ist, da Sie diesen Punkt nun schon angesprochen haben.
Rob Krier	Gutes Bauen heißt, daß die Formulierung dem Zweck entspricht. Wenn es sich um ein offizielles oder öffentliches Gebäude handelt, dann muß es repräsentativ sein. Wenn das Gebäude sozialen Zwecken dient, dann sollte es eher zurückhaltend sein – um keine Verwirrung zu stiften. Die einzelnen Elemente des Gebäudes müssen für den Betrachter auf der Straße klar verständlich sein. Im Kopf eines Architekten spielen sich in der Regel so komplizierte Denkprozesse ab, daß er beinahe alles irgendwie interpretieren kann, auch wenn es gar nicht logisch ist. Aber der einfache Mann auf der Straße wird einem sofort sagen, ob ein Gebäude Sinn macht oder nicht, ob die Fenster logisch sind, ob der Eingang richtig plaziert ist. Das ist etwas, was ich in meiner Lehrtätigkeit gelernt habe. Man lernt diese Dinge ganz einfach, wenn man sie jeden Tag wiederholen muß, wenn man jeden Tag seine kleinen Ungläubigen anleiten und kontrollieren muß. Im Laufe der Jahre geht man dazu über, sicherere und einfachere Dinge zu machen, einfache Elemente an die richtige Stelle zu setzen. Dabei kommt es auf die richtige Typologie an, denn die kann von anderen wiederholt werden.

37

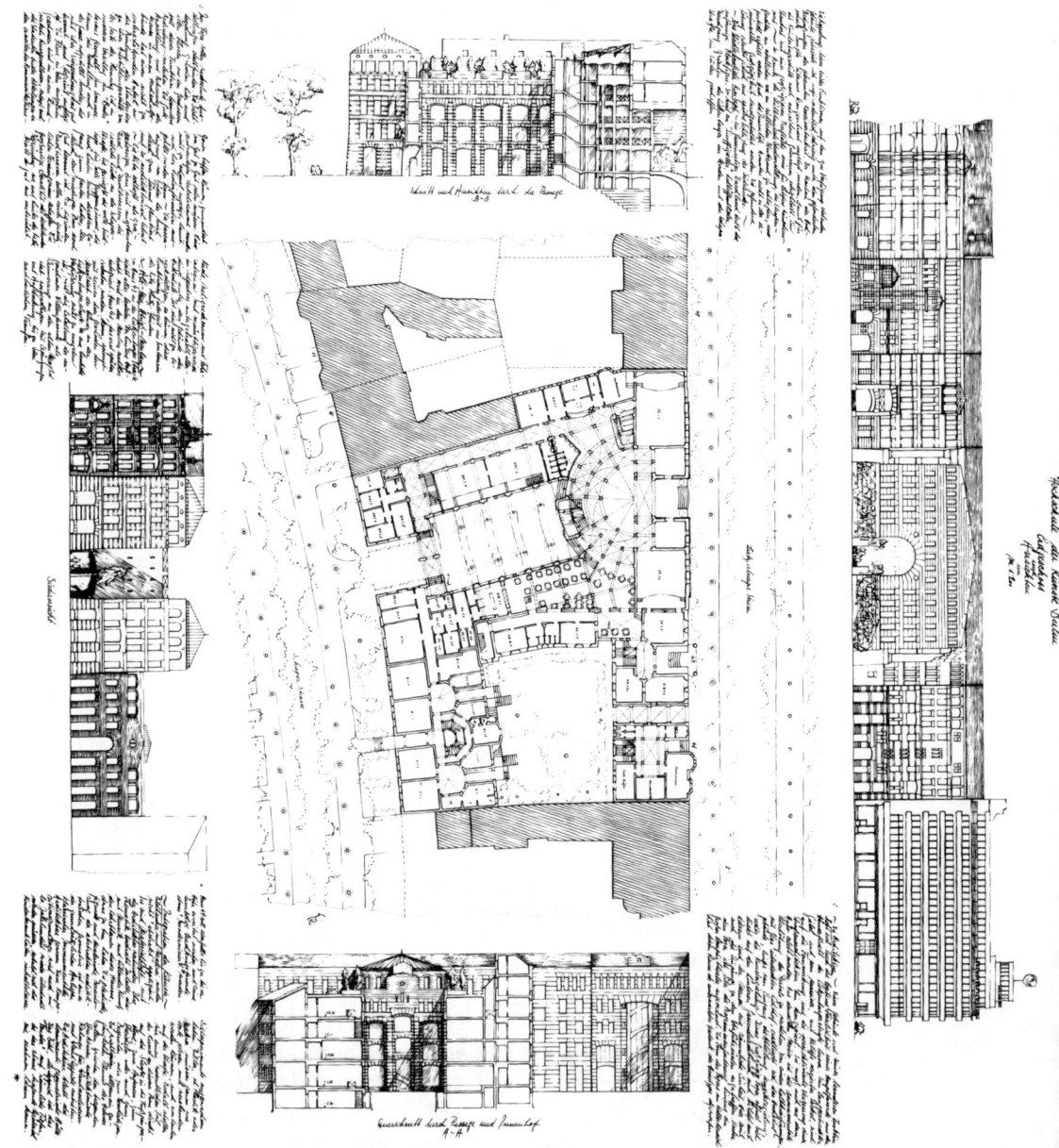

	Man kann keine Tradition aufbauen, die sich vor allem auf komplizierte künstlerische Theorien stützt.
Rem Koolhaas	Aber das kann nur eine Lösung für die Lehre sein, nicht für die Architektur.
Rob Krier	Das ist richtig, aber die Logik, die der Lehrtätigkeit zugrunde liegt, ist genau die gleiche wie die, die man auf das Objekt anwendet, über das man spricht.
Rafael Moneo	Ich bin immer noch sehr beeindruckt von der Schönheit der Bilder, die in Ihren Zeichnungen auftauchen, aber ich verzweifle ein wenig an den Argumenten, die Sie und Leo hier vorgebracht haben. Auf der anderen Seite muß man natürlich auch die ethischen Überlegungen berücksichtigen und Ihre Warnung, daß unser Beruf sich zunehmend von der Idee entfernt, daß Architektur eine zusammenhängende, geschlossene Welt darstellt, und ich finde es ein gutes Zeichen, daß diese Dinge in unserer Welt heute wieder ausgesprochen werden. Wenn ich mir jedoch die Entwürfe hier an der Wand betrachte, dann habe ich den Eindruck, daß Sie die Prinzipien, die Sie aufgestellt haben, selbst nicht anwenden. Es gibt sehr viele Dinge in Ihren Entwürfen, die eindeutig von der Moderne beeinflußt sind. Aber die Modernität, die in Ihren Zeichnungen anklingt, kann erst dann zum Ausdruck kommen, wenn Ihre Entwürfe tatsächlich realisiert werden. Dann werden die Leute sehen, daß sie keineswegs so klassizistisch sind. Warum sind Sie sich selbst gegenüber nicht konsequenter und strenger? Daraus ergibt sich auch die Frage nach dem Stil. Ich nehme an, das ist ein Begriff, den man im Zusammenhang mit Leos Architektur nicht verwenden sollte, aber ich brauche ihn, um seine Arbeit verstehen zu können. Ich würde gerne von ihm hören, von welchen Prinzipien er ausgeht, welche er seiner Architektur zugrunde legt. Im Endeffekt treten diese Prinzipien natürlich nicht in Erscheinung, und alles, was übrigbleibt, ist ein ästhetischer Versuch. Die Gegner von Leos Ethik werden sagen: „Wir mögen seine Ästhetik nicht", und die Gegner seiner Ästhetik werden sagen, sie lehnen die ethischen und sozialen Implikationen seiner Arbeit ab. Es ist ziemlich gefährlich, Ethik und Ästhetik miteinander zu vermischen, weil man dann dem Kreuzfeuer ziemlich schutzlos ausgesetzt ist.
Rob Krier	Bitte messen Sie den Details des Entwurfs nicht so großes Gewicht bei. Sie sind hier nicht so wichtig.
Rafael Moneo	Es geht mir nicht um die Details. Ich versuche nur, die Regeln zu verstehen. Zum Beispiel diese Treppe hier – glauben Sie, daß diese Treppe richtig ist im Sinne der klassischen Architektur?
Rob Krier	Es geht darum, sie möglichst perfekt zu machen.

Rafael Moneo	Nein, es geht darum, sich selbst treu zu bleiben. Sie sollten bei dem Versuch, alles richtig hinzubekommen, sehr viel mehr Radikalität walten lassen, nicht weniger.
Robert Stern	Die Diskussion scheint sich zumindest teilweise auf das Problem der Avantgarde zu beziehen. Was ist eine Avantgarde-Position? Sie haben unter anderem gesagt, Rafael, die Krierschen Arbeiten seien Ihnen nicht radikal genug, aber gleichzeitig sagen Sie, das Problem bei diesen Arbeiten – bei Leo ebenso wie bei Rob – sei ein Problem der Darstellung. Mit anderen Worten: Wenn ich Sie richtig verstanden habe, dann wäre es irgendwie radikaler, wenn die Säule keine korinthische Säule wäre. Meiner Meinung nach besteht das Faszinierende dieser Arbeiten in dem Bemühen – und das gilt in erster Linie mehr für die Arbeiten von Rob als von Leo –, die traditionelle Sprache der Architektur auf die heutige Technologie zu beziehen. Ich habe den Eindruck, Rob, daß Sie mit dieser neuen Arbeit zu einer absolut neutralen Architektur zurückgekehrt sind, die sich mehr denn je der Ästhetik der Moderne annähert. Der Entwurf für die Kunstschule basiert auf einem eher traditionellen Grundriß und einer figurativen Skulptur. Wenn man nun einmal die Skulptur beiseite läßt, dann sind Sie gar nicht so weit weg von Ernst May.
Rob Krier	Ich habe nie darüber nachgedacht, ob meine Arbeit nun zur Avantgarde zählt oder nicht, denn die Avantgarde ist etwas, was einfach geschieht, was nicht geplant ist.
Peter Eisenman	Ich möchte gerne auf drei Punkte eingehen, von denen ich glaube, daß sie für unsere Konferenz wichtig sind. Erstens den Begriff des Kontexts und damit die Auffassung, daß derjenige, der den ersten Stein gelegt hat, recht hat. Man neigt heute zu der Ansicht, alles Vorhandene sei gut und richtig – eine Art Umkehrung der Erbsünde. Das zweite ist der Gedanke der Neuerung. Rob sagt, es gehe ihm nicht um Neuerung. Ich glaube aber, daß gerade die Erfindung von Neuem unsere Kunst ausmacht und daß wir ohne sie nur Flickwerk hätten. Das dritte ist etwas, das nicht nur mich selbst beschäftigt, sondern auch Frank Gehry; es ist die Vorstellung, daß das Abstrakte in der modernen Bildhauerei nichts mit Architektur zu tun habe. Das mag vielleicht zutreffen, wenn man die abstrakte Bildhauerei als eine Stilrichtung versteht, hat aber völlig andere, weitreichendere Implikationen, wenn man sie als eine Erweiterung der plastischen Ausdrucksmöglichkeiten versteht. Es gibt unter den Bildhauern einige Kollegen, die, wie Richard Serra, Robert Morris und Robert Smithson, etwas erfunden haben, das auch für uns Architekten von Bedeutung ist.

Arata Isozaki

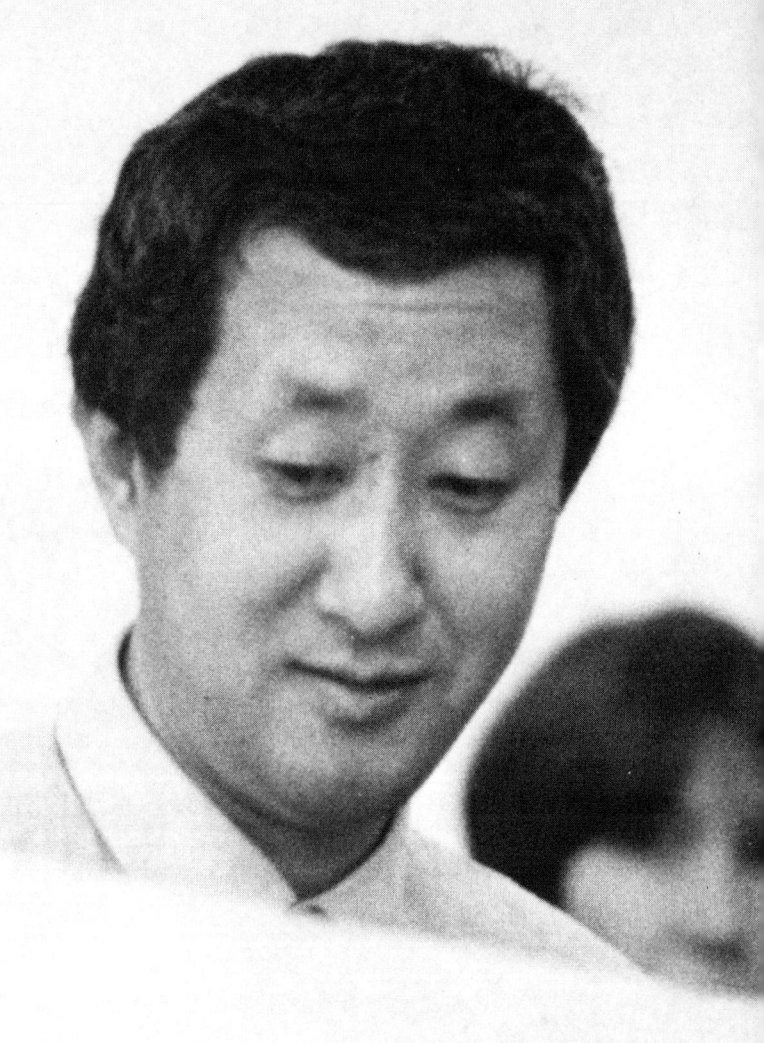

Arata Isozaki

Dies ist ein kleines Museum. Der Ort, an dem es steht, ist eher seltsam. Es handelt sich um eine kleine Stadt namens Nishiwaki, die genau in der Mitte von Japan liegt und in allen vier Himmelsrichtungen gleich weit von den Landesgrenzen entfernt ist. Der Bürgermeister hat das vor kurzem erst herausgefunden und beschlossen, die Tatsache zu feiern, daß seine Stadt das Zentrum Japans, der Nabel des Landes ist. Es gibt hier bereits mehrere Eisenbahnlinien, und jetzt soll auch die nationale Eisenbahn hier einen Bahnhof bekommen.

Der Auftrag lautete, ein kleines Gebäude zu errichten als Museum für die Arbeiten eines einzelnen Künstlers. Der überaus einfache Grundriß orientiert sich an den beiden Bahnhöfen von Nishiwaki. Das Dach des Gebäudes erinnert in seiner Form an das Dach eines Eisenbahnwagens, und die ganze Anlage ist wie ein Zug mit mehreren Wagen gegliedert. Ehe ich auf den Entwurf eingehe, sollte ich vielleicht etwas über die Arbeiten des betreffenden Künstlers sagen. Yokoo – das ist der Name des Künstlers – ist noch sehr jung. Er begann schon Mitte der sechziger Jahre so zu arbeiten, wie er es noch heute tut. Seine Bildersprache ist recht eigenwillig. Sie nimmt sich etwas aus der traditionellen japanischen Kunst, aus der Pop-art und aus dem Kitsch. Später kamen auch noch westliche Bilder und Vorstellungen dazu. Yokoo wirkte in einem der Filme von Oshima mit und wurde ein Star. Der Grundgedanke seiner Arbeiten ist das unvermittelte Nebeneinander von grundverschiedenen Bildern. Sie haben nichts miteinander zu tun, obwohl man vielleicht sagen könnte, daß für Yokoo alle Bilder und historischen Elemente ihrer Wurzeln beraubt sind und er sich bemüht, sie auf neue, ungewöhnliche Art zusammenzubringen. Eine ähnliche Einstellung lag auch meinem Entwurf zugrunde. Yokoos Arbeiten werden hier chronologisch aufgebaut, und zwar in einer Folge von Räumen, die jeweils den sechziger, siebziger und achtziger Jahren gewidmet sind. Wenn er weitermacht, werden wir vielleicht eines Tages weitere Räume hinzufügen, so wie man zusätzliche Wagen an einen Zug anhängt.

Der Eingangsportikus führt zu einer Treppe, die an die Treppe in der Biblioteca Laurenziana erinnert. Von hier aus gelangt man in den Palmenraum. In den sechziger und siebziger Jahren war das Paradies Yokoos bevorzugtes Thema, deshalb habe ich hier eine Palme hingestellt – das erinnert irgendwie an Disneyland. Dieser Raum ist mit einem Nebenraum verbunden, in dem eine Pyramide steht. Yokoo glaubt an die Kraft der Pyramiden. Wenn man im Mittelpunkt einer Pyramide sitzt, empfängt man bestimmte kosmische Kräfte. Das ist die Art der Bilder, mit denen ich arbeite. Das ganze Ding hat knapp 375 Quadratmeter und kostet wenig. Das Tragwerk wird aus Stahlbeton sein.

43

	Das Erdgeschoß wird ebenfalls aus Stahlbeton gebaut, darüber Putz und Keramikfliesen.
Toyo Ito	Ich spreche nicht sehr gut Englisch, deshalb werde ich es auf Japanisch versuchen.
Übersetzer	Er sagt, daß der Künstler Tadanori Yokoo in den sechziger Jahren Pop-art gemacht hat. Später, nachdem er im Film aufgetreten war, wurde er in Japan zu einem Superstar. Dann wurde er religiös und beschäftigte sich mit der Kraft der Pyramiden. Mr. Yokoo wurde in starkem Maße von westlicher Kultur beeinflußt, aber sein Werk zeigt, daß seine kulturelle Heimat im Osten liegt. Sein Ziel ist es, die Inhalte der Pop-art – der populären Kultur in der amerikanischen Kunst – mit seiner ostasiatischen Religion zu verknüpfen. Wie drückt sich all das in der Architektur von Mr. Isozaki aus?
Arata Isozaki	Ich möchte noch etwas weiteres zu Yokoo sagen, was bisher nicht erwähnt wurde. Er hat nämlich jetzt jede Form von Religion aufgegeben und malt heute eher in der gleichen Richtung wie Schnabel oder so jemand. Er ist viel amerikanischer geworden, er kopiert mehr von Amerika. So ist er eben – ein überaus cleverer Bursche, besonders in Japan. Mein Wunsch, die Entwicklung seiner Karriere zu verdeutlichen, brachte mich zu dem Motiv des Eisenbahnzugs, obwohl ich nicht glaube, daß das Gebäude tatsächlich wie ein Zug aussehen wird. Vielleicht habe ich dieses Bild einfach aus einem Traum. Ich glaube nicht, daß es etwas Östliches an sich hat, eher etwas von Freud.
Peter Eisenman	Dieses Projekt wirft für mich zwei Probleme auf. Das eine ist die Frage, ob ein Gebäude die Dinge abbilden oder darstellen sollte, die sich in seinem Innern befinden. Das ist eine grundsätzliche Frage, die nichts damit zu tun hat, ob es um den Osten oder den Westen geht. Die zweite Frage ist, ob dieses Gebäude das wirklich tut. Die Abwandlung des Eisenbahnmotivs ist schon sehr interessant. Wenn das Gebäude einfach einen Zug darstellen würde, wäre es langweilig. Hier ist es jedoch so, daß die Seitenwand des Zuges sich vom Dach gelöst hat und zur Basis geworden ist, und zwischen dem Dach und der Basis befindet sich eine recht anonyme Architektur. Das ist wichtig. Ich könnte vom Äußeren des Gebäudes keine Rückschlüsse ziehen auf die darin ausgestellte Kunst, aber darin sehe ich durchaus kein Problem.
Hans Hollein	Ich habe genau die gleiche Frage. Vor allem will ich wissen, ob der Inhalt sich in allem, in der Form, der Struktur, der Gliederung des Gebäudes, ausdrücken muß. Wenn das die Absicht war, dann muß ich sagen, daß dem Gebäude die erotische Ausstrahlung fehlt, die Yokoos Kunst eigen ist.

44

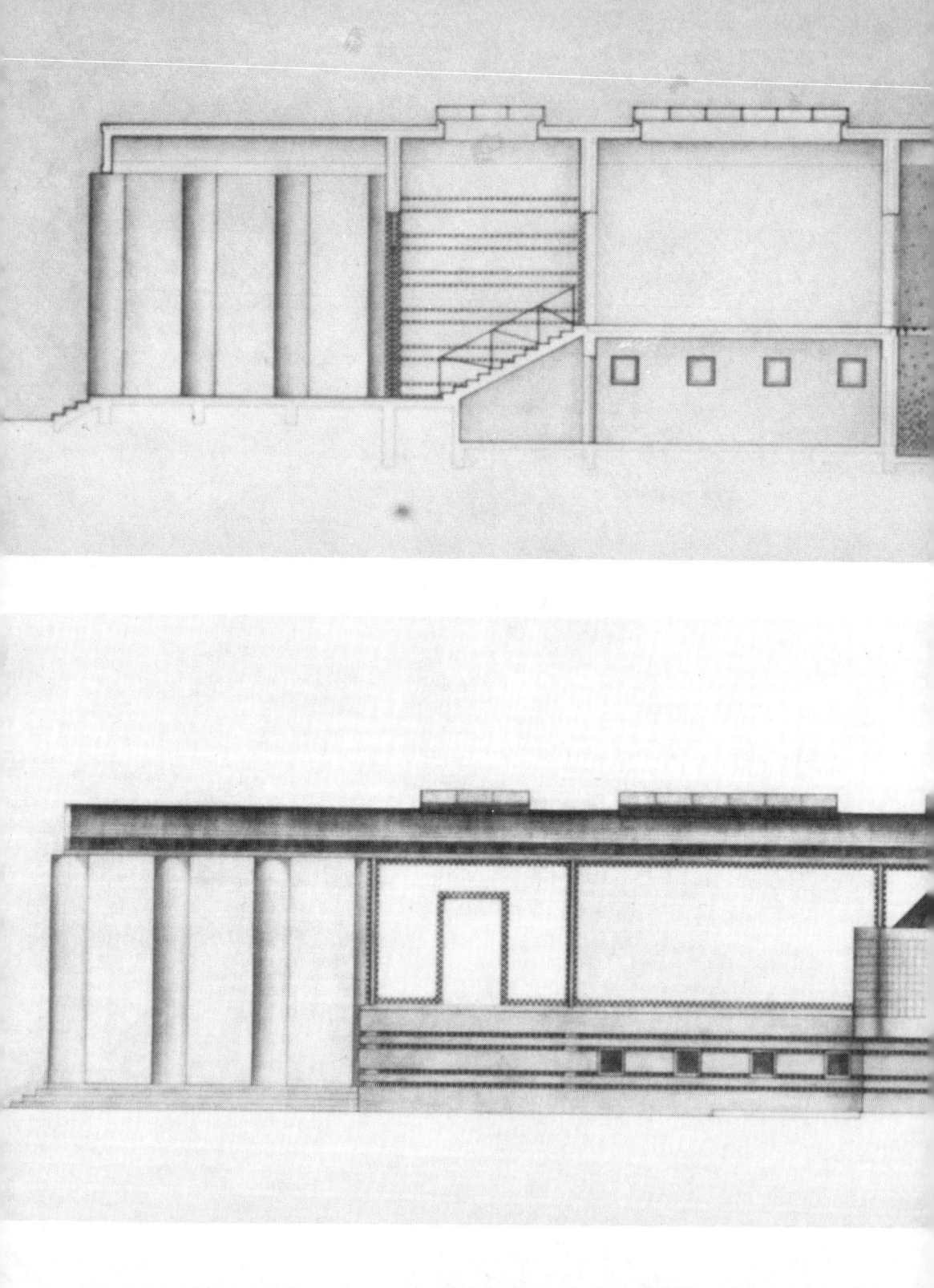

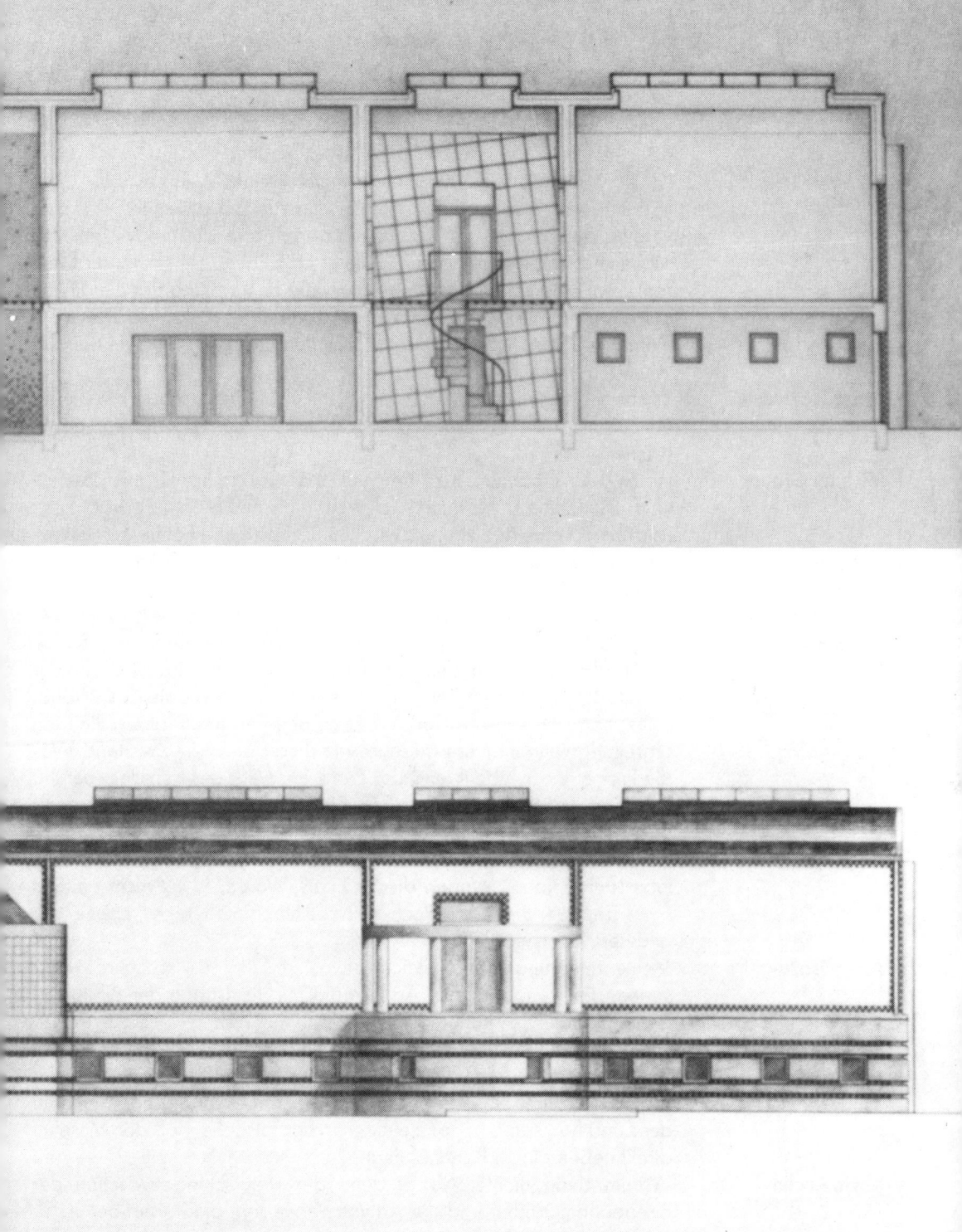

Arata Isozaki	Wir hatten große Schwierigkeiten, ein wenig von der erotischen Bildersprache mit einzubringen. Bis jetzt ist uns das nicht gelungen! (Lachen)
Michael Graves	Iso, ich habe wie immer Probleme mit der Art und Weise, wie du Zitate in deiner Arbeit verwendest. Ich verstehe zum Beispiel nicht, was eine vereinfachte Version der Laurenziana-Treppe in diesem Museum zu suchen hat. Ich verstehe nicht, inwiefern die Palme die sechziger Jahre repräsentieren soll. Ich verstehe auch die Behandlung der Details an den Rändern der einzelnen Räume nicht. Kannst du mir bitte noch einmal erklären, was es mit diesen Zitaten auf sich hat – zum Beispiel mit der Treppe?
Arata Isozaki	Es handelt sich nicht um Zitate im eigentlichen Sinne, sondern vielleicht eher um Transformationen „höherer Art". Nein, doch nicht ganz. (Lachen)
Michael Graves	Ich muß für ihn eine Lanze brechen. Das Ganze hat für mich Bedeutung. Die Palme ist für mich – ich weiß nicht mehr, ob du gesagt hast, es gäbe da eine Beziehung zwischen Paradies und Palme (ich nehme an, das hast du wohl gesagt) –, also ich denke bei Palmen eher an Brighton und Hollein und Stern ...
Arata Isozaki	Meine Palme ist aber echt. (Lachen)
Kevin Roche	Ich möchte auf zwei Dinge eingehen. Das eine ist die Frage, ob die Kunst, die im Innern des Gebäudes ausgestellt wird, sich in der Architektur des Hauses spiegeln sollte. Natürlich sollte sie das. Woran sollte man sich sonst halten? Welchen anderen Strohhalm sollte man ergreifen, wenn man ein Museum wie dieses entwirft? Zweitens: Was die Frage der Symbolik und der Erotik im Werk des Künstlers betrifft, ich finde, man könnte die sechs Säulen des Portikus durchaus als phallische Elemente bezeichnen. (Lachen)
Hans Hollein	Kommen wir zurück zu dem Problem der Treppe aus der Biblioteca Laurenziana. Warum dieses Zitat? Warum ist es nicht einfach eine Treppe? Sie führt doch ganz einfach von einer Ebene zur anderen.
Arata Isozaki	Meine Erklärung war vielleicht etwas irreführend. Ich würde eher sagen, die Treppe ist eine Art Parodie auf die Treppe der Biblioteca Laurenziana.
Peter Eisenman	Ich möchte auf Kevin eingehen. Für mich liegt das Problem bei diesem Bau genau darin, daß die Metapher, das Symbol, die Karikatur oder was auch immer eines Eisenbahnzuges ihren Ursprung eben nicht in der Kunst hat, sondern ganz einfach in der Tatsache, daß das Museum direkt neben einem Bahnhof liegt.
Kevin Roche	Warum denn nicht? Wo ist denn der Unterschied zwischen der Eisenbahnmetapher und der Art von Verweisen, die Robert benutzt?

48

Peter Eisenman	Du sagst, die Kunst könne die Bildersprache liefern, den Strohhalm, an den man sich beim Entwerfen eines solchen Gebäudes klammern könne. Das ist eine mögliche These. Aber die Eisenbahn hat hier nichts mit der hier ausgestellten Kunst zu tun.
Kevin Roche	Nein. Im Inneren sollte man einen Ausdruck für die Kunst finden; bei der äußeren Erscheinung orientiert man sich natürlich an dem benachbarten Bahnhof.
Richard Meier	Die Ähnlichkeit mit einem Bahnhof ist bei diesem Gebäude wirklich überwältigend. Man beachte die Führung der Verkehrswege, die Gliederung in einzelne Abteile, den repetitiven Charakter der Treppe. Und nicht zuletzt die Art und Weise, wie das Rückfenster und die hintere Tür die Ankoppelung weiterer Teile ermöglichen. Die Raumfolge weist eindeutig darauf hin, daß das Gebäude später erweitert werden soll. Das ist schon sehr wichtig für die ganze Konzeption.
Stanley Tigerman	Ich muß dir widersprechen, Richard. Es ist schön und gut, daß sich das Gebäude auf einfache Art und Weise erweitern läßt. Aber das eigentliche Problem ist das seitliche Atelier. Ein Zug neben Bahngeleisen ist verständlich, das Atelier aber nicht.
Michael Graves	Stanley, du befindest dich da auf einem schwierigen Weg, um nicht zu sagen auf einer eingleisigen Strecke.
Stanley Tigerman	Aber die Strecke ist doch eingleisig.
Michael Graves	Ich weiß, aber wir stehen hier kurz vor einem gewaltigen Eisenbahnunglück. (Lachen)
Philip Johnson	Was mir gefällt, ist die Raumfolge, das Licht, die Atmosphäre. Bis jetzt ist noch niemand darauf eingegangen. Dies ist wirklich ein wundervolles Objekt. Es ist mir völlig egal, ob es sich dabei um einen Zug handelt oder nicht. Man kann doch einfach ein langes, schmales Gebäude wie Soanes Dulwich Gallery bauen, wenn man will. Wenn man ans Ende kommt, kehrt man einfach um und geht wieder zurück. Es ist klar, daß nur etwa sechs Leute pro Jahr dieses Museum besuchen werden. Das Motiv des Zuges ist also ein absolut wundervolles Stilmittel. Und die Tatsache, daß man eine Treppe wie in der Laurenziana baut, die wieder zum Eingang zurückführt – warum nicht? Es ist, als ob Brahms Beethoven zitiert. Isozaki ist sich dessen bewußt, daß er kopiert, also was soll's? Das Zitat dient der Bereicherung und hilft ihm bei der Raumfindung. Es ist mir völlig gleich, wer der Künstler ist, dessen Werke er in dem Gebäude ausstellen will. Meinetwegen kann er Warhol ausstellen – wen kümmert das schon? Was mir gefällt, ist die Raumfolge und die Verschiedenartigkeit der einzelnen Räume. Jeder hat einen besonderen Charakter. Welche Fülle von Phantasie, welche formale Klarheit! Es ist ein wunderschönes Bauwerk – eine sehr originale Art, ein Museum zu bauen.

49

O. M. Ungers

O. M. Ungers

Ich möchte Ihnen ein Projekt vorstellen, das sich gegenwärtig noch im Bau befindet, und ein anderes, das damit zusammenhängt. Es geht um die Frankfurter Messe, die städtischen Ausstellungshallen. Das Messegelände liegt an der Peripherie der Innenstadt von Frankfurt, in der Nähe des Hauptbahnhofs, und bildet mit seiner Lage eine Art Torsituation. Früher, das heißt im siebzehnten, achtzehnten und frühen neunzehnten Jahrhundert, gab es fast überall kleine Stadttore rings um die Altstadt. Als die Stadt sich dann auszudehnen begann, wurden Bahnhöfe gebaut und eine Reihe von Hauptzufahrtsstraßen angelegt, die bis ins Stadtzentrum hineinführten. So wurde der alte Stadtkern von riesigen Neubauten eingeschlossen. Nach dem Krieg wurde der Bereich rings um den Hauptbahnhof eher planlos wiederaufgebaut. So wird das gesamte Messegelände heute von einer Eisenbahntrasse durchschnitten, eigentlich sogar von zwei Bahnstrecken, die eine Art Dreieck bilden.

Wir gingen von einem Gesamtplan aus, einer Art Ausstellungs- oder Messestadt. Gegen die Eintönigkeit solcher Messeanlagen setzten wir eine Reihe besonderer Anziehungspunkte. Da war als erstes ein großer, mit verschiedenen Objekten geschmückter Garten, direkt vor der Festhalle. Hier standen früher Villen mit Gärten, und man könnte den neuen Garten als den einer großen Villa betrachten. Das zweite Element war die Agora. Sie ist von einer riesigen Ausstellungshalle umgeben, dem Messehaus 4. Hinter diesem Messehaus gibt es noch einen Garten, darin sind einige Bäume, die schon immer dort standen. Für das andere Ende des Messegeländes schlugen wir ein weiteres Gebäude vor, das Messehaus 9, das etwa die gleichen Dimensionen haben sollte wie das bestehende Messehaus West. Eine Galleria soll die beiden, das Messehaus 9 und das Messehaus West, mit der neuen Agora auf der anderen Seite der Eisenbahntrasse verbinden. Wir planten kleine Veränderungen am Messehaus West und übernahmen die Dimensionen seines Sockels als Maßstab für das Messehaus 9. Das Messehaus 9 ist zur Zeit im Bau. Es hat eine Fläche von rund 60000 Quadratmetern, enthält Restaurants und Konferenzräume und bietet 2000 Parkplätze auf dem Dach. Das Gebäude ist fast fertig. Die Bauzeit betrug anderthalb Jahre, die Planungszeit nur drei Monate. Gegenwärtig sind wir dabei, die Baugenehmigung für ein Hochhaus zu beantragen. Es ist ein Büroturm, der in dem Dreieck zwischen den Eisenbahngleisen errichtet werden soll. Dieses Gebäude soll sein wie ein Tor. Eigentlich sind es zwei Gebäude – ein Glashaus mit einem Steinhaus drum herum. Dabei entstehen drei übereinanderliegende Schichten. Das Sockelstück nimmt die gesamte Grundfläche ein. Darüber erheben sich zwei parallele Scheiben, über denen wiederum drei

51

	andere parallele Scheiben aufragen, sie stehen im rechten Winkel zum Mittelteil und enthalten Konferenzräume und anderes. Für Fußgänger gibt es ein breites Laufband oberhalb der Schienen. Es läuft durch das ganze Gebäude und ist mit der Galleria und dem Agora-Gebäude verbunden. Einen direkten Zugang im Erdgeschoß gibt es nicht.
Cesar Pelli	Vorhin war viel von der Andersartigkeit die Rede, die die Arbeiten der Amerikaner von denen der Europäer unterscheidet. Nun haben wir es hier mit dem ersten größeren Projekt eines Europäers zu tun, und ich frage mich sofort, was es nun mit dieser Andersartigkeit auf sich hat. Rem, du warst doch einer von denen, die das vorhin angesprochen haben.
Rem Koolhaas	Ich meinte das doch nur bezogen auf diese Konferenz. (Lachen)
Jaquelin Robertson	Welche Funktion hat eigentlich diese riesige Öffnung, die irgendwie an einen Zigarrenabschneider oder eine Guillotine erinnert?
O. M. Ungers	Ich mag diese Art negativer Vergleiche nicht, sie machen alles so verächtlich. Es wäre besser, wenn Sie ein positives Bild benutzen würden.
Jaquelin Robertson	Gut, ein positives Bild. Sagen wir, ein Triumphbogen.
O. M. Ungers	Ein Triumphbogen, ein Fenster, ein Tor zur Welt – was auch immer. Also es ist so: Die beiden Eisenbahntrassen schneiden das Messegelände in zwei Hälften – eine westliche und eine östliche Hälfte. Ich habe versucht, eine Verbindung zwischen diesen beiden Teilen herzustellen. Das Gebäude hat eine ganz einfache Form, aber trotzdem hat es lange Auseinandersetzungen darüber gegeben. Wir haben nichts anderes getan, als zwei parallele Scheiben auf den Sockel zu setzen und dann darauf drei weitere Scheiben, rechtwinklig dazu. Das Ergebnis war ein Tor. Die Form thematisiert also den Übergang zwischen den beiden Bereichen.
Jaquelin Robertson	Nächste Frage. Das Mauerwerk, das Sie hier als Stilmittel benutzen …
O. M. Ungers	Es handelt sich nicht um Mauerwerk, sondern Sandstein. Sie wissen, was Sandstein ist?
Jaquelin Robertson	Ja, ich weiß – eine Form von Mauerwerk. (Lachen) Aber ich meinte etwas anderes. Meine Frage ist: Wenn Sie dem Gebäude Mauerwerkcharakter geben, warum negieren Sie dann das Tragwerkverhalten von Mauerwerk? Sie wollen doch offenbar erreichen, daß die Gebäudehülle auf den Betrachter fest wirkt, wie Mauerwerk eben, obwohl es das gar nicht ist. In dem anderen Gebäude, das Sie uns vorgeführt haben, gibt es eine lange Säulenflucht und darüber ein Fensterraster, aber die Fenster liegen nicht auf einer Ebene mit den Säulen. Ich unterstelle, daß Sie diese Beziehung ganz bewußt negieren. Und dann noch etwas zum Hochhaus: Warum wirkt das Laufband wie ein schweres, tragendes Element und hat die gleiche Befensterung wie die Büros?

O.M. Ungers	Wir haben den Baukörper mit dem Laufband als Teil des Sockels aufgefaßt. Aus diesem Sockel erheben sich zwei Türme wie zwei Flügel. Abgesehen davon war es sehr viel einfacher, den „Travelator" in massivem Beton auszuführen.
Philip Johnson	Wir haben uns vorhin über die Entwicklung unterhalten, die jeder Architekt durchmacht. Dabei mußte ich an Ihr erstes Haus denken. Es war klein, und es war voller Phantasie.
O.M. Ungers	Ganz recht.
Philip Johnson	Aber es gab da ein paar seltsame Dinge, die mir Unbehagen verursachten. Ich dachte damals eben noch sehr streng … Und was machen Sie heute? Das hier könnte doch ebensogut in Kansas City stehen. (Lachen) In der Tat, das ist Fortschritt.
Robert Siegel	Ich würde gern noch einmal auf die Frage zurückkommen, die Jaque aufgeworfen hat. Rein formal betrachtet mußten Sie doch, wenn Sie den gläsernen Teil des Gebäudes wirklich als Glaskörper wirken lassen wollten, den Fahrstuhlschacht, der die einzelnen Geschosse verbindet, ebenfalls mit Glas umhüllen. Aber warum wollten Sie überhaupt diesen Eindruck erzeugen? Warum dieser Glasbau im Innern eines Steingebäudes?
O.M. Ungers	Weil sich im oberen Teil des Glaskörpers zahlreiche Konferenzräume und Büros befinden. Die unterschiedliche Verwendung der Materialien korrespondiert also unmittelbar mit der Funktion. Im unteren Teil des Gebäudes befinden sich ausgedehnte Ausstellungsräume.
Robert Siegel	Ich vermisse trotzdem eine gewisse Logik bei der Wahl der Materialien, zum Beispiel wenn der Glaskörper plötzlich völlig unmotiviert auch für die Aufzugschächte, also das Erschließungssystem, übernommen wird.
O.M. Ungers	Wir wollten, daß man auf dem Weg nach oben zum Theater einen weiten Blick über das gesamte Messegelände hat.
Charles Gwathmey	Demnach gab es Pläne, auf dem Dach eine Freiluftbühne einzurichten?
O.M. Ungers	Wahrscheinlich wird es ein Park werden, eine Grünfläche.
Stanley Tigerman	Sind das nicht alles nur reichlich willkürliche verbale Begründungen für verglaste Aufzüge, kleine Fenster in den unteren Büros und dann wieder Büros und Konferenzräume ganz in Glas? Ich glaube, es ging Ihnen vor allem um ein ganz bestimmtes Image: ein riesiges Fenster, ein Tor – auf jeden Fall um einen Hauch Surrealismus.
O.M. Ungers	Das habe ich doch schon zugegeben, aber ich muß es doch auch begründen. Ich muß es dem Bauherrn verständlich machen.
Kevin Roche	Ich dachte, das Gebäude sei so etwas wie eine riesige Skulptur, und ich hatte gehofft, Sie würden nicht versuchen, es anders zu legitimieren. Man muß das Ganze einfach wie eine Skulptur betrachten und sich fragen, wie wirkt sie im Stadtbild, in der Landschaft oder wo auch

immer. Ich finde es bemerkenswert, daß Sie, bei ähnlichen Problemen und ähnlichen Möglichkeiten wie der amerikanische Architekt, am Ende auch zu gleichen Lösungen kommen – einer gigantischen, abstrakten Skulptur. Bis jetzt zumindest scheinen wir über diesen Punkt noch nicht hinausgekommen zu sein.

O.M. Ungers Es gibt einen wichtigen Unterschied. Dieser Entwurf hat ein Thema, und das war für mich wichtig. Nennen Sie es ruhig ein konzeptuelles Gebäude. Das Gebäude ist ein Tor. Man kann es nicht stellen wohin man will. Es wurde konkret für diese Situation entworfen. Es darf nicht größer sein, sonst verlöre es seine Bedeutung. Es wäre dann kein Tor mehr, auch kein Fenster, sondern etwas anderes. Das ist das Wichtige daran. Ich imitiere nicht einfach irgendein Vorbild – denn das würde bedeuten, daß man die Geschichte nicht als existentielles Problem betrachtet, sondern nur als eine Folge von Episoden. Mein Interesse galt einem bestimmten Thema an einem besonderen Standort. Sie können dieses Gebäude nicht einfach nach Kansas City versetzen, wie Philip Johnson es vorgeschlagen hat.

Peter Eisenman Mathias, ich habe großen Respekt vor deiner Arbeit und vor dem, was du denkst. Ich habe immer nur Bewunderung dafür gehabt, wie du versuchst, deine Arbeiten in einen übergeordneten Zusammenhang zu stellen – den der Architektur als Kunst. Aber ich habe wirklich große Schwierigkeiten mit diesem Projekt. Vielleicht ist es einfach nicht möglich, diese Art von Gebäude in diesem besonderen Maßstab zu bauen. Jim Stirling sagt immer, daß die Amerikaner sehr gut sind im kleinen Maßstab, aber wenn es um größere Dinge geht, dann blasen sie die kleine Idee einfach bis zur entsprechenden Größe auf. Dein Gebäude sieht so aus, als hättest du den kleinen Maßstab einfach ins Gigantische vergrößert, und damit geht der Bezug zur Architektur insgesamt verloren. Das liegt vielleicht daran, daß es bei dieser Idee um ein Tor geht, das sich auf einem Gebäude befindet, welches wiederum über einer Eisenbahntrasse steht. Irgendwie wirkt dieses Tor jedoch unecht. Mit anderen Worten, es ist kein Tor, durch das Menschen hindurchgehen können. Damit stellt sich natürlich die Frage, welche Bedeutung hat diese Geste? Welche Bedeutung hat es, wenn du den Maßstab so vergrößerst? Ich kann nicht ganz verstehen, was dieses Gebäude als Architektur und als deine Art von Architektur eigentlich aussagen soll.

Michael Graves Ich habe einmal eine bemalte Säule entworfen, und der Bauherr fragte mich, welche Farbe die Säule habe. Ich antwortete: „Sie ist helles Terracotta." Er war aus Texas, und er sagte: „Nein, sie ist rosa." Du hast hier etwas gemacht, was du ein Fenster nennst. Jemand anders hat gesagt, es sei eine Guillotine oder ein Zigarrenabschneider. Diese Interpretation erscheint mir zutreffend, weil dieses Stück Glas, dieses

55

gläserne Beil, heruntersausen und das Fenster verschließen wird. Das liegt ganz einfach an der Dynamik der Sache, an der Art und Weise, wie dieses Ding aufgehängt ist. Wenn du die Kanten zwischen den beiden Materialien, zum Beispiel die Fahrstühle im Innern usw., etwas stärker strukturiert hättest, dann wäre das Ganze wenigstens ein bißchen aus dem Abstrakten herausgekommen, und die Sache hätte sich stabilisiert, es wäre vielleicht sogar ein richtiges Tor daraus geworden. Aber so, wie es ist, ist dies kein Tor.

Leon Krier Ich muß sagen, ich bewundere die Offenheit, mit der Philip Johnson sagt, er glaube an nichts anderes als daran, Geld zu verdienen. Ich glaube, das war genau das, was ich gelernt habe, als ich als junger Mensch zum erstenmal einen Blick auf –

Philip Johnson Also ich weiß nicht, von wem Sie das gehört haben, von mir jedenfalls nicht.

Leon Krier Aber Sie haben gesagt –

Philip Johnson Ich mache mir nicht das geringste aus Geld. Das habe ich noch nie getan.

Leon Krier Nun, entscheidend ist, daß Sie gesagt haben: „Ich mache mir nicht das geringste aus Prinzipien." Aber das ist doch keine moralische Grundlage. Das gleiche gilt für die Bauträger – die machen sich auch nicht das geringste aus dem, was sie tun. Das Kapital kennt keine moralischen Grundsätze. Es ist flexibel. Es ist abstrakt. Ihm ist alles egal. Das ist genau die Einstellung, die wir in Europa als amerikanisch bezeichnen. Das ist die Art und Weise, wie *Big Business* nun einmal funktioniert. Ich will dir keineswegs zu nahe treten, Mathias. Mathias hat nämlich damals, 1965 etwa, drei Projekte gezeichnet, die für mich einfach richtungsweisend waren. In Amerika wurden sie allerdings völlig unterbewertet und letzten Endes total ignoriert – in gewisser Weise sogar von Mathias selbst. Weil diese Arbeiten keine Anerkennung fanden, stand er plötzlich sozusagen im Nichts. Kein Mensch kann lange ohne Erfolg und Bestätigung leben. Seine Situation ist jetzt offenbar die eines völlig verzweifelten Intellektuellen, weil er in einer Welt lebt, die ihn zwingt, als Intellektueller zu überleben und sich gleichzeitig mit dem *Big Business* einzulassen. Das erklärt auch sein starkes Interesse für Bücher und für andere schöne Dinge. Was dieses Projekt betrifft, so hat das für mich in architektonischer Hinsicht überhaupt keine Bedeutung. Ich finde, es ist vollkommen leer. Es ist nur *Big Business* und sonst nichts. Aber auf der anderen Seite, Mathias, benutzt du bei der Beschreibung Begriffe wie „Stadt", „Villa", „Agora", „Tor" usw. Diese Begriffe stehen für einen so großen kulturellen Anspruch, daß mich ein Schauer überläuft, wenn ich sie höre. Dies ist kein Tor, Mathias, und das weißt du auch. Dies ist auch keine Stadt, die du hier gebaut hast. Auf keinen Fall.

58

O.M. Ungers **Leon Krier**	Nein, das habe ich nicht, Leo, und ich muß auch nicht…
	Laß mich bitte ausreden. Ich behaupte, daß wir uns heute in einer Situation befinden, wo die Welt so wenig Substanz hat, daß sie nur noch „soft kitsch" oder „hard kitsch" produziert. Dieses Projekt hier würde ich als „hard kitsch" bezeichnen, weil es einfach falsch und unecht ist. Es gibt vor, etwas zu sein, was es nicht ist. Es beruft sich auf bestimmte Werte und zerstört sie gleichzeitig vollkommen. Du zerstörst damit deine eigene Glaubwürdigkeit.
O.M. Ungers	(Sichtlich erregt) Und was ist mit dem siebzehn Meter hohen Turm, den du für Berlin entworfen hast und der aussieht wie der Tempel von Halicarnassus? Was glaubst du, was für eine Art Kitsch das ist? Mann! Und das ist nur dein ganz persönlicher und privater Kitsch, den du für dich behältst. Ich gebe mir Mühe, mich mit der Realität auseinanderzusetzen, und das ist eine völlig andere Sache. Ich könnte mich ja genauso wie du in meinen Elfenbeinturm zurückziehen und abfällige Bemerkungen machen, so wie du das machst, und mich dann hinsetzen und einen siebzehn Meter hohen Turm zeichnen, den die Leute sich nur ansehen können, der aber überhaupt keine Funktion hat. Was hältst du davon? Und dann kommst du an und sagst, wir sollten in der Hölle braten. Aber so läuft das nicht. (Lachen im Hintergrund) Sieh mal, wir versuchen, uns wirklich mit dem Bauherrn auseinanderzusetzen. Das ist nicht leicht. Was glaubst du, was der Kölner Dom ursprünglich war? Eine Markthalle. Glaubst du, damals wäre jemand aufgestanden und hätte gesagt: „Ich sage euch, wenn ihr diesen Dom in Köln baut, dann werdet ihr in der Hölle braten"? Man hat den Dom damals gebaut, weil man eine große Kirche und einen Markt haben wollte. Die Leute aus den Dörfern haben dort ihre Waren und ihre landwirtschaftlichen Erzeugnisse gezeigt. Und warum hast du etwas dagegen, wenn die Leute in Frankfurt heute ein Messegelände haben, um ihre Produkte zu zeigen? Warum sollten wir uns weigern, ein Gebäude mit 45 Quadratmeter großen Räumen zu machen, in denen diese Produkte ausgestellt werden? Sollte ich vielleicht sagen: „Nein, ich bin Künstler, ich will mir nicht die Finger schmutzig machen"? Und warum sollte ich mir nicht die Finger schmutzig machen? Ich habe zehn Jahre lang theoretisch gearbeitet, und von dieser Arbeit haben viele Leute profitiert, das weißt du ganz genau. Du selbst bist als kleiner Junge in mein Büro gekommen und hast auch davon profitiert. Das hast du selbst zugegeben. Aber weißt du was? Ich habe mich entschlossen, in die Praxis zu gehen, mir die Finger schmutzig zu machen und mich mit diesen großen Bauträgern einzulassen. Und ich wünschte, du würdest das auch tun. Dann könnten wir uns weiter unterhalten. Ohne das ist es unmöglich.

59

Paul Rudolph

Paul Rudolph

Dieses Projekt ist in Singapur. Ich habe es für meine Präsentation ausgewählt, weil es eine anschauliche Studie zum Thema Maßstab ist. Es handelt sich um ein Gebäude für gemischte Nutzung – ein Drittel Geschäftsräume, ein Drittel Büros, ein Drittel Wohnungen. Das Gebäude steht an einem großen Boulevard, mit dem Pazifik im Süden. Die benachbarten Gebäude sind im wesentlichen drei- oder viergeschossig und in gewissem Sinne sehr schön, mit Läden im Erdgeschoß und Wohnungen darüber. Es tut mir leid, sagen zu müssen, daß sie wahrscheinlich bald abgerissen werden. Der Lageplan sieht vor, mein Hochhaus der Belastung der großen Hauptverkehrsstraße auszusetzen. Die Gebäudeteile am Sockel dienen in erster Linie kommerziellen Zwecken. Es gibt zwei Erschließungskerne mit Aufzügen – einer für die Büros, der andere für die Wohnungen. Das Gebäude hat so viele verschiedene Winkel, daß es schwierig wurde, es zu zeichnen. So habe ich mir Modelle bauen lassen. Das war in diesem Fall ein gutes Hilfsmittel. Der Entwurf versucht, ein harmonisches Verhältnis zwischen einer niedrigen – in diesem Falle etwa sechsgeschossigen – Bebauung und einem Hochhaus herzustellen. Wir haben im zwanzigsten Jahrhundert nur noch wenige Gebäude mit einem Sockel. Wir haben uns einen Gebäudeschaft vorgestellt, aus dem andere Elemente herauswachsen können, so daß ein vernünftiges Gleichgewicht zwischen niedrigeren und hohen Gebäudeteilen entsteht. Was die Maßstäbe betrifft, so gibt es drei: den des Eingangs, den des sogenannten Atriums und den des Hochhauses, das aber noch nicht besonders gut definiert ist. Wir haben uns Mühe gegeben, dem niedrigeren Teil des Gebäudes eine gewisse Maßstäblichkeit zu geben, der dem Hochhausteil eigentlich fehlt. Das ganze Gebäude bildet eine Art Terrasse, eine künstliche Landschaft. Singapur ist sehr flach, aber auch sehr hoch. Es schien mir irgendwie unpassend, hier, so dicht neben anderen Bauten, einfach einen weiteren Gebäudeblock hinzustellen.

Ich sollte vielleicht noch erläutern, daß es in Singapur verboten ist, Badezimmer und Küchen künstlich zu belüften. Das ist der Grund für die zahlreichen Rücksprünge in der Fassade. Es gibt außerdem noch Penthäuser auf jedem Gebäudeabschnitt. Ich glaube, daß Gebäude dieser Größenordnung ganz unterschiedliche Formen annehmen können, gerade weil wir die ersten sechs Stockwerke eines Gebäudes aus einem ganz anderen Blickwinkel sehen als die darüber liegenden Geschosse. Ich habe mir Mühe gegeben, die Fenster der Wohnungen so zu variieren, daß sie die Innenräume spiegeln, damit dringt mehr Räumlichkeit nach außen durch. Und ich glaube übrigens nicht, daß man ein solches Gebäude hier genauso bauen könnte. Singapur ist einzigartig. Es besteht eine große Konkurrenz zwischen den einzelnen

61

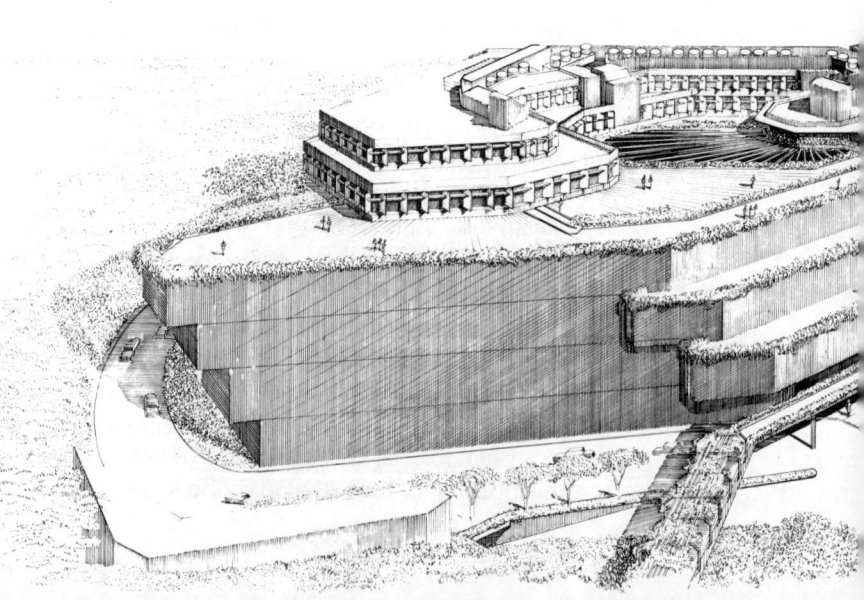

	Bauträgern, und ich glaube, es geht ihnen wirklich darum, eine Sache gut zu machen.
Frank Gehry	Mein Eindruck von Singapur war der, daß selbst die Hochhäuser in starkem Maße auf die Straßenebene orientiert sind und auf diesem Niveau den Maßstab von einstöckigen Gebäuden übernehmen. Das Ganze wird dann von der üppigen Landschaft mit den zahlreichen Gärten und Fußwegen zu einer Einheit verschmolzen, ohne daß dazu irgendwelche großartigen Gesten notwendig wären.
Paul Rudolph	Die Vegetation Singapurs ist überwältigend. Ich bin nicht sicher, ob ich Ihnen zustimmen kann, daß der Straßenraum vor allem durch einstöckige Gebäude definiert wird. Ich würde sagen, daß man eher von sechs Stockwerken ausgehen muß, denn es geht in erster Linie um das Verhältnis von Straßenbreite zu Gebäudehöhe.
Peter Eisenman	Die ersten fünf oder sechs Geschosse scheinen mir organisch, aber der Turm ist irgendwie gewaltsam draufgesetzt. Meine Frage ist: Warum konnten Sie diese organische Entwicklung nicht weiter nach oben fortsetzen und eine Art Wandgebäude machen statt dieses Turms? Irgendwie kommen die beiden Teile nicht recht zueinander, und der zweite sieht aus, als wäre er noch nicht fertig. Ich glaube, eine Scheibe wäre hier besser gewesen als ein Turm.
Henry Cobb	Paul versucht mit diesem Gebäude etwas, was jeder, der je ein Hochhaus entworfen hat, auf die eine oder andere Weise schon vor ihm versucht hat. Er will ein Objekt auf Straßenniveau in einen Raum verwandeln. Es ist immer richtig zu versuchen, ein Gebäude nicht als Objekt zu interpretieren, sondern als Raum.
Philip Johnson	Ich möchte diesen Punkt gerne aufnehmen. Diejenigen, die schon einmal mit diesem Problem gekämpft haben, verstehen, welche Qualen Paul bei diesem Entwurf gelitten haben muß. Es gehört schon sehr viel Mut und Können dazu, oben auf den Sockelbauten ein so großes Oberlicht zu plazieren, wie er es gemacht hat. Und er hat wirklich einen Raum geschaffen, wie er sonst nirgendwo in Singapur existiert. Gleichzeitig hat er zusätzlich zwei weitere Funktionen in das Gebäude integriert, jeweils mit einem eigenen Atrium. Wie hoch ist der Bau?
Paul Rudolph	Etwa 225 Meter.
Philip Johnson	Das ist ziemlich hoch. Andererseits, wer von uns hat schon einmal einen fünfzehn oder zwanzig Meter tiefen Einschnitt in ein Gebäude gemacht, um einen Luftschacht zu schaffen? Wer würde uns gestatten, oben auf einem Gebäude acht Schwimmbecken anzulegen? Ich finde, dies ist wirklich ein außergewöhnliches Gebäude, eine wahre *Tour de force*. Schade, daß ich es nie mit eigenen Augen sehen werde.
Paul Rudolph	Natürlich wirst du es sehen. Das hoffe ich jedenfalls.

64

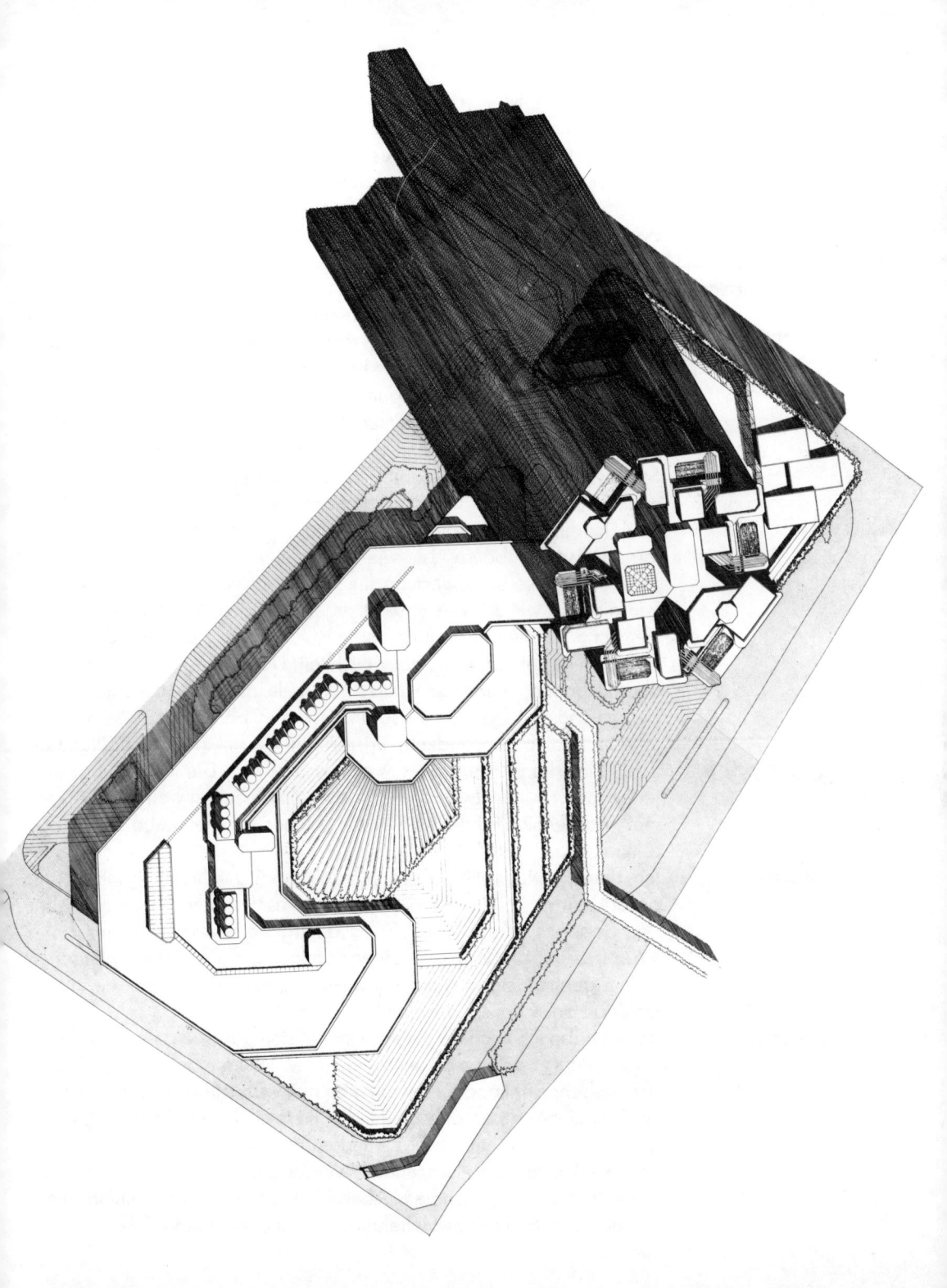

Philip Johnson	Ich glaube nicht, Paul, daß wir über dieses Gebäude in gleicher Weise diskutieren können, wie wir es mit anderen Gebäuden und all den historischen Referenzen getan haben. Wir brauchen hier ganz eigene Kriterien, weil du eben so etwas ganz Eigenes bist. Ich kenne keinen anderen Architekten in diesem Land, der so sehr seinen eigenen Weg geht und damit auch noch so erfolgreich ist.
Jaquelin Robertson	Ich habe den Eindruck, daß das Gebäude ihn schon seit langem beschäftigt hat. Es hat eigentlich nichts mit Singapur zu tun. Es ist ein Paul Rudolph. Einige Themen, an denen er über lange Jahre gearbeitet hat, kommen in diesem Entwurf hervorragend zum Ausdruck. Aber es gibt auch eine Reihe von Dingen, mit denen ich Schwierigkeiten habe. Zum Beispiel hasse ich es, unter dem Bauch eines Gebäudes gehen zu müssen, besonders wenn dieses Gebäude sechzig oder hundert Stockwerke hoch ist. Diese hohen Stützen, diese Stelzen, wirken auf mich beunruhigend. Trotzdem finde ich den Turm selbst sehr schön, Paul. Ich finde es wundervoll, wie du versuchst, Mr. Wright nachzueifern. Dieses Gebäude ist, wie so viele von Wrights Arbeiten, in gewisser Weise ein Gebäude für die „Stadt von morgen" – ähnlich wie die, die wir alle aus unserer Jugend kennen. Ich glaube, es wird sehr schön aussehen, wenn es fertig ist. Du bist als Architekt eine ganz eigenwillige, einzigartige Persönlichkeit. Du könntest dieses Gebäude überall bauen, wenn du wolltest, weil du dich schon so lange mit diesem Thema befaßt hast – so ähnlich wie Cobb, der sich sein Leben lang mit seiner besonderen kristallinen Geometrie beschäftigt hat. Schließlich kann nicht jeder Architekt alles tun. Die Vorstellung, daß jeder von uns sich etwa alle zehn Jahre einen Schritt weiter entwickeln muß, daß er sich häuten und etwas „Neues" machen muß, ist einfach ermüdend.
Hans Hollein	Ich denke, wir werden hier allmählich schizophren. Wenn vorhin gesagt wurde, Philips Gebäude habe etwas von Palladio, na gut. Aber der Gedanke, daß dieses Gebäude irgend etwas mit Frank Lloyd Wright zu tun habe und in einer Kontinuität mit der amerikanischen Vergangenheit stehe, nimmt plötzlich einen heimlichen, negativen Unterton an. Ich mag das nicht.
Michael Graves	Vorhin habe ich mich an einem Minimalisten gestoßen, jetzt würde ich sagen, Pauls Bauten sind mir zu exzessiv. Wenn man auf einer dieser Wohnebenen entlanggeht, weiß man nie, wann man endlich zu Hause ist. Das Gebäude erzählt zu viel. Ich hätte sicherlich Schwierigkeiten, meine eigene Wohnungstür zu finden. Es ist einfach von allem zu viel da. Die Anstrengung konzentriert sich, wie du selbst gesagt hast, auf die ersten sechs Geschosse. Aber ich kann auch nicht einmal mehr Norden und Süden unterscheiden. Die eine facettierte Ecke sieht aus

66

wie die andere. Es ist alles so ähnlich. Für mich fehlt einfach die Spannung, die ein solcher Turm am Ende der Straße bildet und die eine Straße von der nächsten unterscheidet. Sie können doch nicht alle gleich sein. Wenn alles nur Episode ist, dann wird die Welt für mich viel zu homogen. Natürlich ist das alles eine Frage des Geschmacks. Und natürlich ist das Gebäude für mich ein sehr guter Rudolph.

Paul Rudolph Ja, ich verstehe, was du meinst, aber ich finde, wenn unsere Gebäude alle so konturlos werden, egal wie schön proportioniert ihre Fassaden auch sein mögen, besonders wenn es sich um sehr große Gebäude handelt, dann möchte ich einfach nur noch aufgeben. Das ist auch der Grund, warum dieses Haus so viele Facetten hat. Was die Frage betrifft, ob dieser Bau nun gelungen ist oder nicht oder ob das Ganze nicht unerträglich exzessiv wird, wie du gesagt hast, so weiß ich es nicht. Ich kann nur sagen, daß man einen völlig maßstablosen Turm machen kann, wenn die Basis – die ersten vier oder fünf Stockwerke, die ersten dreißig Meter – so sind, daß die Menschen damit etwas anfangen können. Dann spielt es wirklich kaum noch eine Rolle, was danach kommt. Ich könnte mir durchaus vorstellen, ein Gebäude so anzulegen. Aber andererseits wäre ich auch nie damit zufrieden. Bürogebäude immer nach dem gleichen Muster – ich könnte es nicht. Sie sind doch alle immer so anders.

Hans Hollein

Hans Hollein	Dies ist der Entwurf für einen Erweiterungsbau des Österreichischen Museums für Angewandte Kunst in Wien. Dieser Erweiterungstrakt soll vor allem die Jugendstilsammlung des Museums aufnehmen, die recht umfangreich ist. Die Grundidee ist die, daß der neue Trakt eine eigene Identität besitzen, gleichzeitig aber mit dem Rest des Museums verbunden und in dieses integriert werden soll. Das Museum selbst befindet sich am Wiener Ring in einer sehr prominenten Lage. Eine erste Erweiterung wurde Anfang des zwanzigsten Jahrhunderts gebaut, eine zweite entstand ein paar Jahre später, und eine dritte erfolgte vor etwa fünfzehn Jahren. Die umliegenden Gebäude sind eine heterogene Mischung aus einigen sehr schönen Bauten und vielen mittelmäßigen. Eine zusätzliche Schwierigkeit bei diesem Projekt bestand darin, daß wir uns an den vorgegebenen Erweiterungsplan halten mußten, und der sah ein kreisförmiges Auditorium vor, das in den Erweiterungsbau hineinragt. Nun kann man das Problem auf zweierlei Art lösen. Man kann entweder die Lücke in der Straßenwand mit einer durchgehenden Fassade schließen, oder man baut ein eigenständiges Gebäude. Wir entschieden uns für das letztere. Der Eingang liegt unterhalb des Straßenniveaus. Eigentlich handelt es sich um einen Nebeneingang, der aber durchaus seine eigene Identität hat. Die nächste Ebene dient wechselnden Ausstellungen, vor allem von Jugendstilobjekten, in speziell dafür zugeschnittenen Räumen. Darüber befindet sich ein Teil der Ostasiensammlung. Die Befensterung spiegelt diese Gliederung wider: In der Ostasien-Galerie soll es kein Tageslicht geben; dort, wo die Jugendstilausstellungen sind, braucht man viel Licht und außerdem die Möglichkeit, einzelne Objekte an der Außenwand aufzustellen. In der untersten Ebene befindet sich ein Saal, der für verschiedene Zwecke genutzt werden kann. Für die Außenfassade kommen zwei unterschiedliche Materialien in Frage – entweder Stein oder blau und weiß emaillierte Platten. Die endgültige Entscheidung darüber ist noch nicht gefallen.
Robert Siegel	Könnten Sie uns erläutern, warum Sie einen quadratischen Grundriß gewählt haben und warum die Befensterung überall gleich ist, obwohl es nur eine Straßenfront gibt?
Hans Hollein	Die Befensterung ist keineswegs auf allen vier Seiten gleich. Wir brauchen auf der einen Seite eine Feuertreppe, auf der anderen Seite kragt ein zusätzlicher kleiner Baukörper aus. Wir haben auch noch nicht entschieden, ob wir die Befensterung ganz um das Gebäude herumführen oder nicht.
Robert Siegel	Aber die Wahl eines quadratischen Grundrisses impliziert eine konzentrische, in sich geschlossene, sozusagen ideale Anlage, und die

70

	Befensterung scheint im gegenwärtigen Entwurf tatsächlich kontinuierlich rings um das Gebäude herum zu verlaufen. Ich habe den Eindruck, daß das Gebäude in keiner Weise auf seine Umgebung eingeht. Ich frage mich, warum Sie so entschieden haben?
Hans Hollein	Ich finde das Quadrat hier überaus passend. Eigentlich handelt es sich um einen Kubus. Ich glaube, ein neutrales Quadrat ist hier viel eher am Platz als ein Rechteck. Das Quadrat schafft gewissermaßen einen neuen Mittelpunkt.
Robert Siegel	Das ist richtig, aber Sie stellen Ihren Entwurf in erster Linie als ein kontextuelles Problem dar – als etwas, das innerhalb einer Stadtlandschaft steht. Sie sprechen von anderen Gebäuden und vom Kontext der Umgebung, und dann stellen Sie ein Gebäude vor, das kaum auf diesen Kontext eingeht. Die Straßenfassade sieht genauso aus wie die Seitenfassade; das Dach ist quadratisch. Ich weiß, daß Sie es so wollten, und ich möchte wissen, warum.
Hans Hollein	Ich habe den Begriff „Kontext" nicht benutzt, aber wenn Sie Wert darauf legen, können wir gerne dabei bleiben. Ich glaube, daß man auch so auf den Kontext reagieren kann, indem man mit seinem Gebäude eine eigenständige Aussage macht. Ein Gebäude mit eigener Aussage kann immer noch im Kontext des Ganzen bestehen, wenn seine Umgebung aus Gebäuden besteht, die im Vergleich anonymer sind als es selbst.
Peter Eisenman	Sie haben gesagt, daß der Kubus in gewissem Sinne eine Antwort auf die Umgebung gibt, aber andererseits nimmt die Befensterung der Straßenseite in keiner Weise die Geometrie des Kubus auf, sondern entspricht in Maßstab und Gliederung den Öffnungen der Fassaden ringsum. Sie sagen, das Gesims sei notwendig gewesen, aber das Gesims widerspricht der Form des Kubus, es versucht nur, die bestehende Häuserflucht fortzusetzen. In der Häuserflucht gibt es jedoch zwei verschiedene Höhen, während Ihr Gesims ringsherum gleichhoch ist und die auf beiden Seiten völlig unterschiedlichen Anschlüsse einfach ignoriert. Es versucht nicht, zwischen ihnen zu vermitteln oder sich neutral zu verhalten, sondern wirkt im Gegenteil äußerst aggressiv, und zwar auf eine fast schon rücksichtslose Weise.
Hans Hollein	Man kann die Gesimslinie schon aus großer Entfernung, fast eine halbe Meile weit, erkennen, weil ein offener Park davorliegt. Außerdem steht an der Ecke des Blocks ein Gebäude, das für die Stadtlandschaft eine dominierende Rolle spielt, ein älteres Gebäude mit einem ebenfalls sehr auffälligen Gesims.
Peter Eisenman	Ja, aber dieses Haus steht am Ende des Blocks.
Richard Meier	Ich stimme Peter in einigen Punkten zu, was die Beziehung der Fassaden zur Straße betrifft. Außerdem haben die Fenster nicht nur

71

	wenig mit der Straße zu tun, sie entsprechen auch nicht dem Maßstab der Innenräume.

Hans Hollein   Da muß ich widersprechen. Man könnte natürlich Fenster entwerfen, die voll und ganz mit der alten Befensterung der Räume übereinstimmen, in denen diese Objekte vorher ausgestellt wurden, aber das Ergebnis wäre ein wirres Durcheinander verschiedenster Fensterformen. Deshalb habe ich mich für Fenster entschieden, die den ursprünglichen Fenstern nur ähnlich sind. Ich entschied mich für Seitenlicht anstelle von Oberlicht. Die Möbel und die anderen Objekte dieser Sammlung kommen bei Seitenlicht am besten zur Geltung.

Paul Rudolph   Ich habe nur einen Kritikpunkt, und der betrifft das Gesims. Das ist Ihnen offenbar sehr wichtig, aber ehrlich gesagt, ich verstehe es nicht ganz. Darf ich einen Vorschlag machen? Ich finde, Sie hätten den Eingang stärker betonen und mehr daraus machen sollen; das hätte einen Dialog mit der Flucht der Straße und dem Verlauf des Flusses ergeben.

Hans Hollein   Der Eingang ist ein Problem für sich. Wie gesagt, es sollte nur ein Nebeneingang werden; denn es ist nicht der Haupteingang zum Museum. Er ist außerdem auch zu anderen Zeiten geöffnet als der Hauptteil des Museums. Deswegen wollte ich vermeiden, ihm die gleiche Bedeutung wie dem Haupteingang zu geben.

Paul Rudolph   Er muß ja nicht wie ein Haupteingang aussehen. Sie machen doch sonst so überzeugende Eingänge. Etwas Transparentes, Leichtes, ähnlich wie bei Ihren Läden.

Michael Graves   Ich möchte das aufnehmen, was Paul gesagt hat. Was mich beschäftigt, ist die fehlende Verbindung zwischen Sockel, Wand und Kolonnade. Man sieht nicht sofort, daß die Säulen bis zum Fuß des Gebäudes hinunterreichen. Die quadratischen Fenster und die sekundäre durchgängige Tafel, die man als eine Art Obergeschoß über dem Sockel oder der Plinthe auffassen könnte, wären vielleicht überzeugender, wenn sie nur auf einer Seite auftreten würden.

Jaquelin Robertson   Ich finde das Gebäude eigentlich sehr schön, was mich selbst überrascht; den ich hätte mich wahrscheinlich dafür entschieden, die Lücke in der Straßenwand zu schließen. Normalerweise mag ich es nicht, wenn ein Gebäude aus einer Flucht heraustritt und so tut, als sei es etwas Besonderes. Aber je länger ich sie betrachte, um so besser gefällt mir diese Lösung. Das benachbarte lange Gebäude mit dem nackten Giebel macht es einem wirklich nicht leicht. Der Solitär mit seinem riesigen ägyptischen Hut, den Hans hier entworfen hat, tritt nun in diese Lücke und lenkt die Aufmerksamkeit von der unglaublichen Häßlichkeit der Stirnwand ab. Das hat sehr viel mit den Dimensionen zu tun, die

Hans hier gewählt hat. Er weiß sehr wohl, wie man die Aufmerksamkeit von den anderen Gebäuden ablenken kann – er setzt das einzige Gebäude in den ganzen Block. Es bildet gewissermaßen das Tor zu dem gesamten Komplex. Ich finde, das ist eine sehr gelungene Strategie.

Michael Graves Ich stimme dem zu, was Jaque über den Solitär gesagt hat. Ich finde die Geste gegenüber der Umgebung einfach phantastisch, insbesondere im Hinblick auf das Amphitheater, das dahinter liegt.

Tadao Ando
(durch Übersetzer)

Dies ist ein Haus im Stadtzentrum von Osaka, der zweitgrößten Stadt Japans. Das Gebiet ist dicht besiedelt und bietet ein chaotisches Bild. Zahlreiche Mittelschichthäuser und kleine Fabriken. Das Projekt besteht aus drei Einheiten von 6×9, 6×6 und 7×7 Meter, die rund um einen Innenhof gruppiert sind. Die Frage war, wie bringt man Natur in diese engen Wohnräume und wie kann man diese Räume größer erscheinen lassen. Die Antwort lautete: durch Einfachheit.

Schon seit frühester Vergangenheit leben die Japaner auf engstem Raum dicht gedrängt beisammen, aber sie haben den engen, begrenzten Wohnraum, der ihnen zur Verfügung stand, nicht zuletzt dank ihres geistigen Bewußtseins überwunden. Das beste Beispiel dafür ist der Raum für die Teezeremonie – ein sehr schmaler Raum, in dem man die unendliche Ausdehnung des Raums spüren kann. Selbst in einem Raum, der gerade zwei Tatami-Matten groß ist, läßt sich ein tiefes geistiges Bewußtsein erlangen. Ich glaube, daß die japanische Tradition, die ein besonderes Gefühl für den Raum vermittelt, gerade heute wiederbelebt werden muß. Was wir brauchen, ist eine Ästhetik der Einfachheit.

Die Herstellung einer Beziehung zwischen Mensch und Natur ist ein Weg, um in einem begrenzten Raum Unendlichkeit auszudrücken. Die Natur wird immer einen wesentlichen Anteil an unserem Wohnen haben, wie modern unser Lebensstil auch sei. Die Architektur hat dabei eine wichtige Rolle, sie ist das Medium, das die Natur in Teilen in die Stadt zurückholt, als Sonne, Wind und Regen, die uns nicht gleichgültig werden dürfen.

Dies ist ein Privathaus für fünf Bewohner. Das Haus ist in zwei Bereiche geteilt. Auf der einen Seite sind die Wohnräume, sie erstrecken sich über drei Geschosse, die andere Seite bleibt leer. Ich glaube, daß es wichtig ist, einen solchen leeren Raum zu haben, mag er auch noch so klein sein. Das ist die traditionelle Art, wie in Japan Häuser gebaut werden.

Die moderne Architektur verwendet heute die gleichen Materialien, Technologien und Methoden überall auf der Welt. Andererseits sind wir alle geistig in den Ländern und Kulturen verwurzelt, denen wir angehören, und wir sollten sorgfältig darauf achten, diese Wurzeln nicht zu kappen. Wenn die Architektur nicht dem nationalen Charakter und der aus der jeweiligen Tradition erwachsenen Geisteshaltung und Ästhetik entspricht, kann es kein authentisches Wohnen geben.

Die räumliche Gliederung dieses Hauses ist typisch für traditionelle japanische Häuser. Wenn man das Haus betritt, muß man zuerst den leeren Raum durchqueren und geht dann die Treppe hinauf zu den Wohnräumen. Auf diese Weise entsteht eine Verbindung zwischen

78

dem Wohnen im Innern und der Straße und – im übertragenen Sinne – zwischen der Privatsphäre des Hauses und der öffentlichen Sphäre der Gesellschaft. Die Wohnräume mögen dabei streng geometrisch geordnet erscheinen, man kann sich jedoch frei in ihnen bewegen.

Für alle die Teile des Hauses wurden natürliche Materialien gewählt, mit denen der menschliche Körper in direkten Kontakt kommt, das heißt für Fußböden, Türen und Mobiliar. Diese Materialien altern mit zunehmender Lebensdauer und Benutzung und spiegeln damit die Geschichte des Lebens wider, das in diesem Haus gelebt wird. Das Haus ist im großen und ganzen mein persönlicher Ausdruck für den traditionellen japanischen Umgang mit natürlich alternden Materialien. Ich sehe den Menschen immer im engen Zusammenhang mit der Natur, und die Materialien immer im Zusammenhang mit den Dimensionen, die sie später einmal haben werden.

Ich wünsche mir, den wahren Charakter eines Hauses und einen authentischen Lebensstil dadurch zu finden, daß ich versuche, die rein physikalischen Grenzen der Größe zu überwinden und mit Hilfe einer komplexen räumlichen Komposition eine enge Beziehung nicht nur zwischen Architektur und Alltagsleben herzustellen, sondern auch zwischen dem Menschen, der Natur und den natürlichen Materialien.

Leon Krier

(voller Ironie) Klatsch, klatsch.

Stanley Tigerman

Ich habe schon viele von Andos Projekten gesehen und bin im letzten September auch durch dieses Haus gegangen. Seine Arbeiten sind sehr nüchtern, aber sie folgen einer beinahe klassisch strengen Tradition der japanischen Architektur.

Kevin Roche

Ich würde sagen, diese Architektur beruft sich in einer Weise auf die Tradition und lernt von ihr, die wir im Westen nicht kennen. Wir neigen eher dazu, bestimmte traditionelle Formen auszuborgen. Das tut diese Architektur überhaupt nicht. In diesem Sinne ist es ein wahrhaft traditionelles japanisches Haus, und wir können eine Menge davon lernen.

79

Rob Krier	Ich würde gerne wissen, warum Sie das Haus in dieser Weise entworfen haben. Es gibt hier eigentlich nichts von dem, was ich mir unter einem Haus vorstelle. Ich kann es nicht ertragen, eine nackte Betonwand zu berühren. Allein eine solche Wand zu sehen, bringt einen Menschen um – und zwar die Japaner genauso wie alle anderen Menschen auch. Oder stimmt das etwa nicht? Warum haben Sie keine Fenster vorgesehen, die einen Blick auf die Straße erlauben?
Arata Isozaki	Ganz einfach wegen der schrecklichen Szenerie da draußen, die für ihn etwas ungeheuer Bedrohliches hat. Ich empfinde das ganz ähnlich. Und die Betonwände, die er quer über den Hof gebaut hat, verleihen dem Raum eine individuelle Schönheit. Er hat das Haus genau in zwei Hälften geteilt und dem Wohnbereich mehrere Fenster gegeben, von denen aus man in den eigenen Außenraum blickt. Auf diese Weise holt er die Natur in den Wohnbereich hinein. Das ist eine typisch japanische Methode.
Kevin Roche	Der besondere Charakter des japanischen Hauses, ähnlich wie des chinesischen Hauses, liegt in der kontemplativen Natur des Innenraums. Es geht dabei um den Unterschied zwischen Haus und Heim. Als ich vorhin den Begriff „traditionell" benutzte, so meinte ich das im Sinne dieses kontemplativen Innenraums. Das hat nichts damit zu tun, wohin man den Fernseher stellt, wo die Kinder ihre Spielsachen oder ihre Bücher hin tun. Es ist einfach die Essenz einer Lebensform, einer Kultur.
Robert Siegel	Ich frage mich, was folgt, wenn man ein solches Haus einmal als Prototyp betrachtet. Hat Ando schon irgendwelche größeren Wohngebäude gebaut, und wenn ja, geht er in solchen Fällen bei der Planung ähnlich vor?
Tadao Ando (Übersetzer)	Ich gehe nicht immer nach der gleichen Methode vor. Wenn ich ein Haus wie dieses entwerfe, dann lasse ich mich vor allem von meinem Gefühl leiten, das mir sagt, wie es werden sollte.
Kevin Roche	Die Frage ist unfair; denn sie bezieht sich ganz offensichtlich auf ein anderes Problem.
Robert Siegel	Das finde ich nicht. Dieses Gebäude ist doch offenbar für ein sehr schmales Grundstück entworfen.
John Burgee	Leon, wolltest du etwas sagen?
Leon Krier	Ja. Ich frage mich, wieviel wir uns hier noch bieten lassen sollten. Ich bin sicher, wenn ich eine halbe Stunde lang weitergeklatscht hätte, dann hätte keiner verstanden, warum ich das mache – so groß ist die Verwirrung. Keiner hier weiß, was etwas bedeutet. Wie kommen wir dazu, uns hier zu versammeln und über dieses elende Loch zu sprechen, in dem keiner von uns – da bin ich ganz sicher – mehr als fünf Stunden verbringen wollte. Es ist ein echtes Gefängnis. Und jetzt

84

werden wir vielleicht noch weitere zehn Stunden damit verbringen, uns ähnliche Dinge anzusehen. Stellen Sie sich vor, ein Mensch wie – nicht Jefferson, aber jemand wie Tom Wolfe wäre jetzt hier –, wir würden ihm Material für mindestens zehn neue Bücher liefern. Die intellektuelle Ebene, auf der wir hier diskutieren, ist so absolut lächerlich, daß ich am liebsten aufstehen und gehen würde. Auf der anderen Seite sind hier vielleicht zwanzig Leute zusammen, die die heutige Architekturszene bestimmen – das heißt, die nicht nur dafür verantwortlich sind, wie unsere Häuser und andere Gebäude aussehen, sondern auch mit darüber entscheiden, wie ganze Städte gebaut und gestaltet werden. Deshalb flehe ich Sie an, doch um Gottes willen über die wirklichen Probleme zu sprechen – wir sind doch nicht hierhergekommen, um zu hören, wie man den Innenraum zum Außenraum in Beziehung setzt. Wir wissen doch alle, wie man das macht. Wir sind alle Architekten. Wir wissen aber auch, daß unsere Städte nur noch Ruinen sind, daß unsere heutige Gesetzgebung destruktiv ist. Warum können wir nicht darüber sprechen? Warum reden wir nicht über diese Probleme? Ich habe mir diese Dinge doch nicht aus den Fingern gesaugt! Wir als Architekten erzeugen all diese Probleme, und jetzt werden wir dafür bestraft – nicht von Gott, sondern von der Gesellschaft, die uns verachtet.

Das ist doch jedem klar. Ein Mann wie Tom Wolfe schreibt ein Buch über unseren Beruf, ein Buch, das einfach lächerlich ist, völlig unwissenschaftlich, unkünstlerisch, absolut auf der niedrigsten Stufe der Argumentation, und hier sitzen wir nun. Wie können wir uns anhören, wie jemand dieses elende Loch beschreibt, und ihn auch noch ernst nehmen? Wie ist das möglich? Warum kann mir denn niemand darauf antworten?

Kevin Roche Ich werde Ihnen darauf antworten. Der Grund ist ganz einfach der, daß Ando dieses Haus für seinen Auftraggeber entworfen hat, und wenn dieser Auftraggeber in einer solchen Zelle leben will, dann sollten wir ihm diese Entscheidung nicht zum Vorwurf machen. Die Frage, ob Ando dieses Gebäude als Prototyp betrachtet, ist nicht von Belang – abgesehen davon, daß er das nicht tut. Ich stimme völlig mit Ihnen überein, was Sie über das Niveau der Diskussion hier gesagt haben. Das gleiche habe ich schon zu Beginn deutlich zu machen versucht. Was ist denn das Thema, über das wir uns hier unterhalten? Worin besteht unsere Verantwortung? Warum werden wir von der Gesellschaft so mit Verachtung gestraft?

Leon Krier Ich flehe Sie an, reden Sie weiter, sprechen Sie darüber.
Michael Graves Ich würde gern darüber sprechen, und zwar durch das Medium der Architektur, Leo, ausschließlich durch Architektur. Wenn das Niveau

85

	der Diskussion für Sie oder für irgend jemand sonst nicht hoch genug ist, dann ist es Ihre Pflicht, es anzuheben, aber nicht anderen einen Verweis dafür zu erteilen, daß sie Fragen zum Thema Architektur stellen, die ihnen wichtig erscheinen – egal auf welchem Niveau.
Leon Krier	Aber das hier hat doch nichts mit Architektur zu tun. Das ist einfach ein elendes Loch.
Michael Graves	Offensichtlich ist er selbst nicht der Meinung, es sei ein elendes Loch.
Leon Krier	Es geht nicht darum, was er denkt. Die Architektur hat eine tausendjährige Tradition, und wir alle sind die Erben dieser Tradition.
Michael Graves	Nun, aber er ist einfach nur ein Architekt, genau wie Sie selbst, und außerdem sind wir alle Mitglieder dieser Gesellschaft, wir können uns nicht von der Gesellschaft distanzieren. Ich widerspreche Ihnen im Hinblick auf die Beurteilung dieses Hauses. Ich glaube, wir haben hier wirklich etwas Wichtiges vor uns. Es tut mir leid, wenn ich die Diskussion wieder auf ein anderes Gleis bringe, Leo, denn ich weiß, daß Sie gerne noch weitermachen würden, aber es gibt sowohl in Itos als auch in Andos Häusern etwas, was gewissermaßen eine neue japanische Sensibilität widerspiegelt. Es ist nicht die alte Sensibilität, wie sie von den alten Tempelbauten verkörpert wird, in dem Nachdenken über die Art und Weise, wie Landschaft in einen Raum hineinreicht. Es ist auch nicht die Kultur der Artefakten, wie wir sie im Westen verstehen oder bisher verstanden haben. Es gibt so etwas wie eine Kluft zwischen denen unter uns, die ein Gebäude als Artefakt betrachten, das für die Gesellschaft im kollektiven Sinne von Bedeutung ist – der Tisch als Artefakt, der Stuhl als Artefakt –, und denjenigen, die ein Gebäude als eine Abstraktion von Raum und Licht betrachten. Die „östlichen" Projekte, die wir hier gezeigt bekommen, haben nichts mit dieser Vorliebe für Artefakte zu tun, sondern in erster Linie mit Licht und Raum, mit einem leeren Raum, der eine Gestalt und eine Qualität hat. Es geht um Abstraktionen. Ich will es dabei belassen, denn ich bin nicht der Meinung, daß wir über etwas spezifisch Japanisches sprechen – vor allem deshalb nicht, weil sich die japanische Kultur heute immer stärker an westlichen Einflüssen orientiert.
Peter Eisenman	Ich möchte ebenfalls auf das eingehen, was Leo hier gesagt hat, denn ich glaube, wir könnten hier den ganzen Tag herumsitzen und über theologische Fragen debattieren. Letzten Endes ist es doch so, daß wir alle, die wir hier sitzen, auf die eine oder andere Weise versuchen, Gebäude zu bauen, die nicht einfach nur Gebäude sind, sondern gleichzeitig etwas über unsere Gesellschaft aussagen. Und wenn die Gebäude, die wir bis jetzt gesehen haben, eher die Unfähigkeit dokumentieren, sich mit diesen Dingen auseinanderzusetzen, dann ist das ein Ausdruck unserer derzeitigen Situation. Sie können uns aber

86

hier doch nicht anschreien und verlangen, daß die Situation eine andere sein sollte. Natürlich ist es Ihr gutes Recht, Ihren eigenen Standpunkt zu vertreten und zu sagen, daß diese Gebäude Ihrer Meinung nach nicht dazu angetan sind, das Niveau des Diskurses anzuheben – das ist völlig in Ordnung. Aber ich könnte den ganzen Tag hier sitzen und ironisch Beifall klatschen, wenn Sie Ihre Gebäude präsentieren, denn ich sehe darin ebenfalls eine Verarmung des Diskurses. Es ist anmaßend von Ihnen, uns vorschreiben zu wollen, welches das richtige Niveau ist, auf dem wir diskutieren sollten. Das ist doch nichts als Arroganz. Es geht doch darum, daß wir lernen, miteinander zu kommunizieren, statt die Kommunikation zu ersticken.

Peter Eisenman

Peter Eisenman

Dieses Projekt für Berlin ist nicht mehr der ursprüngliche Wettbewerbsbeitrag für die IBA, sondern bereits die zweite, überarbeitete Phase. Es geht um öffentlich geförderte Wohnbauten, die an der Ecke Friedrichstraße und Kochstraße von einem Bauträger errichtet werden sollen. Der Wettbewerbsentwurf war in gewissem Sinne ein sinnloser Entwurf. Es ging dabei eher um so etwas wie ein Denkmal. Der Standort, ganz in der Nähe der Berliner Mauer, direkt am Checkpoint Charlie, ist ein Ort von großer symbolischer Bedeutung. Hierher kamen die amerikanischen Präsidenten, wenn sie die Zugehörigkeit Berlins zur freien Welt demonstrieren wollten. Ein Ort, der sehr viel mit internationalen Beziehungen zu tun hat.

Als der Wettbewerb vorbei war und wir den ersten Preis gewonnen hatten, sagte man uns plötzlich, das sei nicht, was man in Berlin an dieser Stelle haben wollte, und wir sollten statt dessen Sozialwohnungen bauen. Es gab in den Wettbewerbsbedingungen eine Klausel, die an dieser Stelle Wohngebäude verlangte, aber wir hatten das ganz bewußt ignoriert. Der Gedanke, hier ein Wohnhaus zu errichten, war mir einfach schrecklich. Als ich das Grundstück direkt an der Mauer zum erstenmal sah, sagte ich mir, dies sei kein Ort, wo ich Kinder großziehen würde. Damit stellt sich natürlich die Frage, welche Verantwortung hat ein Architekt, wenn er ein Projekt entwirft, einen Preis gewinnt und dann gesagt bekommt, er müsse Wohnungen bauen, damit irgendein Bauträger hier Profite machen kann. Das ist eine quälende Frage, nicht zuletzt deswegen, weil ganz einfach jemand anders kommen und hier Wohnungen bauen wird, wenn wir es nicht tun. (Es ist natürlich auch eine gute Frage, warum man einen ausländischen Architekten braucht, um in Berlin Sozialwohnungen zu bauen.) Es ist einfach eine unglückliche Situation, wenn Wettbewerbe in die Hände von Bauträgern gelegt werden. Ich bin sicher, daß eines Tages, wenn die Architekten wieder in alle Winde zerstreut sind und ihre wohlverdienten Preise erhalten haben, irgend jemand die wahre Geschichte der IBA schreiben wird.

Aber um zur Architektur zurückzukehren: Wir arbeiten zur Zeit an dem Gebäude an der Ecke Friedrichstraße. Die Veranstalter der IBA wollten, daß wir die Ecke auffüllen und hier ein Gebäude hinstellen, das in den Zusammenhang paßt. Die Frage ist, was bedeutet Zusammenhang an dieser Stelle, und was bedeutet eine Ecke auffüllen? Es bedeutet zunächst einmal, daß man die Narben verdeckt, die die Geschichte Berlins und die Bombenangriffe des Zweiten Weltkriegs hinterlassen haben, diese ganze Geschichte und Archäologie, die Berlin so faszinierend macht. Nie, sagte ich mir, würde ich diese Ecke ausfüllen, um damit Berlin wieder zu dem zu machen, was es einmal war. Deshalb

89

ist dieses Gebäude nichts anderes als die bewußte Abkehr von jenem Kontextualismus, der Berlin am liebsten wieder in den Zustand des neunzehnten Jahrhunderts zurückversetzen möchte und damit die Geschichte zweier Weltkriege und natürlich der Berliner Mauer einfach ausradieren würde. Das zweite ist der Symbolcharakter des Gebäudes selbst. Wir können heute nicht mehr optimistisch in die Zukunft blicken. Wir leben in einer Gegenwart, die keine Zukunft hat und in der die Gebäude ihre traditionelle Bedeutung verloren haben. Dieses Gebäude erklärt sich aus seinen eigenen inneren Prozessen.

Ursprünglich sah unser Plan für den Wettbewerb eine Ausgrabungsstätte vor, eine künstliche Ausgrabung von Mauern, die auf irgendeine Weise die Geschichte Berlins simulieren sollten. Dieses Projekt nun nimmt den Gedanken der Ausgrabung wieder auf und projiziert ihn auf die vertikale Ebene. Anders ausgedrückt: Ein Teil der Ausgrabungsstätte wird aufgestellt und verwandelt sich in Gebäude. So entsteht ein innerer Dialog zwischen der Vertikalen und der Horizontalen. Es gibt keine Bedeutung und keinen Sinn außerhalb der inneren Logik des Projekts. Es gibt – anders als bei traditionellen Objekten – keinerlei Bezüge nach außen. Verstehen Sie es wie eine mathematische Formel. Manche sind elegant, andere weniger. Beurteilen kann man sie aber nur unter dem Gesichtspunkt, ob sie ihrer inneren Logik nach schlüssig sind.

Cesar Pelli	Können Sie mir etwas über das Programm sagen, das Sie dort gebaut haben?
Peter Eisenman	Neunundzwanzig öffentlich geförderte Wohnungen. Der Bauträger verdient sein Geld damit, daß er die Wohnungen zu einem Festpreis errichtet und dann an andere verkauft, die sie als Abschreibungsobjekte nutzen und damit Geld machen.
Michael Graves	Ist das Gebäude leicht aus der Fluchtlinie gedreht?
Peter Eisenman	Ja. Wir wollten es nicht in das charakteristische Raster der Berliner Blockbebauung einfügen, deswegen orientierten wir uns an dem Mercator-Raster. Dieses Mercator-Raster ist gleichzeitig überall und nirgends, genau wie Berlin selbst. Berlin ist eine Hauptstadt, die von sich selbst abgeschnitten ist, eine Stadt, die keine andere Funktion hat, als das Symbol eines vergangenen Zustands zu sein.
Cesar Pelli	Trotzdem sagen Sie, daß Sie aus vielerlei Gründen nicht an das glauben, was Sie hier tun.
Peter Eisenman	Das ist richtig.
Cesar Pelli	Aber warum tun Sie es?
Peter Eisenman	Warum ich das Gebäude hier an dieser Stelle baue? Ich schätze, wenn ich in der glücklichen Lage gewesen wäre, Cesar, mir ein anderes Grundstück in Berlin aussuchen zu können, dann hätte ich das sofort getan. Sie sehen, ich versuche, offen und ehrlich zu sein.

90

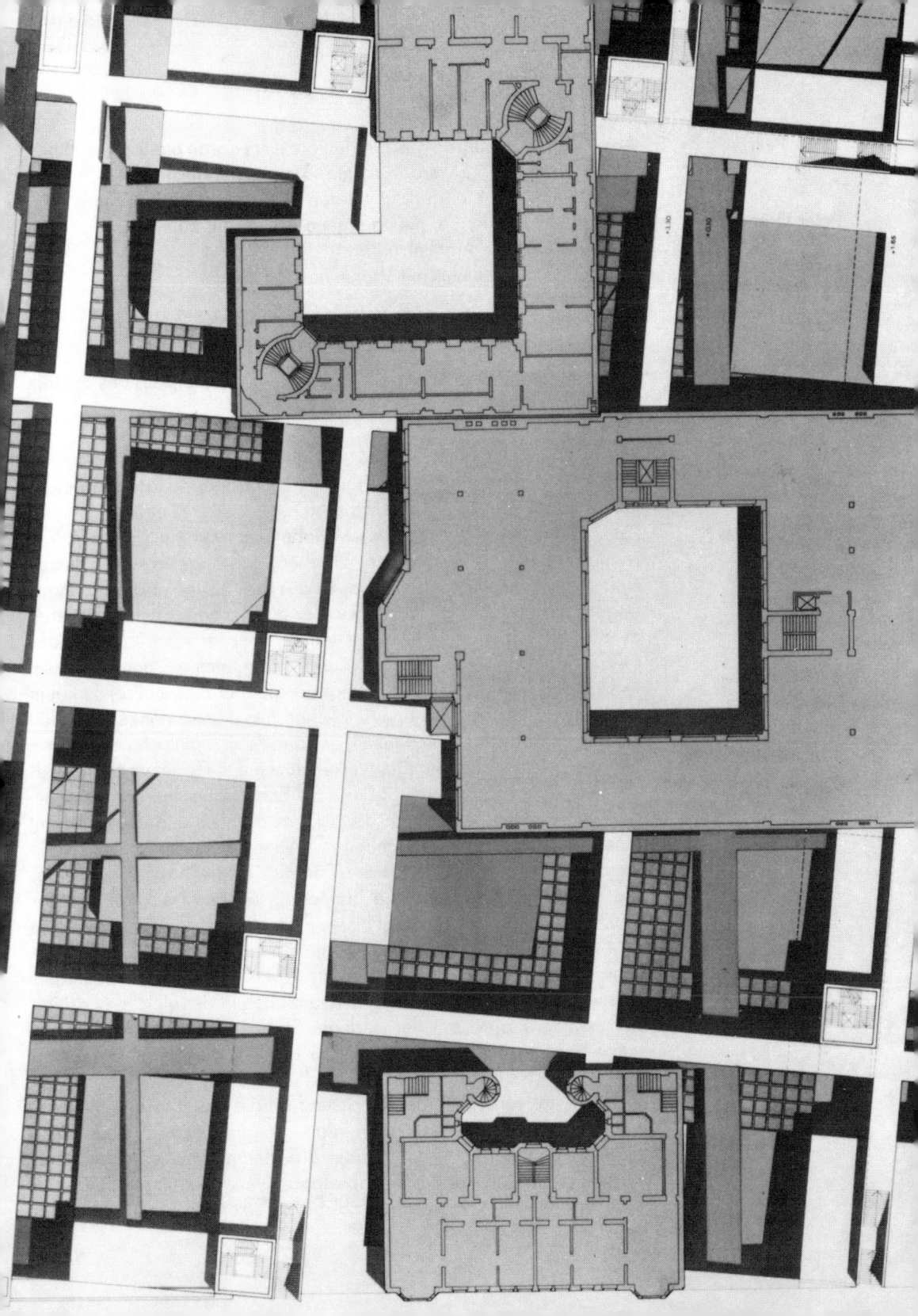

Cesar Pelli	Aber Sie haben gerade gesagt, daß Sie nicht daran glauben, daß hier Wohnungen gebaut werden sollten. Sie glauben nicht an die Art von Wohnungen, die hier gebaut werden. Warum tun Sie es dann?
Peter Eisenman	Weil ich daran glaube, meine eigene Architektur zu machen.
Cesar Pelli	Und was ist diese Architektur?
Peter Eisenman	Jedenfalls hat sie nichts mit Wohnungsbau zu tun.
Cesar Pelli	Womit dann?
Peter Eisenman	Ganz einfach mit sich selbst. Bei diesem Projekt geht es darum, wie man es anstellt, eine Architektur jenseits des Programms, jenseits der Funktion, jenseits des Kontexts, jenseits der Kultur, jenseits des Symbolismus zu machen.
Cesar Pelli	Und was ist das?
Peter Eisenman	Das, was Sie hier sehen.
Cesar Pelli	Was ich hier sehe, sind Wohnungen für ein paar arme, bedauernswerte Menschen. Das ist es, was ich sehe.
Rem Koolhaas	Peter, deine erste Version dieses Gebäudes war ein Denkmal, ein Monument, und es war leicht einzusehen, daß angesichts der Dimensionen dieses Monuments ein Kippen aus dem Raster heraus durchaus angebracht und sinnvoll war. Aber was du jetzt gemacht hast, ist eher zweifelhaft – nur eine leichte Drehung, nur an der Fassade des Gebäudes. Das wirkt eher peinlich im Vergleich zu dem sehr viel radikaleren ursprünglichen Konzept. Es gibt bei diesem Projekt kaum noch etwas, das an die ursprünglichen Intentionen erinnert. Es hält einen nichts davon ab zu denken, es handele sich einfach nur um eine alberne Spielerei, bei der die Winkel ohne jeden Grund verdreht sind.
Peter Eisenman	Ich muß dazu sagen, Rem, daß wir am Ende wahrscheinlich gezwungen sein werden, tatsächlich die Ecke auszufüllen und die Lücke mit einem Wohngebäude zu schließen. Wenn es soweit kommt, dann werden wir das Projekt aufgeben. Für mich ist diese leichte Drehung, die die Brandwände und die Erinnerung an das Denkmal sichtbar macht und sozusagen die Geschichte dieses Projekts dokumentiert, von größter Wichtigkeit. Für mich liegt die eigentliche Bedeutung nicht so sehr im Objekt selbst, sondern in dem Prozeß, der ihm vorausging.
Rem Koolhaas	Das verstehe ich, und ich bin gewissermaßen in der gleichen Position bei meinem Projekt auf der anderen Straßenseite, wo ich ebenfalls versucht habe, nicht einfach nur die Lücke in der Straßenwand zu schließen. Ich sympathisiere also durchaus mit dir, aber ich habe den Eindruck, du versuchst, die Anpassung an die geschlossene Blockbebauung dadurch zu vermeiden, daß du ganz einfach eine Lücke offenläßt. Ich würde gerne darüber diskutieren, welcher Unterschied besteht zwischen einer deutlich ablesbaren Verweigerung, die sich von ihrer ganzen Ideologie her als solche zu erkennen gibt, und dieser

92

	Geste, die über keinerlei eingebaute Garantie verfügt, daß man sie für mehr hält als für eine bloße private Neurose.
Peter Eisenman	Ich akzeptiere deine Kritik hundertprozentig. Ich wünschte, ich könnte mich über diese Diagonale hinwegsetzen. Meiner Meinung nach hast du völlig recht. Wenn die Intention tatsächlich ablesbar sein soll, dann darf man sich nicht auf die bloße Weigerung beschränken, die Geschlossenheit der Blockbebauung wiederherzustellen, sondern muß darüber hinaus ein deutliches Zeichen setzen, das auf diese Weigerung verweist.
Rob Krier	Peter, warum drehst du das ganze Gebäude nicht einfach um, so daß es diese Wand dort berührt? Wäre das so schwierig?
Peter Eisenman	Das ist genau das, was ich vermeiden will. Das Problem bei der Wiederherstellung einer geschlossenen Blockstruktur liegt doch gerade darin, daß damit eine bestimmte Zeit nostalgisch zum Maßstab gemacht wird, nach dem Motto: „Das Berlin von 1860 war völlig okay." Ich will sagen, daß Berlin 1945 eben nicht mehr so aussah wie ehedem, und das ist mir viel wichtiger als irgendeine Art von Rekonstruktion, mit der man die tatsächliche Geschichte verdeckt. Du meinst, ich solle die Geschichte verdecken, und das kann ich nicht.
Rob Krier	Bist du auch einer von diesen jungen Architekten, die noch ganz und gar aus der Tradition der zwanziger Jahre kommen? Du fängst mit einem System an und hörst mit einer nackten, blinden Wand auf.
Peter Eisenman	Aber ja! Ich will diese blinde Wand.
Rob Krier	Das ist schade.
Philip Johnson	Ich glaube, wir reden hier an dem vorbei, was an diesem Projekt tatsächlich wichtig ist. Aus meiner Sicht ist es ein ausgezeichneter Entwurf im Stil der zwanziger Jahre, wie ich ihn in dieser Qualität heute hier noch nicht gesehen habe. Ich kann dem Architekten nur gratulieren; denn er beweist hier sein wirklich hervorragendes Verständnis für die gesamte Geschichte des sozialen Wohnungsbaus in Europa. Die Frage, ob er das nun innerhalb Berlins oder außerhalb Berlins gemacht hat, ist dabei ohne Belang. Die Art und Weise, wie er diese neo-plastische rote Linie verwendet, wie er das schwere Gesims nimmt und es vorzeitig abschneidet – alle diese Details sind überaus einfühlsam und sorgfältig durchdacht, und zwar auf eine handwerklich überaus solide, gekonnte Weise, über die heute kaum noch einer nachdenkt. Wer von uns hätte in den letzten zwanzig oder dreißig Jahren so etwas auch nur versucht? Ich kann mir keinen besseren Entwurf vorstellen.
Rafael Moneo	Was mir Sorgen macht ist, daß Peter immer wieder von Anti-Kontextualismus und Anti-Symbolismus spricht, letzten Endes aber seiner eigenen Aussage nach nur an der inneren Logik des Projekts selbst interessiert

94

ist. Für ihn ist die Syntax offenbar die Ikonographie seiner architektonischen Intentionen. Dabei orientiert er sich natürlich immer am Raster
als seinem vorgegebenen, dominierenden Bezugsrahmen, und am
Ende ist er dann total gefangen im Kontext dieses von ihm selbst
erfundenen Rasters. Das Raster ist für ihn ein künstlich geschaffener
Kontext, innerhalb dessen er seine eigene Syntax entwickelt. Um noch
einmal auf die Analogie der Sprache zurückzukommen, so würde ich
sagen, Peter spricht eine Sprache, in der die Wörter ihre Bedeutung
verloren haben.

Peter Eisenman   Ich stimme völlig überein mit allem, was Sie sagen. Ich glaube nicht,
daß die Wörter heute noch dieselbe Mythologie und dieselbe Bedeu-
tung haben können wie zur Zeit der Klassik, denn in unserer Gegenwart, die meiner Meinung nach keine Zukunft hat, verfügen wir bloß
noch über leere Worte. Überlassen wir es anderen, sie mit ihren
Inhalten und Bedeutungen zu füllen – Nostalgie für die Vergangenheit,
Hoffnung für die Zukunft. Ich kann nur sagen, wenn es möglich ist,
Wörter ihrer Bedeutung zu entleeren, dann möchte ich das gerne
versuchen.

Kevin Roche

Kevin Roche   Was ich Ihnen hier zeige, ist der Entwurf für ein Schulungs- und Ausbildungszentrum in einem großen Unternehmen. Was bedeutet das? Wenn man sich heute in der Hierarchie eines Großunternehmens nach oben arbeiten will, dann gehört dazu, daß man jedes Jahr eine neue Schulung mitmacht und etwa das gleiche tut, was wir heute hier machen, aber natürlich ganz anders geplant und organisiert. Da die Teilnehmer zwischen zwei Tagen und drei Wochen dort verbringen sollen, gehören selbstverständlich auch Schlafräume dazu, und so handelt es sich auch um eine Art Motel, aber in der Hauptsache geht es darum, daß die Menschen hier zusammenkommen, um nachzudenken, zu studieren und sich einem gemeinsamen Ziel zu widmen. Ich habe mich nach historischen Vorbildern umgesehen und bin dabei auf den Prototyp des Klosters gestoßen. Man könnte also vielleicht von einer Art Kloster-Motel sprechen. Der Standort befindet sich auf dem Unternehmensgelände im Staate Illinois, wo die Firma ihren Hauptsitz hat und wo wir schon in den vergangenen Jahren mehrfach gebaut haben. Unser erstes Gebäude dort, fertiggestellt 1964 und im Jahre 1978 erweitert, ist ganz aus dunklem, wetterbeständigem Stahl und verkörpert das „corporate image" am deutlichsten. Das zweite Gebäude, von 1980, war kein Industriebau im eigentlichen Sinne und sollte sich deshalb von dem ersten unterscheiden. Das erste Gebäude besteht aus schwarzem Stahl und Glas, das zweite ist weiß und wurde mit Aluminium verkleidet. Das dritte Gebäude, das ich Ihnen heute hier vorstellen möchte, gehört zwar ebenfalls zum eigentlichen Fabrikkomplex, hat aber eine völlig andere Funktion und darum auch wieder einen ganz anderen Charakter. Wir griffen dabei auf das beim ersten Bau verwendete Vokabular zurück, schufen damit aber eine völlig andere Struktur.

Das Gebäude liegt auf einer kleinen Anhöhe und besitzt einen einfachen quadratischen Grundriß. Die Schlafräume sind in drei Geschossen rings um einen Innenhof angeordnet. Darunter befinden sich Konferenzräume, Unterrichtsräume und eine Reihe von Freizeiteinrichtungen. Wegen des rauhen Winterklimas wurde der zentrale Innenhof überdacht, um so einen großen Gemeinschaftsraum zu schaffen, der das ganze Jahr hindurch benutzt werden kann. Als Ausgleich zu dem anstrengenden Lern- und Schulungsprogramm haben wir die Schlafräume so gestaltet, daß sie möglichst viel Bequemlichkeit bieten und keinen Gedanken an eine anonyme Institution aufkommen lassen.

Peter Eisenman   Ich möchte zwei Bemerkungen dazu machen. Die erste ist an Leo Krier gerichtet: Da Sie die Sparsamkeit und den Zellencharakter des Ando-Projekts nicht mochten, könnte ich mir vorstellen, daß Ihnen die Wohn- und Schlafräume in diesem Entwurf um so mehr gefallen. Vielleicht

98

	können Sie anschließend etwas dazu sagen. Meine zweite Bemerkung ist an Sie gerichtet, Kevin. Sie haben vorhin über die Beziehung zwischen dem Symbolismus eines Gebäudes und den Menschen gesprochen. Dieses Gebäude sieht aus wie ein riesiger Vogelkäfig. Natürlich ist es albern, so etwas zu sagen; natürlich können hier Menschen wohnen. Dennoch bildet es etwas ab, was eigentlich nicht für Menschen gedacht ist. Könnten Sie dazu etwas sagen?
Kevin Roche	Peter, ich glaube, Ihr großes Problem ist der Symbolismus. Ich weise das Bild vom Vogelkäfig entschieden zurück. Ebensogut hätten Sie von einem Botanischen Garten sprechen können mit Menschen und Pflanzen darin. Da es sich um ein Gebäude mit Innenhof handelt, in dem es Pflanzen und Bäume geben wird, wäre das Bild vom Botanischen Garten durchaus naheliegend.
Cesar Pelli	Wie Sie alle wissen, habe ich mehrere Jahre mit Kevin zusammengearbeitet. Seine Arbeit zeichnet sich vor allem dadurch aus, daß er bei jedem Projekt unglaublich viel Nachdenken auf die Analyse der Bedürfnisse der Menschen verwendet – psychologische Faktoren, Anordnung der Räume, Ausblicke, Nutzung. Alles wird mit einer unvorstellbaren Aufmerksamkeit, Sorgfalt und Liebe bedacht. Was er uns hier zeigt, ist nur ein kleiner Ausschnitt aus seiner Arbeit. Ich hege große Bewunderung für die Art, wie Kevin seine Antworten auf die Probleme sucht, die man ihm stellt.
Rafael Moneo	Kevin Roche hat seinen Entwurf typologisch begründet, mit der Vorstellung von einem Kloster. Der Innenhof gibt dem Gebäude also seine besondere Ordnung. Ich frage nach dem Maßstab dieses Innenhofs, der so groß ist, daß er am Ende diese riesige Kuppel einfach brauchte, um nicht als riesiger offener Innenhof brachzuliegen. Es gibt Klöster, die haben ähnlich große, offene Innenhöfe. Er wurde als Möglichkeit genutzt, mit den inneren Fassaden und anderen Elementen zu spielen. Hier dient der große Innenhof ausschließlich dazu, die Natur ins Innere des Gebäudes zu holen. Wenn man die Natur dazu benutzen muß, um den Innenraum großer Gebäude zu definieren, so wie wir es in vielen neuen New Yorker Wolkenkratzern sehen, dann ist das für mich ein Zeichen dafür, daß die amerikanische Architektur ihre Fähigkeit im Umgang mit groß dimensionierten Innenräumen einbüßt. Ich glaube, daß wir von der Natur und von den Bäumen zuviel verlangen. Ich schlage vor, daß wir uns mit architektonischen Mitteln der Gestaltung großer Innenräume annehmen und nicht versuchen, diesem generellen Problem dadurch aus dem Wege zu gehen, daß wir es mit Bäumen tarnen.
Kevin Roche	Die Frage, was ein Raum ist, ist eine Frage, die wohl weit über den Rahmen dieser Konferenz hinausgeht. Ich werde nichts zum Thema

Maßstab sagen, denn ich habe mich mein ganzes Berufsleben hindurch genau damit auseinandergesetzt. Ich persönlich bin entsetzt über das, was in New York mit diesen sogenannten Atrien angestellt wird. Diese Atrien sind natürlich reiner Unfug, trotzdem kann man sie gut machen. Philip hat in Minneapolis einen wundervollen Raum gebaut, mit Bäumen und Menschen und Dingen. Auch unser Gemeinschaftsraum in der Ford Foundation ist in gewisser Hinsicht durchaus gelungen, man kann nicht nur darin herumspazieren, sondern er erfüllt auch die geradezu verzweifelte Sehnsucht der Menschen nach einem Stück Natur.

Cesar Pelli

Ich würde gerne auf das eingehen, was Rafael gesagt hat. Es gibt da ein Problem, das in Kevins Bauten sehr deutlich zum Ausdruck kommt. Gemeint ist damit ein grundlegender Wandel im Verständnis dessen, was ein Gebäude ist. In den vergangenen dreißig Jahren haben sich unsere Bauten immer mehr von der natürlichen Umgebung abgewandt. Die Wirklichkeit sieht doch so aus, daß unsere Innenräume immer mehr zur künstlichen Umwelt werden, die mit der Außenwelt nichts mehr zu tun hat. Die Mönche von heute wollen nicht mehr durch den kalten Garten gehen, um von einem Raum zum anderen zu gelangen, sondern sie verlangen einen klimatisierten, beheizten, allseits geschützten Wohn- und Lebensraum. Der Typus des Innenhofs heute hat keine Ähnlichkeit mehr mit dem Innenhof früherer Zeiten. Es ist ein ganz neues Problem, und Kevins Entwurf ist eine mögliche Antwort darauf.

Michael Graves

Wenn ich diesen Gedanken der Veränderung eines Typus noch einmal aufnehmen darf, so gibt es da etwas, was mich daran immer wieder stört. Je größer der Innenhof wird, um so größer wird auch der leere Raum in seinem Innern. Anders als Cesar finde ich, der Entwurf tut einfach zuviel des Guten. Es gibt einen Vordergrund, einen Hintergrund, aber die Mitte fehlt. Da ist nichts, was uns hilft, unserem Körper das Gefühl von Einfriedung zu verschaffen. Eine Art Zwischenbereich fehlt in diesem riesigen offenen Raum. Ich kann mir nicht vorstellen, daß dieser Raum hier, mag er sich nun als Voliere oder als Botanischer Garten gebärden, je irgend jemanden an eine Kathedrale erinnern wird. Seine erste Bedeutung ist Außenraum, und deshalb fehlt diesem zweideutigen Hof die Ordnung einer Klosteranlage. Was mich stört, ist ganz einfach, daß dies genauso gut ein Portman Hotel sein könnte. Hier wie dort geht es doch nur um den Versuch, die Leere im Innern zu verdecken und zu stopfen.

Kevin Roche

Ich stimme mit Ihnen überein. Genau das ist das Problem dieser Anlage, der Raum in der Mitte, die Mittelzone. Leider aber sieht man diese Dinge erst im Nachhinein, wenn man die Fehler bereits gemacht hat. Man kann also nur daraus lernen. Die Frage des überzogenen

Maßstabs ist jedoch eine andere. Die Form der Kuppel ist sehr viel komplizierter. Es ist nicht ganz leicht, sich den tatsächlichen Raumeindruck vorzustellen, wenn man nur eine zweidimensionale Projektion vor sich hat.

Jaquelin Robertson Ich möchte das, was Cesar und Michael gesagt haben, noch ein wenig vertiefen. Mir geht es dabei weniger um die Frage des Maßstabs, sondern eher um die hermetische Qualität, die Cesar angesprochen hat – das Motelzimmer, der überdachte Hof. Die Pflanzen in diesem Hof werden, selbst wenn sie echt sind, immer wie künstliche Pflanzen wirken, ganz einfach weil sie nicht im Freien stehen. Hier ist alles drinnen. Das, worin wir uns hier befinden, Jeffersons akademisches Dorf, ist ebenfalls ein Tagungszentrum. Man kann hier in einem Raum wie diesem sitzen, aber man kann in den Pausen nach draußen gehen und zwischen den Häusern in den Gärten spazierengehen. Wir sind in der Wirklichkeit geblieben – mit ihren verschiedenen Gerüchen, Temperaturen und Lichtverhältnissen, mit ihrem Kontrast zwischen innen und außen. In diesen Erfahrungen steckt eine tiefe Freude, weil sie uns eng mit der Welt und so auch mit uns selbst verbinden. Eines der großen Probleme in Amerika heute sind die hermetisch abgeschlossenen, künstlich klimatisierten Innenräume. Wenn ich auch nur zwei Tage in Ihrem Schulungszentrum, in diesem Raumschiff, verbringen müßte, dann würde ich verrückt werden, ganz einfach verrückt. Diese Art von absolut hermetischer, synthetischer Umwelt ist nicht nur für Ihr Projekt tödlich, sondern auch für viele andere, die ihm ähneln.

Kevin Roche Die eigentliche Bauaufgabe bestand darin, die Teilnehmer mit einer sehr intensiven Lernerfahrung zu konfrontieren: Was sie hier tun, dauert von sechs Uhr morgens bis, sagen wir, elf Uhr abends, und in dieser Zeit verbringen sie nur sehr wenig Zeit draußen im Freien. Wenn sie aus einer Veranstaltung kommen, dann ist immer irgend etwas los – eine Ausstellung, eine Party, irgend etwas. Man muß das Programm genau verstehen, um unsere Lösung akzeptieren zu können. Dies Projekt ist keineswegs als universelle Lösung für ein städtebauliches Problem gedacht, sondern einfach nur als eine mögliche Antwort auf ganz bestimmte Anforderungen.

103

Richard Meier

Richard Meier

Dies ist ein unvollendetes Projekt. Es geht um Erweiterungen und Veränderungen am Des Moines Art Center. Das ursprüngliche Gebäude wurde von Eliel Saarinen entworfen. Im Jahre 1965 fügte I. M. Pei dann einen Skulpturen-Pavillon hinzu, mit dem der Rundweg durch die Kunstgalerie geschlossen wurde. Wenn man mit dem Auto von Des Moines kommt, fährt man durch das Haupttor auf das Gelände, folgt dann einer Schleife um einen freien Platz und kommt schließlich auf den Parkplatz. Der gesamte Komplex liegt in der Nachbarschaft eines städtischen Parks, der noch weitgehend erhalten ist. Saarinen hatte in seinem ursprünglichen Entwurf kein rechteckiges Raster verwendet, sondern sich an dem schrägwinkligen Verlauf der Grand Avenue orientiert. Aber der wurde dann in der endgültigen Fassung aufgegeben. Eine der Schwierigkeiten war, daß die Erweiterung von Pei den Innenhof geschlossen hatte, der vorher zum Park hin offen war und der jetzt zu einer leeren, so gut wie ungenutzten zentralen Fläche geworden ist. Unsere Aufgabe lautete, die bestehenden Gebäude um rund 1800 Quadratmeter zu erweitern, wobei diese zusätzliche Fläche zum Teil für Ausstellungsräume, zum Teil für den Umbau der Verladeeinrichtungen und notwendige Nebenräume gedacht war. Daneben sollten wir uns etwas ausdenken, um den ungenutzten Innenhof wieder zu aktivieren.

Die Verkehrswege in den neuen Abschnitten des Gebäudes folgen den gleichen Prinzipien wie die im Saarinen-Trakt. Ein separater neuer Pavillon erweitert quasi die Flächen für ständige und wechselnde Ausstellungen. Die Schwierigkeit lag darin, den bestehenden Gebäuden, insbesondere Saarinens vier Meter hoher Ziegelmauer, die dem neuen Trakt gegenüberliegt, einen so großen neuen Baukörper hinzuzufügen, ohne den bestehenden Maßstab zu zerstören. Wir setzten in den Innenhof einen kleinen Restaurantpavillon hinein, der in der gleichen Achse liegt wie der neue Ausstellungspavillon. Dieses neue Element spielt in dem Entwurf eine zentrale Rolle, weil es die Härte der großen Querachse dämpft.

Ich möchte die eher plastische, vielleicht sogar frenetische Formgebung der neuen Pavillons folgendermaßen erklären: Bei dem Versuch, dem bedeutenden Originalbau aus den vierziger Jahren und dem wichtigen Anbau aus den sechziger Jahren jetzt in den achtziger Jahren eine Erweiterung hinzuzufügen, war es wichtig, den individuellen Charakter und Maßstab der bestehenden Gebäude zu bewahren und zugleich einen neuen Baukörper zu schaffen, der sich im Maßstab anpaßt und doch ganz eigenständig bleibt. Der zentrale kubische Baukörper innerhalb des Ausstellungspavillons hat etwa die gleichen Dimensionen wie die einzelnen Module in Saarinens Hauptgalerie und ist mit

105

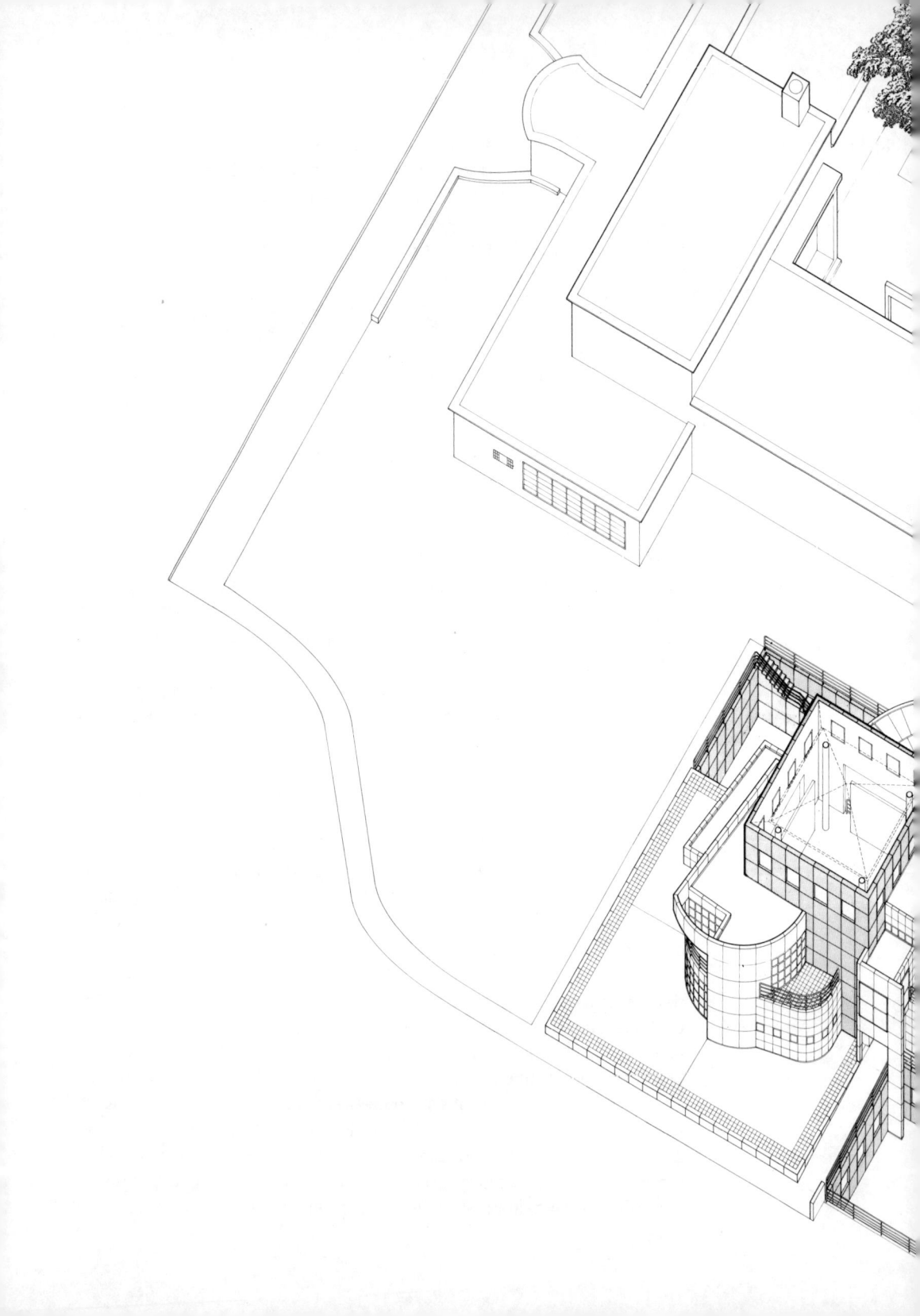

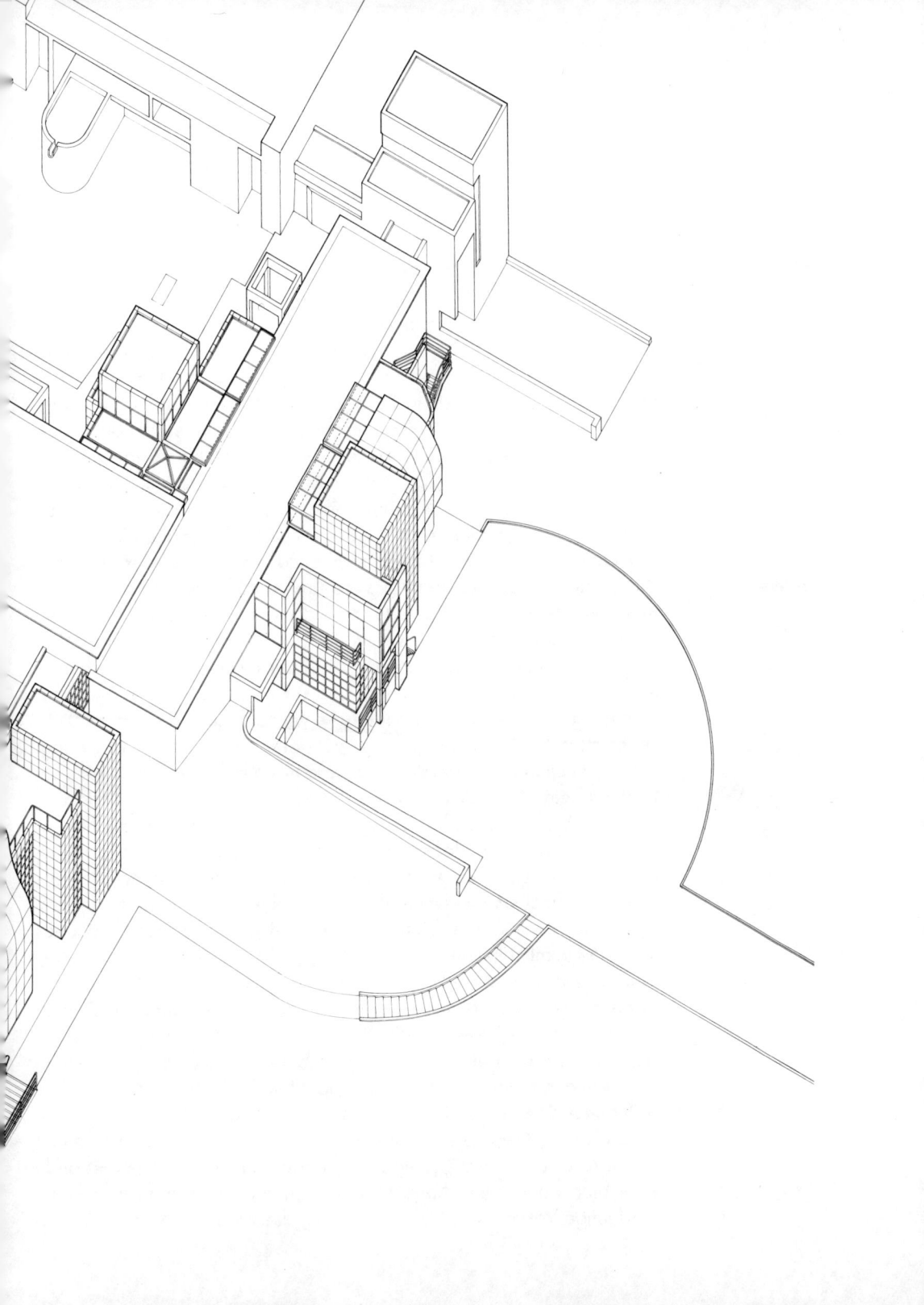

einem Granitstein verkleidet, dessen Färbung in etwa der von Saarinens Mauer entspricht. Der neue Raum hat jedoch einen völlig anderen, ganz eigenen Charakter – zum Beispiel durch die besondere Art und Weise, wie wir das Licht durch drei verschiedene Ebenen nach unten geführt haben.

Robert Stern

Richard, du hast noch nichts über deine Philosophie gesagt, was die Ausstellung von Kunstwerken betrifft. Ich habe den Eindruck, daß dem Bau von Saarinen genauso wie dem von Pei eine ganz bestimmte Auffassung zugrunde liegt. Außerdem fällt mir auf, daß Peis Anbau sehr wohl Peis Handschrift aus dieser Zeit zeigt, daß es ihm aber gleichwohl gelungen ist, in Farbgebung, Maßstab und Oberfläche Kontinuität zu wahren. Ich glaube nicht, jedenfalls wenn ich von deinen Arbeiten der letzten Zeit ausgehe, daß du bei deinem Entwurf die gleichen Absichten verfolgst. Was sollen die Metalltafeln und dieser vorgesetzte Pavillon? Das bringt mich zu meinem dritten Punkt. Ich frage mich: Wie wolltest du den gewünschten zurückhaltenden Dialog erreichen, wenn du gleichzeitig solche massiven Baukörper einsetzt?

Richard Meier

Zuerst die Frage nach der Ausstellung von Kunstwerken ganz allgemein. Auf der unteren Ebene des Pavillons ist ein Teil der permanenten Sammlung untergebracht. Es handelt sich um einen einzigen großen Raum mit Nischen. Selbstverständlich gibt es vielerlei Arten, wie man eine Ausstellung aufbauen kann, und da es sich hier um Räume für wechselnde Ausstellungen handelt, die wir noch nicht kennen, muß ein bestimmtes Maß an Flexibilität gewährleistet sein. Natürlich verlangt eine Ausstellung von kleinteiligen Keramiken ganz andere Räumlichkeiten als eine Ausstellung großer Skulpturen. Es ging uns nicht darum, einen einfachen, undefinierten großen Raum wie ein Loft zu bauen, sondern einen Raum, der sich je nach Bedarf verkleinern oder vergrößern läßt. Gleichzeitig wollten wir dem Betrachter innerhalb dieses Ausstellungsraums unterschiedliche Perspektiven auf mehr als jeweils immer nur einer Ebene bieten. In den übrigen Teilen des Gebäudes sind die Räumlichkeiten mehr oder weniger horizontal angeordnet. Der Gedanke dabei ist, daß die Besucher immer wieder zu ihrem Ausgangspunkt zurückgeführt werden und sich auf ihrem Rundgang durch die verschiedenen Aus- und Durchblicke orientieren können. Was nun die Situation und den Platz angeht, so bin ich der Meinung, daß man nicht einfach einen neuen Bau an die alten Strukturen anfügen kann. Jeder neue Bau sollte seine Eigenständigkeit haben. Wenn wir das alte Gebäude in Gedanken entfernen, haben wir immer noch einen Pavillon vor uns, ein vierseitiges Gebäude. Ein zweiseitiges Gebäude geht hier nicht mehr. Abgesehen davon hat das Grundstück keine eindeutige Vorderseite. Der dritte Punkt, die Wahl der Materialien, ist

108

der schwierigste, weil die Erweiterung von Pei – ein überzeugender, eindrucksvoller Entwurf – in Ortbeton ausgeführt worden ist. Der Zuschlagstoff dabei ist zwar der gleiche Stein wie der Dolomit in Saarinens Bau, aber da hört die Ähnlichkeit eigentlich auch schon auf. Ich meine, wenn man in irgendeinem Teil der Komposition schon an diesen Stein erinnert hat, dann kann und sollte das übrige Material anders sein. Man kann diesen Stein nicht reproduzieren, und die neuen Bauten wirken überzeugender, wenn sie ihren eigenen Charakter haben.

Jaquelin Robertson Richard, zwei Dinge. Das erste ist: Wenn du dein Gebäude aus dem bestehenden Gefüge herausnimmst und ihm eine Eigenständigkeit zubilligst, so ist das im realen und im symbolischen Sinne eine Sackgasse. Man könnte diesen Bau, vereinfacht gesprochen, als separaten Verwaltungstrakt lesen, als etwas, das nichts mit der eigentlichen Funktion der Anlage zu tun hat. Tatsächlich scheint der Bau nicht zum eigentlichen Museum dazuzugehören. Saarinens Grundriß zeichnet sich durch seine ruhige Kontinuität aus, aber sobald man sich auf dein neues, eigenes System einläßt, bricht man mit dieser Kontinuität und muß eine Kehrtwendung machen, um wieder dahin zurückzukehren. Damit ist die Kontinuität, die Zusammengehörigkeit der Teile, die doch das Wesentliche dieser Anlage ausmachen, gestört, und das beunruhigt mich. Ich glaube, ich selbst wäre in dieser Situation versucht gewesen, es Pei heimzuzahlen, daß er den Saarinen-Bau zerstört hat, und sein Gebäude völlig einzuwickeln. Auf diese Weise hätte man die Anlage wiederherstellen können, statt sie noch weiter zu zerstückeln.

Richard Meier Das war aus einer Vielzahl von Gründen nicht möglich.

Jaquelin Robertson Und jetzt der zweite Punkt, der mich beschäftigt. Das Gebäude ist zwar sehr schön, aber in sich und an sich viel zu kompliziert. Damit stellen sich die gleichen Fragen, wie wir sie bei Paul Rudolph gestellt haben. Das Gebäude ist selbst zum Kunstwerk geworden. Alles ist Weg und alles ist Ausblick. Man kann sich kaum vorstellen, wie die Kunstwerke sich gegen das Gebäude behaupten sollen. Vielleicht war das deine Absicht. Aber das Gebäude ist dabei ungeheuer kompliziert geworden – alles ist Ereignis, jede Kleinigkeit wird zum Ereignis. Ich finde, das widerspricht der Aufgabe einer Kunstgalerie. Was sagst du dazu?

Richard Meier Es ist ein Gebäude, in dem viele verschiedene Dinge geschehen können und auch geschehen werden, und deshalb glaube ich, daß diese Art von – sagen wir: Spannung und Aufregung richtig ist. Natürlich beunruhigt mich das ein wenig, sonst hätte ich es ganz anders präsentiert. Aber dank der Tatsache, daß es in diesem Pavillon einen großen, zentralen Raum gibt, einen Orientierungsraum, sind alle die kleinen Einfälle, die hier am Rande in Erscheinung treten, durchaus

109

	kontrolliert und ausbalanciert. Dazu noch sind die bestehenden Ausstellungsräume so ruhig, so eindeutig definiert, daß sie ein Gegengewicht, eine Alternative zu dem neuen Raum bilden.
Cesar Pelli	Ich finde, daß Sie mit Ihren Formen außerordentlich gut umgehen. Der Pavillon wird zweifellos sehr schön und sehr photogen sein. Sie scheinen, bewußt oder unbewußt, mit Blick auf die Photographie zu entwerfen. Aber ich bin mir immer noch nicht im klaren über Ihre Antwort auf die Bauten von Saarinen und Pei und über die genauen Funktionen. Ich finde es seltsam, daß Sie in unterschiedlichen Situationen – in Hartford, in Atlanta, in Frankfurt – und unter jeweils völlig anderen Bedingungen immer mit der gleichen oder zumindest ähnlichen Antwort, einer ähnlichen Formsprache aufwarten. Wie ist es möglich, daß Sie angesichts dieser höchst unterschiedlichen Aufgaben immer wieder etwa die gleiche Antwort finden?
Richard Meier	Für mich sind sie nicht gleich. Bei dem Museum in Frankfurt sind die Gebäude rings um einen Innenhof gruppiert. Das ist ein völlig anderer Ansatz. Hier geht es nicht um einen Pavillon, sondern um eine Folge von Gebäuden, die ganz anders als hier zu dem bestehenden Bau in Beziehung gesetzt worden sind.
Charles Gwathmey	Ich glaube, was Cesar gemeint hat, ist nicht die Anordnung. Er spricht von Stil, und ich finde, das sollte er auch sagen. Ist das in Ordnung?
Cesar Pelli	Nun, ich mag das Wort „Stil" nicht besonders, aber in diesem Falle ist es gut genug.
Richard Meier **Leon Krier**	Vielleicht hat es ganz einfach damit zu tun, wie ich Architektur mache. Ich finde diese Diskussion höchst interessant. Wenn ich versuche, dieses Gebäude zu analysieren, dann stelle ich fest, daß man es weder rational noch logisch verstehen kann, denn es gibt keine Beziehung zwischen Inhalt und Form. Es gibt keinen Versuch, ein Funktionsschema zu entwerfen. Einerseits stimme ich dem zu, was Sie zum Thema Funktion sagen, andererseits aber muß Raum sinnvoll und überzeugend sein. Und Ihre äußeren Formen haben einfach keine Beziehung zu den realen Räumen. Ich akzeptiere, wenn Sie sagen, daß Sie als Künstler diese besonderen Formen, diese Kurven mögen, aber Sie sollten darauf verzichten, sie funktional erklären zu wollen. Es stellt sich zum Beispiel heraus, daß der auffälligsten Form in Ihrem Pavillon eigentlich gar kein wirklicher Raum entspricht. Um diesen zentralen Baukörper sind mehrere andere Formen gruppiert, von denen ich erwarten würde, daß sie einen großen Raum bilden, aber in Wirklichkeit sind es drei verschiedene, völlig verschiedene Räume. Das Ganze sieht zwar ungeheuer elegant aus, aber Architektur würde ich es nicht nennen. (Lachen)
Michael Graves	Ich möchte noch etwas zum Stil sagen. Dies ist ein ganz bestimmter Stil, wie ihn Richard – das wissen wir – schon eine ganze Weile

110

praktiziert, und wir alle kennen seine Vorläufer. In diesem Entwurf kommt er ungeheuer abstrakt daher, ist fast nur noch Abstraktion. Ich fürchte, daß dieses Gebäude eine Miniaturausgabe des *High Museum* werden könnte, und zwar, weil ihm jedes Einfühlungsvermögen fehlt. Der Stil ist so ungeheuer abstrakt, daß der Bau jede Größe haben könnte. Wenn wir versuchen, dieses Objekt zu uns selbst in Beziehung zu setzen, dann stellen wir fest, daß es sich gar nicht mehr um Architektur handelt. Hier bin ich auf Leons Seite. Wenn du mir sagen würdest, der Bau hat die gleiche Größe wie das Museum in Atlanta, dann würde ich dir glauben; und wenn du sagen würdest, er sei etwa ein Drittel so groß wie Atlanta, dann würde ich dir auch das abnehmen. Genau das ist es, was mich an dieser Art eines allzu abstrakten, allzu persönlichen Umgangs mit Form stört. Dem Gebäude fehlt ganz einfach eine auf menschliches Maß bezogene Identität.

Charles Gwathmey

Charles Gwathmey	Dieses Haus bildet sozusagen die Zusammenfassung meiner Arbeit an einem bestimmten Thema, die vor siebzehn Jahren mit dem Haus meiner Eltern begann. Der Entwurf bündelt bestimmte Strategien und Ideen, die ich hier zum erstenmal in einem einzigen Projekt vereint und umgesetzt habe. Es ist auch das erstemal, daß ich nicht nur ein Gebäude, sondern eine ganze Landschaft mit Toren, Mauern, Gärten, Höfen zu bearbeiten hatte.
	Wenn man auf das Gelände kommt, fährt man zuerst eine leichte Anhöhe hinauf. Auf der einen Seite des Grundstücks gibt es einen 2000 Quadratmeter großen Teich und ein Straßentor. Die Auffahrt liegt auf derselben Achse wie das Straßentor und trennt den befahrenen Bereich auf der einen Seite des Geländes vom Fußgängerbereich auf der anderen Seite. Das Haus des Verwalters liegt im rechten Winkel zum Eingang des Gebäudes. Die Verkehrswege verlaufen im rechten Winkel zum Ozean und zum Haus selbst, während die Erschließungswege innerhalb des Gebäudes parallel zum Ozean verlaufen, so daß sich die beiden Achsen am Eingang kreuzen. An diesem Kreuzungspunkt liegt ein Treppenhaus. Die Treppe führt durch das gesamte Gebäude bis zur Dachterrasse. In formaler Hinsicht sind vor allen die Schichtung der Fassaden und ihre transparenten Erweiterungen zu erwähnen. Darüber hinaus habe ich den Versuch gemacht, die einzelnen Abschnitte unterschiedlich zu artikulieren. Soweit die Idee – der Versuch, jedem Raum eine passende innere Fassade zuzuordnen.
Cesar Pelli	Wie groß ist die Nutzfläche des Gebäudes? Für wie viele Menschen ist das Haus gedacht, und was hat es gekostet?
Charles Gwathmey	Die Nutzfläche beträgt etwa 930 Quadratmeter. Das Haus ist für eine Familie mit vier Personen gedacht und hat etwas mehr als 2000 Dollar pro Quadratmeter gekostet.
Peter Eisenman	Der Entwurf wirft natürlich sofort wieder die Frage auf: abstrakt oder gegenständlich. Können Sie uns dazu etwas sagen? Möchte niemand dazu Stellung nehmen? Ist niemand an diesem Thema interessiert?
Philip Johnson	Niemand will darüber sprechen, Peter, nur du.
Peter Eisenman	Oh, das tut mir leid. Ich bitte um Entschuldigung. Ich ziehe meine Frage zurück.
(Stimme)	Nein, nein, nein.
Peter Eisenman	Es tut mir leid, daß ich das Thema angeschnitten habe, aber ich war der Meinung, es sei ein interessantes Problem. Wenn niemand darüber reden will, dann ich auch nicht. Ich kann ja nach Hause gehen und mit mir selber reden. Ich wollte einfach nur eine Frage stellen.
Rem Koolhaas	Und wie lautet die Frage?

Peter Eisenman	Ich wollte nur wissen, ob irgend jemand am Beispiel dieses Hauses irgend etwas zum Thema Abstraktion versus Gegenständlichkeit zu sagen hat oder zum Thema pittoresk versus sonstwas. Dieses Problem gab es bei einigen, bei anderen nicht, und ich möchte ganz einfach … Ja, Mr. Graves.
Michael Graves	Um auf das einzugehen, was Sie vorschlagen, Peter: ich würde sagen, wenn man eine abstrakte Idee in einen zu großen Maßstab überträgt, dann geht sie verloren. Wenn Charlies Haus ein gelungener Entwurf ist, dann deshalb, weil ich meine eigene Größe im Vergleich zur Landschaft wiedererkenne. Deshalb fühlt man sich so gut, wenn man in diesen Räumen steht. Das gilt natürlich nicht mehr, wenn der Raum zehnmal so groß wird und dennoch abstrakt bleibt. Genau da liegt der Schlüssel. Abstraktion ist nicht in der Lage, eine Hierarchie unterschiedlicher Maßstäbe abzubilden; das liegt einfach in der Natur der Sache. Bob und Charlie schlagen sich schon seit geraumer Zeit mit diesem Problem herum.
Charles Gwathmey	Ich stimme vollkommen mit dir überein.
Peter Eisenman	Wenn man diese Arbeit mit der von Frank vergleicht, dann ist das Interessante doch der größere Maßstab – oder ganz allgemein das Problem, was passiert, wenn man eine Idee nimmt, die bei einem bestimmten Maßstab funktioniert, und sie dann auf einen größeren Maßstab überträgt. Funktioniert sie dann auch noch? Wir haben darüber bei den Entwürfen von Mathias und anderen gesprochen.
Paul Rudolph	Die Frage des Maßstabs ist absolut vorrangig. Durch die ganze Architekturgeschichte hindurch sieht man immer wieder, daß das, was in der einen Größenordnung funktioniert, in der nächstgrößeren Dimension nicht unbedingt funktionieren muß. Charlie hat versucht, sich damit auseinanderzusetzen. Dieses Haus ist natürlich ganz anders als das Haus seiner Eltern, obwohl es eine Reihe von Ähnlichkeiten gibt. Und was das Problem von abstrakt versus konkret betrifft – dieses Haus ist keineswegs nur abstrakt. Nichts ist ausschließlich abstrakt. So etwas gibt es gar nicht. Es gibt Treppen, Türen und so weiter. Ich muß sagen, ich verstehe nicht wirklich, was Peter mit „abstrakt" und „konkret" eigentlich meint. Ich habe es noch nie verstanden. Ich wünschte, jemand könnte mir diese Wörter erklären.
Kevin Roche	Das ist vielleicht der einzige Punkt, in dem Paul und ich übereinstimmen, dem Problem von konkret und abstrakt und was diese Begriffe eigentlich bedeuten. Ich meine, das, was Michael zur Frage des Maßstabs gesagt hat, ließe sich ganz gut auf seine eigene Arbeit beziehen. Ich glaube, man muß die Frage nach der Maßstäblichkeit auch an ihn und seine Arbeiten stellen.

118

Rafael Moneo

Mir scheint, dieses Haus ist mit dem Typus des traditionellen Landhauses verwandt. Zum Beispiel die lange Auffahrt. Es hält an einer bestimmten traditionellen Vorstellung fest von dem, was ein Haus ist. Damit wird es zu etwas, was uns vertraut ist. Allerdings finde ich, daß dieses Haus, wenn man es mit deinen früheren Arbeiten vergleicht, Charlie, viel zu kunstvoll und elaboriert ist. Wenn der Begriff „manieristisch" überhaupt noch eine Bedeutung hat, dann würde ich dieses Haus als manieristisch bezeichnen. Die Intention, die dem Entwurf kompositorisch zugrunde liegt, ist abstrakt – die frontale Beziehung zum Meer, die lineare Anordnung der Bauteile. Ich würde diese Elemente deswegen abstrakt nennen, weil sie nichts mit traditionellen Architekturelementen zu tun haben. Man könnte also sagen, dieses Haus enthält Elemente einer abstrakten Architektur. Andererseits finde ich, daß es sich bei dem Haus, obwohl es auf Ideen der Moderne aufbaut, doch um eine Vorstellung von Moderne handelt, die schon ziemlich alt ist. Du magst vielleicht hoffen, daß diese Räume einem eine Art von Entdeckerfreude vermitteln, aber in Wirklichkeit sind es Räume, die wir alle schon kennen. Ich finde, das Haus wirkt ungeheuer nackt; es ist ein völlig nacktes Gebäude. Als Metapher verhält es sich merkwürdig zum traditionellen Landhaus. Es ist fast so, als hättest du diese alten Häuser einer Art Striptease unterzogen. Es gibt gewisse Anklänge an den Schindelstil, aber es ist ein nackter Schindelstil. Ich sehe keine wirkliche Verbesserung zwischen diesem Haus und dem, das du vor siebzehn Jahren gebaut hast.

Hans Hollein

Mir gefällt die Kontinuität in Charlies Arbeit. Ich finde es eine große Tugend, daß er nach siebzehn Jahren immer noch in dem gleichen Idiom arbeitet. Das ist für mich ein überaus positiver Aspekt. Vielleicht geht es ein bißchen zu weit, wenn er sagt, daß er versucht hat, seine Erfahrungen der letzten siebzehn Jahre in diesem einen Haus zu vereinen. Genauso könnte man auch bei Richard Meiers Museumserweiterung sagen, daß er darin sein gesamtes Repertoire vorgeführt hat. Aber als Haus finde ich es einfach faszinierend.

Die Konferenz in Chicago

Drei Jahre nach der ersten Architektenkonferenz, die in der Rotunda der University of Virginia in Charlottesville stattgefunden hatte und auf der man das alte Spiel der Studenten auf Erwachsenenart noch einmal wiederholte, fand im November 1986 eine zweite, ähnlich konzipierte Konferenz statt, die dann aber einen ganz anderen Verlauf nahm. Diese zweite Zusammenkunft – die auch nichts tun wollte, als die Architekten miteinander ins Gespräch zu bringen über ihren eigenen Stand in heftig wechselnden Zeiten – fand in Jane Addams Hull House statt, in einer ausgesprochen urbanen Szenerie, so unähnlich jener arkadischen von Charlottesville oberhalb von Gartenterrassen und mit Blick auf die Blue Ridge Mountains in der Ferne. Nur wenige wußten, daß Hull House nichts anderes war als das ursprüngliche, wenn auch veränderte Jane Addams House, das man aus einem anderen Viertel in der Nähe auf das Universitätsgelände versetzt hatte.

Die Tatsache, daß diese ungewöhnliche Architekturkonferenz in einer Stadt veranstaltet wurde, die vielen der Teilnehmer nicht nur als die ursprüngliche, sondern auch als die letzte amerikanische Bastion der Moderne galt und gilt, wirkte sich auch auf die inhaltliche Konzeption der Veranstaltung aus. Der architektonische Diskurs in Chicago war belastet von dem Gewicht der vergangenen hundert Jahre, die, wie keine Zeit zuvor, die Architekturgeschichte geprägt haben, sie stand ganz im Schatten solcher fast überlebensgroßen Persönlichkeiten wie Louis Sullivan, Frank Lloyd Wright, Mies van der Rohe. Ihre Anwesenheit war so spürbar, daß die Diskussion den moralischen Imperativen dieses architektonischen Garten Eden – dem Hort und Ursprung der amerikanischen Moderne – gar nicht entkommen konnte.

Als zweite Veranstaltung in einer, so darf man hoffen, Folge solcher Treffen profitierte dieses Symposium natürlich von der vorangegangenen Konferenz und litt zugleich unter ihr. Positiv war die Vertrautheit der Situation (viele der Akteure hatten bereits in den Blue Ridge Mountains ihre Katharsis durchgemacht), die angenehme Gewißheit, sich hier sozusagen im geographischen Zentrum Amerikas zu befinden, das nostalgische Gefühl des *déjà vu* auf Seiten der alten wie auch der neuen Teilnehmer, und nicht zuletzt das Gefühl von Kollegialität, das aus der gemeinsamen Verantwortung für diese Form von Architek-

121

turkritik entsprang. Die Nachteile waren: gelegentliche übertriebene Versuche, frühere Auftritte noch zu übertreffen; eine allzu aufgesetzte, förmliche Höflichkeit; die unnötig grobe, abweisende Behandlung der „Neuen"; und nicht zuletzt die tödliche Langeweile, die sich immer dann verbreitet, wenn weltmüde Architekten anfangen zu gestehen, daß sie eigentlich ganz und gar nicht über Architekturideen debattieren, sondern letztlich nur der Resignation und dem „verlorenen Mut" Ausdruck verleihen. Abgesehen von derartigen *mea culpa*-Beschwörungen war das Niveau der Diskussion durchaus anregend, wenn auch keineswegs feurig, und gelegentlich von einer geradezu beeindruckenden Klarheit, und zwar ohne die kleinen und großen Bosheiten, die für ähnliche Veranstaltungen in New York so unvermeidlich scheinen.

Die Akteure

Die Chicagoer Konferenz war sehr viel demokratischer und viel weniger durch Geheimnistuerei belastet. Das mag vielleicht am Schauplatz gelegen haben: Chicago gilt als weit offener und zugänglicher als jeder Ort an der Ostküste. Die Einladung zu der Veranstaltung ging diesmal von einer Reihe Chicagoer Architekten aus: Beeby, Graham, Jahn und Tigerman. Veranstaltet wurde die Konferenz von der University of Illinois at Chicago mit großzügiger Unterstützung der Graham Foundation for Advanced Studies in the Fine Arts und dem Verlag Rizzoli International, der die Protokolle der Diskussionen als zweiten Band einer neuen Reihe von Architekturpublikationen veröffentlichen wollte.

Zweiunddreißig Architekten wurden eingeladen, von denen vierundzwanzig die Einladung annahmen. Darunter waren drei Frauen (von denen zwei der Einladung folgten) – ein bewußter Versuch zur Liberalisierung oder vielleicht auch einfach nur Abkehr von der reinen Männerwelt des ersten Treffens. Neben dreizehn „alten Hasen" nahmen neun Architekten zum erstenmal an einer solchen Diskussion teil, wobei fünf von ihnen von außerhalb der USA kamen (je einer aus Deutschland, Luxemburg, Japan, den Niederlanden und Spanien; in Charlottesville waren es noch doppelt so viele Ausländer gewesen). Drei Teilnehmer waren die Eigner großer kommerzieller Architekturbüros (in Charlottesville waren es fünf). Sieben der Teilnehmer leiteten oder leiten noch immer eine bekannte Architekturschule (beim ersten Treffen waren es fünf), und alle 24 Teilnehmer hatten entweder haupt- oder nebenberuflich schon einmal Architektur gelehrt. Das Durchschnittsalter war diesmal niedriger als bei der Gruppe von Charlottesville (etwa Mitte vierzig im Gegensatz zu Anfang fünfzig), wobei Ron Krueck der jüngste und Paul Rudolph der jüngste „große alte Mann"

122

der Versammlung war – es wurde deutlich, daß man bereit war, das Geschäft an die nächste Generation weiterzugeben.

Von den Arbeiten, die in Chicago vorgestellt wurden, waren die meisten noch im Entwicklungsstadium, nur acht Projekte waren im Bau oder bereits vollendet (auf der ersten Konferenz waren es sechs). In Chicago wurden genau halb so viele Projekte vorgestellt (zwei) wie in Charlottesville (vier), die versuchten, von der persönlichen Aussage wegzukommen und zu einer allgemeinen architektonischen Problematik zu gelangen.

Die Handlung

Konferenzen wie diese scheinen zu Anfang immer unter einer besonderen Spannung zu stehen, die je nach Art der Veranstaltung auf ganz eigene Weise deutlich wird. Das war auch bei diesem Treffen nicht anders. Von den Anwesenden waren neun mit den Spielregeln noch nicht so vertraut, und so standen die ersten Augenblicke im Zeichen einer gewissen Scheu und Befangenheit, als die Teilnehmer sich vorsichtig an das unbekannte Wasser zu gewöhnen versuchten – eine eigenartige, gespannte Situation, da selbst diejenigen, die nicht in Charlottesville dabeigewesen waren und keine Wunden davongetragen hatten, durch die Protokolle wußten, was sie erwartete. Doch sobald der Anfang gemacht ist, entwickeln sich diese Dinge fast wie von selbst. Dieses zweite Symposium folgte genau dem Muster seines Vorläufers, d. h. jeder Teilnehmer hatte zehn Minuten Zeit, um ein möglichst unveröffentlichtes und daher zumindest der Definition nach neues Projekt vorzustellen. Danach standen den übrigen Teilnehmern weitere zwanzig Minuten für Kommentar und Kritik zur Verfügung. Vier solcher anstrengenden Sitzungen füllten die beiden Tage aus.

Hull House war während dieser Tage, ähnlich wie zwei Jahre zuvor die Rotunda, geradezu erfüllt von einem kritischen Stimmengewirr, wobei sich Banalitäten mit gelegentlich aufblitzender Brillanz abwechselten (wobei man erfahrungsgemäß erstere geduldig erträgt und um letztere betet). Auch eine solche Jury von Erwachsenen kann sprühen und funkeln, und dann erinnert man sich wehmütig an die vergangenen Tage mit den studentischen Jurys, die wohl fast allen Teilnehmern vertraut waren. Die einzigen Zuschauer, die – einmal abgesehen von den Akteuren selbst – das Geschehen auf der Bühne „live" verfolgen konnten, waren Architekturstudenten von der University of Illinois at Chicago, die die Diaprojektoren bedienten und die Konferenzteilnehmer hin- und herchauffierten. Mit anderen Worten, die Beteiligten waren hier ebenso wie schon in Charlottesville ganz und gar unter sich.

123

Das Verhalten der Teilnehmer war von einer vorsichtigen Herzlichkeit gekennzeichnet, wobei gewisse Ausbrüche und Entgleisungen, wie es sie in Charlottesville gegeben hatte, diesmal – vielleicht bedauerlicherweise – ausblieben. Wenn diese vorsichtige Zurückhaltung dominierte, dann mag das unter anderem am einschüchternden architektonischen Ambiente der Stadt selbst oder auch an ihrer notorischen Abneigung gegen alles übertrieben Intellektuelle gelegen haben.

Rückblickend Wenn ich zurückdenke, dann bewegt mich noch immer der erstaunliche Unterschied zwischen den Teilnehmern, denen es um Stadtbild, Stadtlandschaft geht, und denen, die sich eher abstrakt mit Ideen und Konzepten auseinandersetzen, die nicht unbedingt architektonisch sein müssen. Dieser Gegensatz zeigte sich hier in Chicago besonders deutlich. Graham, Jahn, Pelli oder Robertson waren so frei, fehlende Entwurfsqualitäten mit der Vorrangigkeit kontextueller Überlegungen zu begründen, während Gandelsonas, Eisenman, Koolhaas und Torre, nicht minder beredt, ihre Arbeiten allein an den Begriffen und Vorstellungen gemessen sehen wollten, die in den Einwurf eingegangen waren. Es schien so, als wäre die zehnjährige Auseinandersetzung um Einbindung und Abstraktion hier in Hull House nun letztlich eingemündet in eine neue Dichotomie, und zwar die zwischen der Vorrangigkeit des jeweiligen Ortes und dem messianischen (wenn auch nicht mehr ganz so avantgardistischen) Festhalten an der reinen Architektur. Auch wenn ich persönlich noch nicht ganz davon überzeugt bin, daß diese beiden scheinbar gegensätzlichen Positionen nicht zu vereinbaren sein sollen, so scheint doch viel von dem, was gesagt wurde, darauf hinzudeuten.

Auf die verschiedenen Nationalitäten bezogen heißt das, die europäischen Architekten hegen noch immer den Wunsch, die Grenzen des architektonischen Denkens zu erweitern, während ihre amerikanischen Kollegen sich vor allem mit dem Problem der Stadt auseinandersetzen. Ohne irgend jemandem seinen Glauben an die Kraft des Gebauten und dessen materielle und gesellschaftliche Auswirkungen auf die „Stadt als Lebensraum" streitig machen zu wollen, so glaube ich doch, daß überzeugende strategische Argumente allein (isoliert von historischen und kulturellen Bezügen, isoliert auch von den Hoffnungen und Ängsten des zwischen Erinnerung und Erwartung hin und her gerissenen kollektiven Unbewußten) keine Gewähr bieten für das Entstehen von gesellschaftlichen Bedingungen, wie zumindest ich sie mir wünsche und vorstelle. Wenn man sich ausschließlich auf den erbitternden Zustand einläßt, wie wir ihn zum Beispiel in den auswuchernden

124

Vorstädten finden, und dabei die arkadischen Träume außer acht läßt, aus denen sie geboren sind, dann weicht man dem tiefergehenden Problem einer Kultur aus, die sich kollektiv bemüht, ihre längst verlorene Unschuld zurückzugewinnen. Diese weiterreichende, wenn auch nur vorsichtig angesprochene Thematik blieb auf dieser Konferenz, bedauerlicherweise, unberücksichtigt.

Immer wieder bin ich überrascht, daß Konferenzen wie diese heute in Amerika immer häufiger stattfinden – in dem gleichen (wenn auch in Wirklichkeit ganz anderen) Amerika, in dem es noch vor dreißig Jahren *undenkbar* gewesen wäre, daß Gebäude von den führenden Architekten überhaupt einem solchen Diskurs unterworfen werden könnten. Angesichts des allen Architekten eigenen Optimismus (ich bin schon seit langem zu der Erkenntnis gekommen, daß man nicht gleichzeitig an die Bombe glauben und Architektur machen kann), glaube ich, daß Veranstaltungen wie diese dem Wunsch zumindest einiger unserer heutigen Architekten entsprechen, endlich mündig und erwachsen zu werden. Darüber hinaus gibt es natürlich das ganz reale Bedürfnis, mit anderen ihre ganz persönlichen Gedanken zum Thema Wohnen und Leben und zum Bauen allgemein zu teilen.

Der Gedanke, daß Architekten sich der Verletzung aussetzen, indem sie die Ähnlichkeiten (und Unterschiede) zwischen ihrem Reden und ihrem Handeln offenlegen – nicht nur ihren Architektenkollegen gegenüber, sondern auch vor einem breiteren Publikum –, spricht für eine gewisse Tapferkeit. Diese Tapferkeit ist um so erstaunlicher, weil sie sich ja auch mit den persönlichen Voreingenommenheiten auseinandersetzen müssen, die immer dann zum Ausdruck kommen, wenn Architekten mit den Arbeiten ihrer Konkurrenten konfrontiert werden. All das scheint mir doch Anlaß für einen gewissen Optimismus, nicht zuletzt, weil hier einmal die zynische Behauptung nicht zutrifft, Veranstaltungen wie diese dienten nur dem Zweck, die Architektur auf ihrem Weg einzuengen und zu bevormunden.

Stanley Tigerman
Dezember 1986

Helmut Jahn

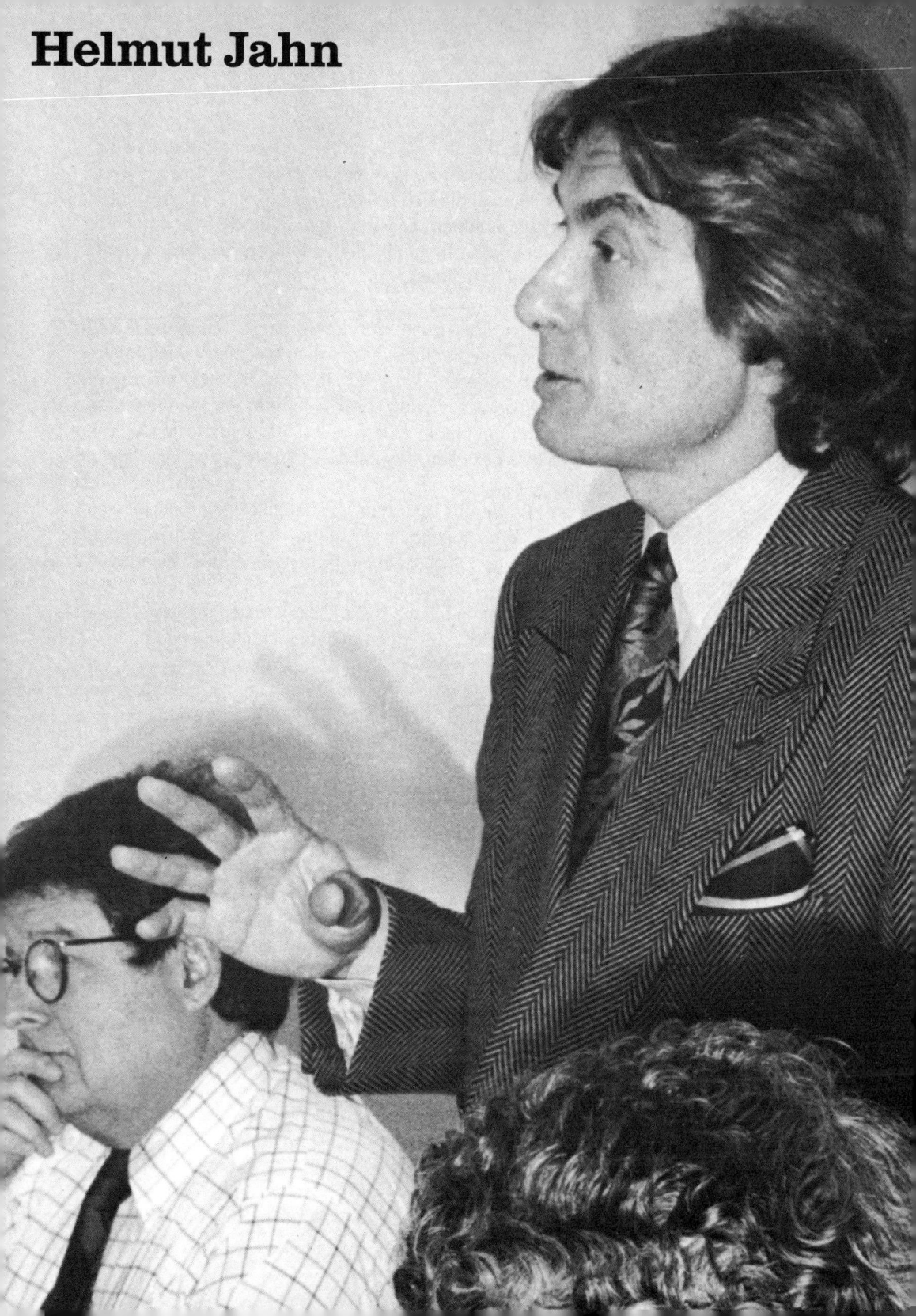

Helmut Jahn

Mein Standort ist am Times Square in New York. Und damit kommen eine Reihe interessanter Fragen bezüglich Stadtentwicklung und der Kräfte auf, die sie bestimmen, ihrer Ursachen und Auswirkungen hinsichtlich der Nutzung, und natürlich die nach dem äußeren Erscheinungsbild kommerzieller Gebäude und städtischer Architektur.

Der genaue Standort des Projekts liegt zwischen der 45. und der 46. Straße am Broadway, direkt gegenüber vom Portman Hotel. Zur Zeit befindet sich hier noch das Loew's Theater. Der neue Gebäudekomplex ist für eine Vielzahl verschiedener Nutzungen gedacht: ein großes Kino mit 600 Sitzplätzen unterhalb der Straßenebene, darunter eine Tiefgarage, fünf Ebenen mit Einzelhandelsgeschäften rings um ein Atrium, eine Blockdurchquerung zwischen der 45. und 46. Straße, ein Hotel mit 600 Zimmern und daran angeschlossen ein großer Ballsaal mit Nebenräumen und schließlich im oberen Teil des Gebäudes eine Anzahl von Wohnungen. Die Skala der verschiedenen Nutzungen enthält, wie man sieht, keine Büroräume, und der Bauherr ist offensichtlich bemüht, sich im Hinblick auf die Nutzungen an die Vorgaben der städtischen Behörden zu halten, die eine bestimmte Nutzungsmischung wünschen, um den lebendigen Charakter dieses Ortes möglichst zu erhalten.

Der Turm sieht aus wie alle anderen Gebäude in Midtown Manhattan, und der hohe Sockel verdankt seine Form den Bauvorschriften, die eine Straßenfassade und eine schrittweise Zurückstufung der oberen Gebäudeteile verlangen, damit die hohen Gebäude nicht so schwer wirken und Licht in die Straßen fällt.

Wir haben hier absichtlich einen asymmetrischen Aufbau gewählt, ganz im Kontrast zum gegenüberliegenden Portman Hotel. Grob gesagt handelt es sich um einen T-förmigen Grundriß aus Wohnturm und Büroturm.

Wir haben uns entschlossen, die vom Bauherrn gestellte Forderung, Werbeflächen und Schilder in das Gebäude zu integrieren, wirklich ernst zu nehmen und zu einem Teil der Architektur zu machen. Das Raster, dem das Gebäude folgt, nimmt dabei unterschiedliche Dimensionen und Maßstäbe an, um die verschiedenen Gebäudeteile voneinander abzugrenzen.

Die Werbeflächen, die in dieses dem Gebäude vorgehängte Gitterraster eingefügt werden, sind so entworfen, daß sie den Eindruck von planvoller Unordnung erzeugen. Damit paßt sich dieses Gebäude ganz offen seiner Umgebung an, und das war meiner Meinung nach eines der schwierigsten architektonischen Probleme dabei, wie auch bei den anderen Gebäuden, die gegenwärtig in diesem Teil der Stadt geplant werden. Es soll sich vom Charakter her dem anpassen, was hier am Times Square in der Vergangenheit eher ungeplant, zufällig und spontan entstanden ist, gleichzeitig aber natürlich auch den Anforderungen an ein modernes Hochhaus genügen. Eine gewisse Stimmigkeit und ausgewogene Eleganz sind einfach notwendig, um das Gebäude verkaufen zu können, das heißt, der gestalterische Anspruch kommt eher von Seiten des Bauträgers und weniger von der Seite des Architekten.

Jaquelin Robertson Ich habe, glaube ich, mindestens soviel Zeit am Times Square verbracht wie sonst jemand. Ich hatte dort früher einmal ein Büro. Diejenigen unter Ihnen, die genauso alt sind wie ich, werden sich sicher daran erinnern, wie es war, als sie zum erstenmal das Werbeschild über dem Bond-Laden sahen, mit diesem riesigen Rauchring mitten durch die Camel-Werbung. Das war für einen Jungen vom Lande, wie ich es war, natürlich ein ans Wunderbare grenzender Eindruck. Diese Werbung hatte ihren eigenen Maßstab, der eigentlich auf einer ganz einfachen Idee basierte – sie sollte den ganzen verdammten Block ausfüllen. So etwas gab es da draußen bei uns natürlich nicht. Wenn ich nun die Strategie betrachte, die Helmut hier für seinen Entwurf gewählt hat, dann habe ich damit gewisse Schwierigkeiten. Für mich sieht dieses Gebäude genauso aus wie das, was überall draußen in der Provinz wächst. Es sieht aus wie ein im Bau befindliches Hochhaus mit Absperrgerüsten und überdachten Schutzgängen, die mit Reklame-tafeln vollgehängt und beklebt sind. So etwas findet man eben nicht nur hier am Times Square, sondern auch überall sonst in den Vereinigten Staaten.

Ich habe den Eindruck, Sie reproduzieren hier ganz einfach etwas, was schon seit mehr als zwanzig Jahren in dieser Form existiert hat. Der Eindruck, der dabei entsteht, ist genau der gleiche wie in den letzten zwanzig Jahren. Für mich hat das alles eher mit einer Art Nostalgie für die fünfziger Jahre zu tun.

Das Problem, das man Ihnen in der Ausschreibung gestellt hat, knebelt Sie natürlich. Es handelt sich um ein reines Propaganda-Dokument, mit dem ein Problem verdeckt werden soll, das man sicherlich nicht dadurch lösen wird, daß man überall diese Werbetafeln aufhängt. Ich habe keine Ahnung, was hier am Times Square wirklich geschieht. Ich weiß es einfach nicht.

Helmut Jahn Das ist genau das Dilemma, mit dem wir uns bei diesem Entwurf herumgeschlagen haben. Auf der einen Seite sollten wir auf die Vorstellungen der städtischen Planungsbehörden eingehen, die ein großes Interesse und auch ein Mitspracherecht daran haben, was hier geschieht; gleichzeitig müssen wir aber auch versuchen, das zu tun, was der Bauherr von uns verlangt.

128

Es gibt eine Art Nostalgie für diese Dinge, die heute fast überall verbreitet ist. Aber so war es letzten Endes immer, wenn es um Städtebau und Stadtsanierung geht. Es ist immer eine nostalgische Sehnsucht nach der Vergangenheit – sei es die jüngste Vergangenheit oder eine weiter zurückliegende Vergangenheit. Das war schon immer genau das, was die Leute am liebsten verkaufen wollten.

Stanley Tigerman   Ich möchte das, was Jaque Robertson gesagt hat, weiter vertiefen. Ich glaube nicht, daß es hier einfach nur um eine Art von Nostalgie geht. Für mich ist das ein Ausdruck von tiefer Resignation und Hoffnungslosigkeit.

Helmut Jahn   Ich bin mit Sicherheit kein Anhänger des Kontextualismus. Ich würde sagen, mein Entwurf folgt einem völlig anderen Stil als dem, der hier in dieser Gegend gegenwärtig zu dominieren scheint. Natürlich hat mein Entwurf einen gewissen konstruktivistischen Unterton. Aber ich sehe darin letzten Endes auch eine ganze Palette neuer Möglichkeiten für die Detaillierung des Gebäudes. Hier bietet sich wirklich eine Gelegenheit, etwas erfrischend Neues, das heißt eine neue Art von Architektur zu schaffen.

Frank Gehry   Ich habe eine Menge Schwierigkeiten mit diesem Bau. Ich will Ihnen nicht zu nahe treten, aber eines ist für mich ganz deutlich – selbst im Rahmen dessen, was Sie zumindest bisher dazu gesagt haben und was ich durchaus akzeptiere. Ich finde ganz einfach, daß den einzelnen Teilen und Elementen die nötige Autorität fehlt. Die einzelnen Teile besitzen selbst weder die Kraft noch die Autorität, die Sie in Ihrem Gebäude zum Ausdruck bringen sollten und könnten.

Helmut Jahn   Was meinen Sie mit Autorität?

Frank Gehry   Anwesenheit. Kraft. Charakter. Bis jetzt wirkt das Ganze auf mich einfach kraftlos. Die Ideen wirken kraftlos und schwach.

Cesar Pelli   Ich möchte etwas fragen. Was war vorher da? Was steht heute noch da? Gab es dort nicht ein Theater?

Helmut Jahn   Richtig, es gab das Loew's Theater. Ein sehr großes Theater, das jetzt durch vier kleinere Theater ersetzt werden wird.

Cesar Pelli   Für mich ist das eher beunruhigend; denn wenn es überhaupt etwas gibt, was den Broadway wirklich auszeichnet, dann ist es nicht so sehr seine Architektur, sondern die großartige und faszinierende Vielfalt von Theatern, die es hier gibt.

Ich glaube, man sollte dem Bauträger, der gewillt ist, das Risiko einzugehen und hier am Times Square fünf Ebenen mit Läden – über 13 000 Quadratmeter Verkaufsfläche – und zahlreiche Wohnungen zu errichten, Mut machen und ihn in dem Glauben bestärken, daß diese Gegend tatsächlich ihren Charakter verändern kann und nicht auf absehbare Zeit ein städtischer Slum bleiben wird.

130

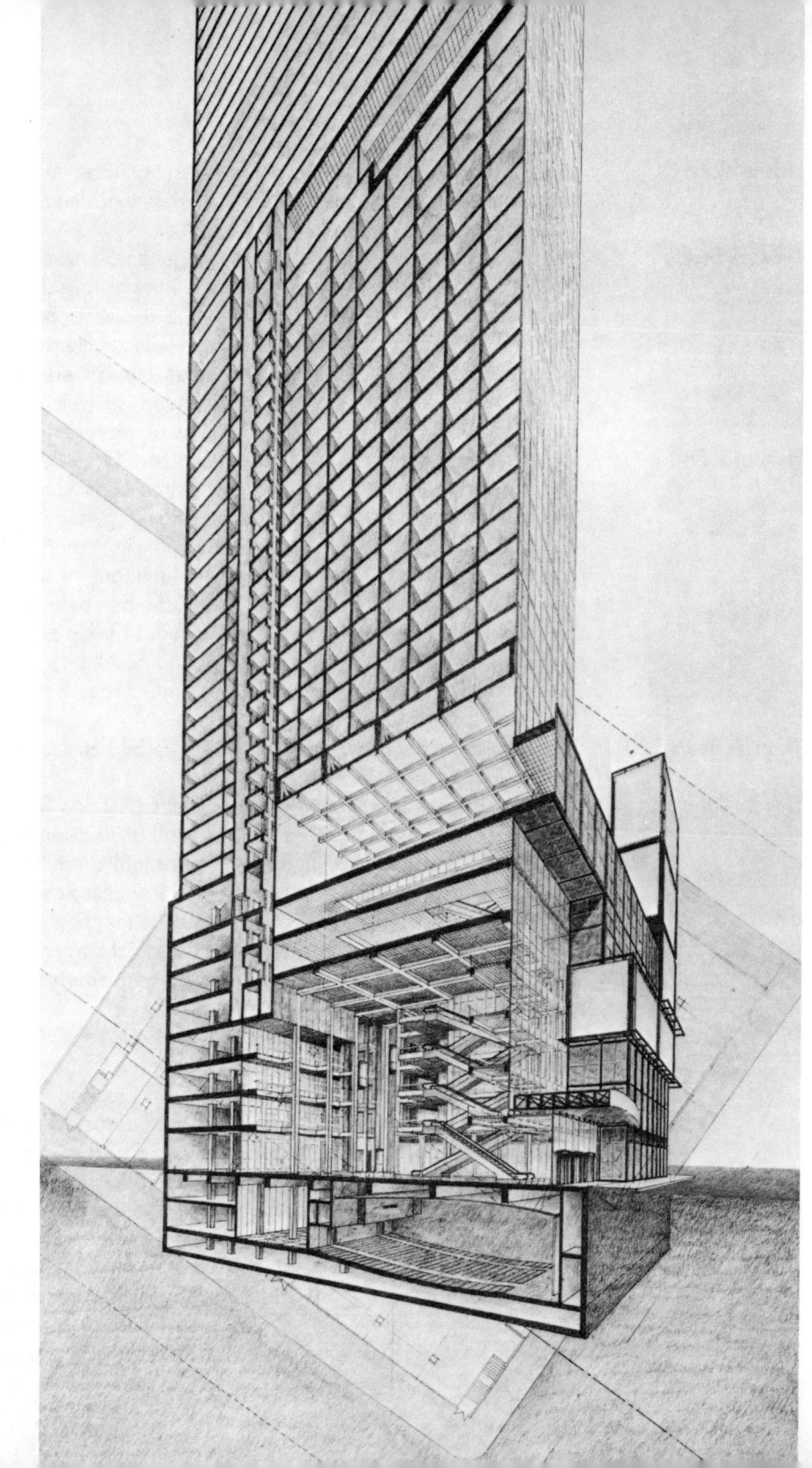

Helmut Jahn	Das ist genau das, was ich zu Anfang gesagt habe. In diesem Projekt stecken viele Fragen bezüglich bestimmter Entwicklungsstrategien und welche Rolle die Architektur dabei spielt.
Thomas Beeby	Wenn Sie diese Teile ausformen, dann gehen Sie doch offensichtlich davon aus, daß hier entweder eine Art kompositorisches Element ins Spiel kommt, das die einzelnen Teile miteinander in Beziehung setzt, oder daß das Vokabular dieser einzelnen Teile zur Herausbildung einer ganz bestimmten Sprache führt. Könnten Sie mir erklären, wie das Vokabular dieser einzelnen Teile entstanden ist, welchen Zusammenhang sie bilden, und wie wir das Ganze zu verstehen haben?
Helmut Jahn	Ich betrachte den Entwurf als ein Ganzes. Natürlich sind da die verschiedenen Raster. Da ist zuerst einmal das kleine Raster des Wohnturms und des Hotels, und dieses Raster geht mit zunehmender Größe der Gebäudeteile in ein immer größeres Raster über. Was den eigentlichen Turmteil betrifft, so werden damit auf diese Weise gleichzeitig die beiden sich durchdringenden Scheiben betont. Dazu kommt der Einschnitt im Turmteil des Wohngebäudes bis hin zu den Balkonen und die deutliche Trennlinie zum Bürobereich. All das ist in einer sehr einfachen Sprache formuliert, die letztendlich aus dem horizontalen Raster entspringt.
Thomas Beeby	Es gab also keinen Versuch, nach einem Vorbild zu suchen, für keinen der Teile des Gebäudes?
Helmut Jahn	Ganz recht. Das Bild, nach dem wir arbeiten, ist das Gebäude selbst, und die Zeichnungen machen deutlich, daß das Raster zum Erdboden hin größer wird. Zusätzlich zu dem, was auf diese Weise auf der Straßenebene hinzugefügt wird, gibt es ein zweites Raster, das vor das Gebäude gestellt wird und die Werbeflächen bzw. Anzeigetafeln aufnimmt. Ich würde also sagen, daß es Schichtungen und Spannungen gibt, die sich durch die hierarchisch gegliederten Elemente hindurchziehen.
Diana Agrest	Also, ich stimmte Jaque Robertson zu, was die Verantwortlichkeit der städtischen Planungskommission und anderer Instanzen betrifft, die dafür zuständig sind, die Zukunft dieser Gegend zu bestimmen. Andererseits bin ich der Meinung, man sollte auch deutlich machen, welche Zwänge und Einschränkungen durch die allzu häufige Verständnislosigkeit oder Gleichgültigkeit der städtischen Behörden entstehen können. Es sollte immerhin möglich sein, der städtischen Planungskommission gegenüber einen festen Standpunkt zu vertreten. Sie haben gesagt, Ihr Entwurf sei alles andere als kontextuell, aber ich finde, genau das Gegenteil ist richtig. Angesichts dessen, was ich von Ihrer sonstigen Arbeit kenne und weiß, scheint mir dies das am stärksten kontextuell ausgerichtete Gebäude zu sein, das Sie je gebaut

132

haben. Ich würde sogar sagen, es ist viel zu kontextuell. Auf der anderen Seite gibt es bei Ihrem Projekt einen Aspekt, den ich überaus positiv finde, und das ist die Tatsache, daß Sie den einheitlichen Maßstab durchbrochen und zwei selbständige Gebäude, zwei Baukörper geschaffen haben statt eines einzigen riesigen Kastens, wie man sie heute in New York so gerne hat. Überall sieht man nur sechziggeschossige Kästen, die den gesamten Block ausfüllen. Ich finde es also gut, daß Sie die Gebäudemasse in zwei separate Volumina aufgeteilt haben. Mein Problem ist, daß ich finde, es müßte Ihnen dabei noch eine eindeutigere Aussage gelingen, sowohl im Hinblick auf die Architektur *per se* als auch im Hinblick auf das, was Sie sich vorgenommen haben. Es ist alles so zahm. Ich vermisse ein wenig mehr Deutlichkeit in bezug auf das, worum es heute in der Architektur geht. Und das andere ist, daß ich glaube, man sollte ein wenig Verantwortung auf sich nehmen, wenn man in dieser Stadt baut. Wo bleibt die Stadtplanung? Ich meine, was machen wir eigentlich?

Susana Torre

Ich habe den Eindruck, daß Diana Helmut ermuntern möchte, mit diesem Projekt noch weiterzugehen. Bitte nicht. Aber ich möchte auf etwas anderes zurückkommen. Es ist sehr schwierig, über Ihr Gebäude zu sprechen, ohne dabei auch über den Times Square zu sprechen. Ich würde sagen, die Hoffnungslosigkeit der Situation war letzten Endes schon festgeschrieben durch die formulierten Richtlinien, die jetzt Stein um Stein festgemauert werden. Der Preis, den man für diesen Fußgängerweg entlang der 42. Straße bezahlt hat, bestand doch darin, die Baumassen in andere gefährdete Bereiche zu verlagern, in denen Sie und Philip Johnson und alle anderen jetzt tätig werden. Ein Problem dabei sind die heftig kontrastierenden Maßstäbe. Das andere Problem besteht darin, daß das vorgeschlagene Modell eigentlich eine Art Zukunftsvision für diesen Teil der Stadt war. Man wollte eine Gruppe von extrem massiven Wolkenkratzern, dekoriert wie Pralinenschachteln, mit einer sauberen und ordentlichen Einkaufsstraße und ein paar Theatern entlang der 42. Straße zusammenbringen. Was mich in diesem Zusammenhang immer wieder beunruhigt, ist, daß wir keine kritische Position einnehmen gegenüber dem, was in der Stadt geschieht. Die Hoffnungslosigkeit setzt in dem Augenblick ein, wo wir unsere kritische Wachsamkeit aufgeben, als Intellektuelle und als Architekten. Als die Planung für den Times Square veröffentlicht wurde, zusammen mit dem Projekt von Philip Johnson, gab es eine Reihe von ernstgemeinten Anfragen und Einladungen von einer Reihe von Leuten in New York, von denen zumindest einige eng mit der New Yorker Kultur- und Architekturszene verbunden sind. Wir haben als Gruppe versäumt, dazu Stellung zu nehmen.

133

Mario Gandelsonas	Mich bewegt etwas, das ich gestern abend empfand, als ich nach Chicago zurückkam. Ich dachte an Manhattan und daran, daß Manhattan eigentlich ein hoffnungsloser Fall ist und Chicago als die schönere Stadt erscheint. Was wir New York angetan haben, insbesondere Midtown Manhattan, hat der Stadt ihren Reiz genommen. Wenn ich heute von Uptown nach Downtown fahre, dann versuche ich immer einen Bogen drum zu machen. Und nun meine Frage, ganz spezifisch zu diesem Problem: Sollten wir wirklich versuchen, New York zu Texas zu machen, zu irgendeiner anderen Stadt? Es ist doch eine Tatsache, daß wir in den letzten zehn oder fünfzehn Jahren jede Stadt in Amerika gewissermaßen manhattanisiert haben. Und was jetzt passiert, ist sozusagen die Rache Amerikas. Houston, Dallas, Denver – alle diese Städte kommen jetzt nach New York zurück. Ich möchte gerne etwas Positives sagen. Ich finde, die Stärke New Yorks liegt in seiner Struktur. Und es ist die Linearität dieses Karnevals hier, die meiner Meinung nach positiv ist. Warum also einen anderen Teil der Stadt genauso machen? Ich finde, wir als Architekten sollten aufmerksam verfolgen, was in jeder Minute in dieser Stadt geschieht, und das sollte auch in unsere Entscheidungen eingehen. Ich finde, es reicht nicht, einfach nur zu sagen: „Okay, die Postmoderne ist *out*." Ich finde, wir sollten uns genau umschauen und genau verfolgen, was um uns herum passiert, und unsere kritischen Entscheidungen auf der Grundlage dessen fällen, was vorhanden ist.
Helmut Jahn	Sie wissen doch, daß all das, was hier am Times Square geschieht, das direkte Resultat der Bemühung der Stadtverwaltung ist, einen neuen Nutzungsplan für die Ostseite von Midtown Manhattan zu entwickeln.
Mario Gandelsonas	Helmut, wie viele Gebäude von Ihnen sind derzeit in New York im Bau?
Helmut Jahn	Gegenwärtig fünf.
Mario Gandelsonas	Genau. Fünf Projekte im Bau. Und sie sind alle sehr unterschiedlich.
Helmut Jahn	Sie sind gar nicht so unterschiedlich.
Mario Gandelsonas	Ich würde sagen, daß zumindest dieses hier sehr eigen ist. Und ich wage zu sagen, daß eines der anderen hier vielleicht besser funktioniert hätte. Was ich damit sagen will, ist, daß meiner Meinung nach letzten Endes der Architekt immer das letzte Wort hat.
Robert Stern	Ich finde, Helmut, deine anderen Gebäude in New York sind eher so etwas wie kritische Kommentare sowohl zur jüngsten New Yorker Vergangenheit als auch, sagen wir, zur Tradition der großen Wolkenkratzer hier in New York. Dieses Gebäude hier sieht eher nach Miami aus als nach New York. Es schert sich nicht um die Gebäude, die in den besten Zeiten hier am Times Square standen, und auch nicht um

134

das Gebäude, das durch deinen Bau ersetzt wird – ein großartiges, aber gleichzeitig ganz gewöhnliches klassisches Gebäude, mit ein paar Werbetafeln drauf. Ich habe den Eindruck, daß du dich einfach den Argumenten von Venturi angeschlossen hast, der findet, daß das Gebäude selbst die Werbung ist. Aber das ist der Times Square nie gewesen. Diese ganze spießige Diskussion um Times Square. Selbst diejenigen, die Philip Johnsons Gebäude kritisieren, denken nicht mehr daran, was der Times Square einmal wirklich war, nämlich eine Anzahl großartiger Gebäude mit ein paar Werbetafeln um den Hals. Und ich verstehe einfach nicht, warum man nicht dahin zurückkehren kann – ganz gleichgültig, was man nun unter „großartig" versteht.

Helmut Jahn
Wir können wohl mit ziemlicher Sicherheit davon ausgehen, daß die Architekten, die diese Gebäude entworfen haben, nie auch nur daran gedacht haben, daß man einmal diese Werbetafeln an ihnen anbringen würde. Das ist aber genau das Problem, vor dem wir heute stehen – die Forderung, dem von uns entworfenen Gebäude diese zusätzliche Schicht von Dekorationen vorzuhängen. Wir müssen uns eben neue Wege ausdenken, wie wir eine visuelle Sprache entwickeln können, die diese Werbetafeln und Schilder integrieren kann.

Mario Gandelsonas Vor langer Zeit habe ich einmal gelesen, daß der Mann, der den Bau der beinahe unendlichen Großen Chinesischen Mauer befahl, der erste Kaiser Shi Huang Di war. Er war es auch, der die Anordnung erließ, sämtliche Bücher zu verbrennen, die vor seiner Zeit geschrieben worden waren. Vielleicht ging es ihm darum, den Anfang einer neuen Zeit zu markieren und sich selbst den ersten zu nennen, damit er wirklich der erste Kaiser sein konnte. Vielleicht war die Mauer eine große Metapher.

Der Kaiser sagte: „Die Menschen lieben die Vergangenheit, und ich bin machtlos gegen diese Liebe, ebenso wie meine Scharfrichter. Aber eines Tages wird ein anderer kommen, der genauso fühlt wie ich, und er wird die Mauer zerstören, so wie ich die Bücher vernichtet habe, und er wird die Erinnerung an mich auslöschen und wird mein Schatten und mein Spiegelbild sein, ohne es zu wissen. Vielleicht sind das Verbrennen der Bibliotheken und der Bau der Mauer zwei Vorgänge, die sich insgeheim gegenseitig aufheben." Dieses Zitat stammt von Voorhees, und er hat für die Entwicklung des Projekts, das wir hier vorstellen wollen, eine zentrale Rolle gespielt; denn es geht dabei um die Fragen von Konstruktion und Destruktion, Markierung, Ausradierung und Auslassung.

Es ist ein Entwicklungsprojekt für ein Gebiet, das direkt an Downtown Dallas angrenzt. Unser quadratisches Grundstück ist Teil des ursprünglichen Rasters von Dallas, so daß dieser Bereich auf das alte Rastersystem der Stadt verweist, das man an vielen Stellen unterdrückt hat. Es geht um den Gegensatz zwischen Objekt und Struktur. Die Beziehung zwischen dem alten Raster und unserem Bereich war die treibende Kraft des Projekts, das wir Ihnen jetzt vorstellen wollen.

Diana Agrest Unsere Idee war es, Brücken in diesem Bereich von Dallas zu rekonstruieren, um daran zu erinnern, wie die alten Strukturen einmal ausgesehen haben. Einen Block weit entfernt, das heißt an der Grenze der Innenstadt von Dallas, schaffen wir eine neue Verbindung mit der Main Street und daneben zwei parallele Straßenzüge, die die aufgestaute Energie zum Freeway hin abführen.

Wir versuchen dabei, die vorhandenen Blocks – die extrem lang sind, etwa 200 Meter – aufzubrechen und in ein kleineres Raster aufzulösen. Dabei haben wir die Hauptachse der Main Street verlängert. Wir schaffen ein sekundäres System von kleinen Gassen, die das Straßennetz ergänzen und den Block zerstückeln. Dazu kommt eine von West nach Ost verlaufende neue Querachse, die die Linearität auflockern und innerhalb der uns gesetzten Grenzen ein neues Stadtgefüge schaffen soll.

An dieser Ost-West-Achse haben wir einen großen Markt und einen

138

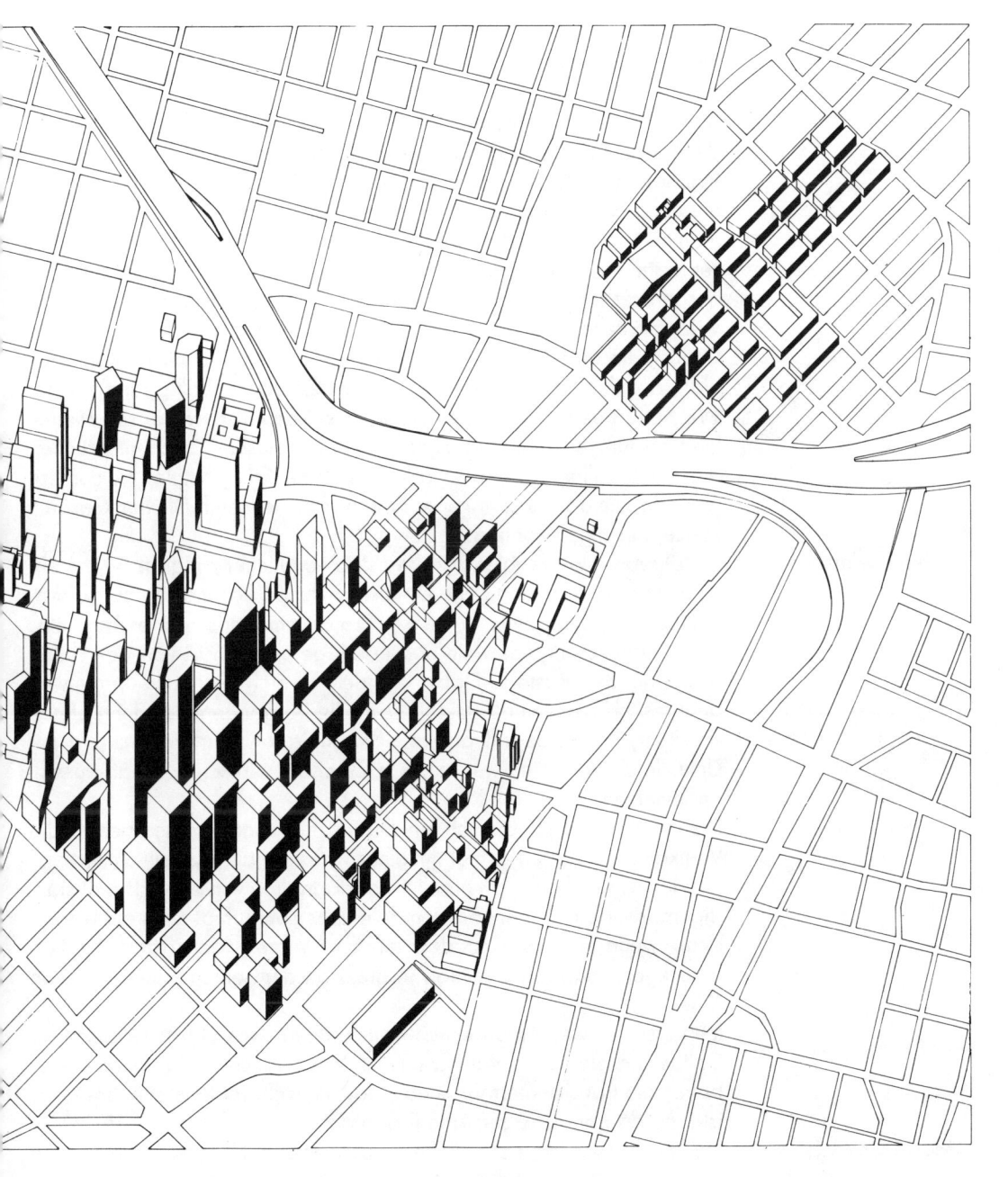

freien Platz angelegt, der sich zum Museum hin öffnet. Das Ganze ist ziemlich schematisch und stellt sozusagen einen Idealzustand dar. Ideal nicht in dem Sinne, daß dies die beste Lösung wäre, sondern weil wir damit die extremen Bedingungen veranschaulichen, innerhalb derer eine Reihe von Variationen möglich sind.

Wir haben uns für eine durchgängige Traufhöhe von rund 19,5 Metern entschieden und die gleiche Geschoßflächenzahl angesetzt, mit der man hier sonst drei der für den Downtown-Bereich typischen Hochhäuser hätte errichten können. Wir haben also jeden Quadratmeter ausgenutzt, der uns zur Verfügung stand. Wir wollten für besondere Widersprüche und Konflikte, die uns die Realität amerikanischer Großstädte aufgibt, eine Lösung finden. Es gibt hier keinen Generalplan, der dem Ganzen einen gewissen Zusammenhalt geben würde. Wir haben es hier mit einer urbanen Wirtschaftsform mit Landaufteilung zu tun, und die Eigentumsrechte an diesem Land entsprechen dieser Parzellierung. Wir schaffen also eine Art Richtlinien für spätere Eingriffe, die dann stufenweise, aber nach einem einheitlichen Gesamtkonzept erfolgen können.

Peter Eisenman Ich glaube, das Problem großer städtebaulicher Eingriffe wäre ein gutes Thema für eine eigene Diskussionsrunde. Ich möchte nur sagen, daß ich viel Sympathie für dieses Projekt empfinde und es begrüße. Eine Formulierung, die mir besonders gefällt, ist die von der Unterdrückung des Rasters. Dabei handelt es sich eindeutig um etwas anderes als um einen Rückschritt in die Vergangenheit; denn Unterdrückung ist ein Begriff aus dem zwanzigsten Jahrhundert, und mit Unterdrückung sollten wir uns, wie ich finde, wirklich ernsthaft auseinandersetzen.

Die einzige Frage, die ich an Diana und Mario habe, betrifft die Vertikale. Wir haben es hier mit einer Transformation zu tun. Allerdings handelt es sich hier nicht um die Transformation von etwas Bodenständigem, sondern von etwas Fremdem. Das beunruhigt mich ein wenig, denn wenn man bis zu den letzten Wurzeln der Transformation zurückgeht, dann landet man in etwa an demselben Punkt wie Leon Krier.

Ich verstehe, wenn man etwas transformiert, was charakteristisch für Dallas und die horizontale Ebene ist. Was jedoch die vertikale Ebene betrifft, so transformiert ihr etwas, das nicht charakteristisch für Dallas ist, und da genau setzt meine Frage an.

Mario Gandelsonas Dallas besteht im wesentlichen aus riesigen Hochhaustürmen und auswuchernden Vororten. Was wir hier gezeigt haben, ist sozusagen ein drittes Element, nämlich eine fünfgeschossige Bebauungsstruktur. Es gibt in diesem Bereich bereits zwei große Loft-Gebäude, die genau

140

die gleiche Größe haben wie die von uns gewählte Bebauungsstruktur. Sie haben die gleiche Höhe und die gleichen Baumassen. Wir konnten sie natürlich nicht einfach kopieren, aber wir haben auch in der von uns geplanten Wohnbebauung eine Anzahl von Loft-Bauten vorgesehen.

Letztendlich haben wir uns dafür entschieden, bei normalen Wohnhäusern zu bleiben. Einer der Gründe dafür war, daß es sich um einen typisch amerikanischen Typus handelt. Das hat in New York funktioniert, das hat in Boston funktioniert, das hat in Philadelphia funktioniert, und der Vorteil ist, daß man damit ein richtiges Wohnquartier schaffen kann.

Diana Agrest Mario wollte eigentlich ausführlicher auf die vertikale Ebene eingehen, aber ich war dagegen, weil dafür nicht genügend Zeit wäre und weil es sich um ein sehr kompliziertes Thema handelt. Das einzige, was ich dem von Mario Gesagten noch hinzufügen möchte, ist die Tatsache, daß es am oberen Rand dieser Gebäude eine Art Einschnitt gibt, auf den etwas ganz anderes folgt. Für andere endet hier die Baumasse, für uns endet hier ganz einfach das Mauerwerk – echtes, solides Mauerwerk. Und das ist charakteristisch für die amerikanische Szene. Man kann es an vielen anderen Orten finden. Da gibt es keine Schnörkel, sondern ganz einfach nur doppelte, senkrechte Schiebefenster.

Cesar Pelli Man sieht ohne weiteres, daß es sich hier um den Teil einer Stadt, aber nicht, daß es sich dabei um einen Teil von Dallas handelt. Mit Dallas hat das Ganze nichts zu tun. Das ist wie ein Fremdkörper, der hier hinzugefügt wird. Meine Frage lautet: Warum? Und ich habe auch kein Zentrum gesehen. Also kann ich nur sagen, hier wird Dallas um etwas Neues erweitert, aber das Dallas, das auf diese Weise erweitert wird, gibt es in Wirklichkeit gar nicht.

Stanley Tigerman Das ist doch das typisch amerikanische Raster, allerdings ohne das Zentrum.

Mario Gandelsonas Wir wollen absichtlich kein Zentrum.

Cesar Pelli Nicht ganz. Es handelt sich hier doch um ein spezielles Raster, das in einen Rahmen eingeschlossen wird und sehr viel kleiner ist. Das amerikanische Raster impliziert, daß es unendlich weitergeht.

Mario Gandelsonas Cesar, du sagst, es handele sich hier nicht um ein amerikanisches Raster. Die Maße sind aber genau 200 mal 200 Fuß (etwa 60 × 60 m). Genau die gleiche Größe wie die Blocks zwischen der Fünften und der Madison Avenue und den entsprechenden Querstraßen. Ich habe das sozusagen schon in meinen Genen. Ich weiß genau, welche Art von Gebäuden dahin paßt.

141

Cesar Pelli	So habe ich das nicht gemeint, und so habe ich das auch nicht gesagt. Es handelt sich erkennbar um eine Stadt, aber das Charakteristische des großen amerikanischen Traums besteht doch darin, daß es immer so weitergeht. Dabei gibt es hier längst ein Raster, und zwar ein sehr viel größeres Raster. Aber es ist nicht so, daß Sie dieses Raster aufnehmen und erweitern. Vielmehr führen Sie ein neues Raster ein.
Diana Agrest	Nein, wir führen kein neues Raster ein. Wir bringen vielmehr etwas zurück, was unterdrückt worden ist, das Quadratraster. Wir bringen das Raster zurück, das in den meisten amerikanischen Städten ursprünglich existiert hat, nicht nur in Dallas. In diesem Falle ist es natürlich ein Raster, das für Dallas spezifisch war.
Leon Krier	Ich glaube, wir haben hier ein Problem. Was bedeutet es, wenn Sie sagen, „unterdrückt"?
Diana Agrest	Es bedeutet, daß das alte Raster fast verschwunden ist. Es wurde beinahe vollständig ausradiert und überlagert durch objekt-orientierte Eingriffe in die Stadt.
Josef Kleihues	Ich finde das Projekt in einem ganz besonderen Sinne außergewöhnlich faszinierend. Zuerst möchte ich sagen, warum hier meiner Meinung nach eine völlig neue Dimension eröffnet wird. Wenn Europäer eine amerikanische Stadt sehen, dann fällt ihnen auf, daß hier offenbar kein Versuch einer Stadtplanung aufgrund künstlerischer Überlegungen gemacht wird, wie es in Europa in der Regel der Fall ist. In Europa wurden alle historischen Städte immer unter künstlerischer Aufsicht gebaut.

Wenn man an Leons Plan denkt, dann fallen einem sofort die drei Dimensionen auf, die in der Regel für alle europäischen Städte gelten. Da ist als erstes die Planimetrie der Stadt. Die Planimetrie, die wir hier sehen, ist absolut vollkommen, und jeder muß zuerst dieser Planimetrie folgen. Die zweite Dimension ist die Stereometrie der Stadt. Leon definiert diese Stereometrie mit großer Sorgfalt. Ihm geht es darum, die Planimetrie, die Stereometrie und die Physiognomie der Stadt selbst zu bestimmen.

Was Gandelsonas und Agrest gemacht haben, ist sozusagen ein europäischer Versuch, eine Stadt zu planen. Im traditionellen Grundplan amerikanischer Städte folgt man dem Raster. Das ist Planimetrie. Sie respektieren das, und das ist in Ordnung. Dem folgt, was Sie tun. Und hier kommt das Neue. Sie versuchen, die Stereometrie der einzelnen Gebäude zu definieren. Und Sie gehen sogar noch einen Schritt weiter. Sie versuchen, die Physiognomie von, sagen wir, zwei, drei oder fünf Gebäuden zu definieren. Und nun meine Frage: Wenn Sie so vorgehen, haben Sie den Eindruck, Sie arbeiten in einer europäischen Tradition, oder – da Sie aus Argentinien kommen –

142

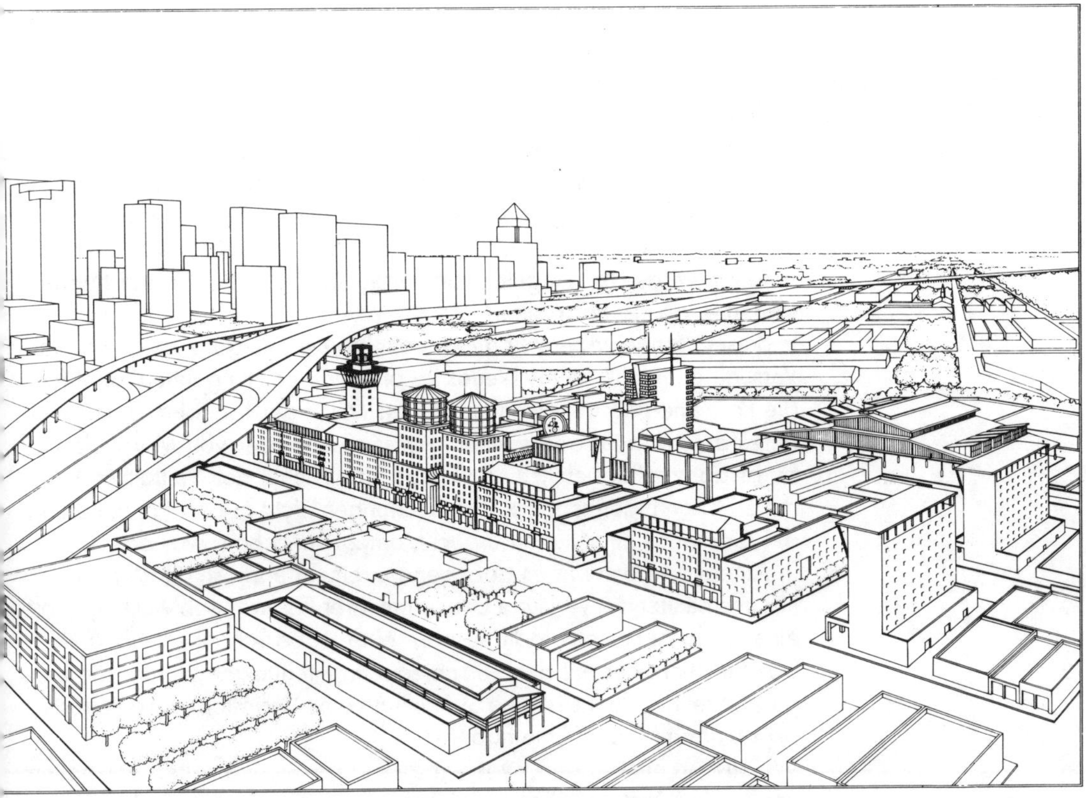

ELM STREET

	glauben Sie, daß Sie der Tradition Lateinamerikas oder derjenigen Nordamerikas folgen?

Mario Gandelsonas Zuerst einmal betonen wir immer, daß wir Amerikaner sind. Ich habe in Europa gelebt und dort immer diesen trennenden Ozean zwischen uns empfunden. Dann kamen wir aus dem Fernen Osten nach Amerika, und es gab nichts dergleichen. Natürlich gibt es einen riesigen Unterschied, aber es gibt auch etwas, was alles miteinander verbindet, und das ist das Gefühl für das Neue. Die Tatsache, daß alles geschaffen wird – Los Angeles vor vierzig Jahren, Chicago vor hundert Jahren –, das ist völlig neu.

In diesem Sinne haben wir mit diesem Projekt den ganz bescheidenen Versuch gemacht, etwas Neues zu provozieren. Es geht um die Idee, die Parzellierung der Grundstücke als Mittel der formalen Gestaltung aufzufassen. In Europa spricht man immer wieder von Morphologie. Es ist ganz offensichtlich, daß man angesichts der Vielfalt und der malerischen Eigenheiten solcher Planungen nicht auf die Parzellierung des Geländes zu schauen braucht, um zu verstehen, was das ist.

In Amerika haben wir es dagegen mit einem endlosen Raster zu tun. Für uns besitzt die vertikale Ebene mit ihrer Fassadenabwicklung – oft eine lange Reihe von Stadthäusern – eine große Schönheit und Vielfalt. Das hat nicht nur mit den verschiedenen Architekten zu tun, die hier gearbeitet haben. Es ist eine Syntax und eine Variation, die eine reale, ökonomische Geschichte haben.

Wir als Architekten tun, was wir zu tun gezwungen sind, wir halten uns an den Auftraggeber und müssen akzeptieren, daß er drei Blocks wegradiert und jetzt einfache Kästen dorthin stellt.

Bei diesem Projekt beispielsweise hätte der Bauträger jedes beliebige Grundstück kaufen können. Wir haben ihm gesagt, er solle lieber diese Parzelle als jene kaufen. Im wesentlichen ging es uns darum, daß er nicht gerade die Parzellen kauft, die solche Veränderungen aufweisen. Was ich sagen will, mag ein wenig banal klingen – es ist die Erinnerung, um die es geht. Es geht um das Soziale. Es ist alles schon da, und wir sind nicht darauf angewiesen, eine neue Vielfalt zu erfinden, weil es sie längst gibt. Und das, glaube ich, ist für das amerikanische Raster überaus spezifisch.

Bruce Graham Ich würde gerne wissen, ob das amerikanische Raster nun plötzlich eine Fassadenlänge von 200 Fuß hat; in Chicago beträgt sie nämlich 360 Fuß. Was ich mich eigentlich gefragt habe, war jedoch etwas anderes: Vielleicht ist es die Tatsache, daß man die typische Straße im Mittleren Westen als endlos definiert, die dringend einer Intervention bedarf. Das damit verbundene Gefühl von Einsamkeit hat etwas überaus Erschreckendes und sehr Amerikanisches, weil scheinbar alles

144

bis ins Unendliche immer so weiter geht. Sollten wir mit unserer Intervention nicht hier einsetzen und anfangen, den Menschen ein Gefühl für die Identität eines Ortes zu vermitteln? Es erscheint mir in höchstem Maße problematisch, die Main Street einfach immer und immer weiter auszudehnen.

Noch etwas. Dallas ist eine sehr heiße Stadt. Ich bin im Sommer dort herumgelaufen. Es ist einfach unmöglich, draußen zu gehen. Ich weiß nicht, was Sie dazu gebracht hat, die Straßen als Fußgängerstraßen aufzufassen – für mich sind sie das ganz und gar nicht.

Diana Agrest Sie haben da einen sehr wichtigen Punkt zur Sprache gebracht, der im übrigen an das anschließt, was Cesar vorhin über das Zentrum gesagt hat. Wir sind nicht weiter darauf eingegangen, obwohl ich dieses Thema äußerst spannend finde. Eine der wichtigsten Eigenschaften amerikanischer Städte – es ist natürlich gefährlich, einfach so zu verallgemeinern – ist doch die, daß sie streng systematisch angelegt sind; denn es sind meist keine Hauptstädte. New York ist ein sehr anschauliches Beispiel. Saks Fifth Avenue liegt genau gegenüber vom Rockefeller Center.

Wir wollten das vorhandene Raster nicht zerstören, sondern es wieder zu seinem Recht kommen lassen. Es ist da, es ist ein Teil der Geschichte, es ist Teil der amerikanischen Tradition. Wir versuchen, eine Anzahl von Situationen zu schaffen, die öffentliche Plätze vorbereiten. Man wollte die Ost-West-Achse gleichwertig zu der von Nord nach Süd verlaufenden Main Street ausbauen und dort einen Markt anlegen. Wir haben dafür plädiert, eine alte Markthalle hierherzubringen, einen echten alten Markt wie in Paris.

Die Passage ist mit einem weiß schimmernden Fasermaterial überdacht, die Belüftung erfolgt durch die Frischluft von außen, und außerdem soll es hier fließendes Wasser geben, so daß eine natürliche Kühlungswirkung eintritt, ohne daß man das Gebäude nach außen hin abschließen und eine Klimaanlage einbauen muß. Uns geht es darum, diesem Wohngebiet so etwas wie eine eigene Identität zu geben und auch dem Fußgänger etwas zu bieten.

Danny Samuels Ich finde diese ganze Diskussion darüber, wie durch die subtile Differenzierung und Abwandlung des Rasters verschiedene neue Möglichkeiten für die Nutzung und Bebauung des Rasters entstehen, recht spannend. Bruce und Cesar haben es schon gesagt, es gibt eine Art prägendes Raster, das für den gesamten Westen der Vereinigten Staaten gilt, und zwar mindestens seit 1785, und dieses Raster bildet für mich so etwas wie einen begrifflichen Rahmen.

Das Faszinierendste für mich, der ich innerhalb des Rasters von Houston lebe, ist jedoch, wie subtile, geringfügige Variationen inner-

145

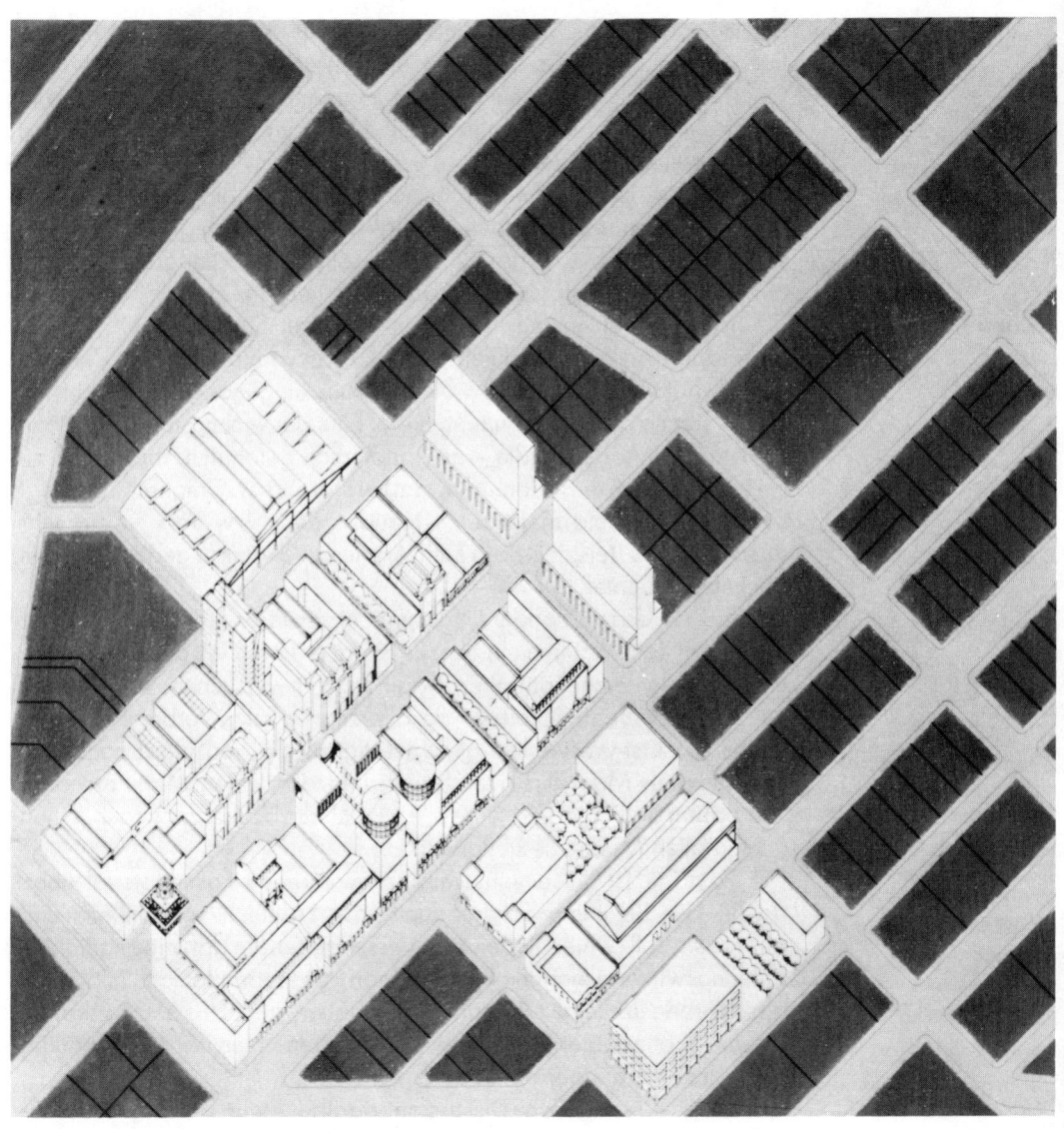

halb des Rasters ganz neue Möglichkeiten schaffen können. Ich möchte hier nur drei Beispiele anführen. Das eine wäre ein System von zweispurigen Straßen, in denen der Verkehr in beiden Richtungen fließt und wo es auf allen vier Seiten Zugänge zu den Gebäuden innerhalb des Rasters gibt. Das wäre die geeignete Situation für, sagen wir mal, einen Geschäftsbereich. Eine zweite Möglichkeit wäre die verlängerte Straße, in der der Verkehr vorzugsweise in einer Richtung fließt. Es gibt zwar, wie bei einer Main Street, einmündende Straßen, aber dem Querverkehr kommt keine größere Bedeutung zu. Die dritte Möglichkeit wäre, der Nord-Süd-Verkehr passiert die verlängerten, in ost-westlicher Richtung verlaufenden Häuserblocks und wird durch Stopschilder an den von Ost nach West verlaufenden Querstraßen aufgehalten. Ein solches Raster wäre für eine Wohnbebauung geeignet.

Mit anderen Worten, der südliche Teil Ihres Areals, mit den verlängerten Blocks, entspricht etwa den Wohnbezirken von Houston. Der Verkehr fließt in nördlicher und südlicher Richtung auf große Sammelstraßen hin; Stopschilder unterbinden den Verkehr durch die Wohnbereiche. Und nun die Frage, auf die ich eigentlich hinauswollte: Sehen Sie einen Zusammenhang zwischen dem Raster, das Sie verwenden, und verschiedenen Nutzungsmöglichkeiten innerhalb dieses Rasters? Steht dahinter eine zufällige Entscheidung oder Absicht?

Diana Agrest   Nein, die verschiedenen Formen der Nutzung sind genau definiert. Und außerdem haben wir uns für eine Reihe ganz verschiedener Gebäudetypen entschieden. Es gibt Gassen und schmale, kleine Querstraßen und unterschiedliche Arten von Einzelhandel. Die Eingänge zu den Wohngebäuden befinden sich nicht an der Hauptstraße, sondern in den kleinen Gassen, die dadurch vorwiegend den Fußgängern vorbehalten bleiben. Es ist überhaupt so, daß die Bebauungsstruktur der Erschließungsstruktur überlagert ist, wir haben also ein Raster der Massen, das mit dem Raster der Straßen kontrastiert. Also eine ziemlich starke Differenzierung.

Ron Krueck   Mir scheint, daß Sie bei der Entwicklung Ihres Plans ein sehr wichtiges Element ignoriert haben, nämlich den Expressway. Warum folgte dieser Expressway nicht dem gleichen Raster, das Sie dann dem ganzen übergestülpt haben? Abgesehen davon scheint mir, daß auch die Höhenbegrenzung von 60 Fuß, die Sie diesem Projekt auferlegt haben, den Expressway ganz bewußt außer Betracht läßt. Da ist viel Geschichte und Erinnerung in dieser besonderen Form von Schnellstraße, in Ihrem Plan aber ist davon nichts zu spüren. Könnten Sie etwas dazu sagen?

Mario Gandelsonas   Was den Expressway betrifft, so hatten wir Gelegenheit, auf die Dächer einiger dieser hohen Gebäude zu steigen, um zu sehen, was

147

dieser Expressway für die Gegend wirklich bedeutet. Und ich muß sagen, es gefiel uns ausgesprochen gut so, wie es war. Es war so etwas wie ein großartiges bildhauerisches Ereignis. Der Expressway schien – ähnlich wie eine neue Stadtmauer – diesen Bereich von Dallas von der beeindruckenden Landschaft der Wolkenkratzer zu trennen.

Wir haben in allen Phasen des Projekts eng mit einer Marketingspezialistin zusammengearbeitet, die bei jeder Frage das letzte Wort hatte. Sie meinte zum Beispiel, wir sollten die Loft-Gebäude direkt neben den Freeway plazieren, weil die Art von Menschen, die darin wohnen würden, den Freeway tatsächlich verstehen und akzeptieren würden. Was ich eigentlich sagen will ist, wir waren überzeugt, daß die von uns gewählte Gebäudehöhe vom ästhetischen Standpunkt aus genau die richtige sei.

Jaquelin Robertson Ich glaube, das ist etwas, was uns alle angeht. Ich habe den Eindruck, Sie haben sich sehr intensiv mit der spezifisch amerikanischen Form von Städtebau auseinandergesetzt, im Gegensatz zu unserer Beschäftigung mit den städtebaulichen Regeln anderer Länder. Und Amerikas Städtebau ist immer noch ein ganz anderer. Deswegen finde ich Ihre Intervention überaus bewundernswert. Der Expressway ist sozusagen die Große Mauer von Dallas. Sein großer Vorzug liegt darin, daß auf diese Weise endlich der zentrale Innenstadtbereich abgegrenzt und definiert wurde. Wenn man diesen Bereich verläßt und den Expressway entweder über- oder unterquert, dann kommt man in eine völlig andere Welt.

Wenn man nun also das, was früher einmal innerhalb dieses Sperrgürtels war, über die Große Mauer hinweg auf den Bereich außerhalb der Einzäunung ausdehnt und ausweitet, dann ist das wie ein abstrakter Willensakt, der besagt, wir wollen die Aktivitäten innerhalb der Großen Mauer jetzt über diese Mauer hinweg ausdehnen. Ich möchte diese Überlegung sozusagen als rhetorische Frage im Raum stehen lassen.

Nun finde ich aber auch, daß dieses Nie-enden-Wollen der amerikanischen Straße, von der Cesar und Bruno vorhin gesprochen haben, nicht nur Einsamkeit vermittelt, sondern auch wie zwanghaft wirkt, und das ist etwas, auf das Sie nicht eingehen. Sie sagen nicht, ob dies weiter so sein soll. Irgendwo im Straßenraster, in der Hierarchie der Straßen, gibt es die Möglichkeit, Straßen zu definieren und zu charakterisieren, unabhängig von den sich ständig verändernden Gebäuden. Die große Erkenntnis, die wir aus dem amerikanischen Savannah-Raster ziehen können – und das ist das, wovon Danny Samuels spricht –, ist doch die, daß wir es hier mit einer freien Hierarchie von Straßen zu tun haben, die verschiedene Arten von Verkehr voneinander trennt und die damit eine Reihe verschiedener Viertel oder Zonen schafft, die zwar ähnlich

148

aussehen, aber durchaus eine eigene Identität aufweisen und für sich existieren können.

Man kann also an jedem beliebigen Punkt aufhören oder einfach weitermachen. Ich finde einfach, daß diese Untergliederung in einzelne Bereiche innerhalb des amerikanischen Rasters eine ganz entscheidende neue Möglichkeit in dem Spiel bietet, das Sie hier zu spielen begonnen haben. Und ich glaube, das ist etwas, an dem wir uns alle beteiligen sollten.

Diana Agrest   Ich möchte Ihnen antworten. Ich akzeptiere das, was Sie über die abstrakte Geste gesagt haben, mit der wir die Trennungslinie des Freeways sozusagen ignorieren und über sie hinausgehen. Allerdings muß ich dazu sagen, daß es darüber einen heftigen Kampf gegeben hat. Es war sehr schwer, die Bebauungshöhe für diesen Bereich so niedrig festzuschreiben, weil sich Downtown Dallas bereits in dieser Richtung auszudehnen begonnen hat. Es ist also klar, daß der Freeway ohnehin nicht mehr lange als Barriere funktionieren wird.

Jaquelin Robertson   Ich verstehe. Aber das, was Sie zu Anfang gesagt haben, ist für mich die entscheidende Aussage über Stadtplanung in Amerika – daß es nichts gibt zwischen Hochhaustürmen und wuchernden Vorstädten. Sie haben mit Ihrer Arbeit dagegen deutlich gemacht, daß es auch hier fünf-, sechs- oder siebengeschossige Häuser gegeben hat. Und dieser Art von Wohnbebauung wollen Sie Platz und Würde zurückgeben.

Diana Agrest   Ganz recht. Und wenn es sich weiter ausdehnt, dann soll es so aussehen, wie wir es hier versucht haben.

Leon Krier   Wir können nicht davon ausgehen, daß das typisch amerikanische Raster ein völlig abstraktes Raster ist. Es hat zahlreiche amerikanische Raster gegeben, die genau definiert waren, nicht nur in Washington, sondern auch in Charleston oder Savannah. Boston war ein Beispiel für ein gelockertes Raster. Es gab Raster, bei denen die Kirchen im Blickpunkt der Straßen standen und die öffentlichen Gebäude auch öffentliche Plätze für sich beanspruchten.

Wenn Sie ein paar Dinge nur um wenige Meter weiter verschieben würden, dann könnten Sie mit Ihrem Turm, Ihren Torbauten oder Ihrem Markt eine sehr viel größere Wirkung erzielen, indem Sie sie einfach stärker in die Blickachse rücken. Ich glaube, das amerikanische Raster trat erst in dem Augenblick richtig in Erscheinung, als die Vororte angelegt wurden. Sie wurden ganz einfach angelegt und damit fertig. Andere Überlegungen gab es nicht.

Diana Agrest   In Amerika ist der wichtigste öffentliche Raum eindeutig die Main Street. Wenn wir sie weiter zurücksetzen würden, dann würden wir von ihr ablenken und sie ihrer Wirkung berauben – die hauptsächliche

149

	Verbindungsachse, die wir brauchten, ist immer noch da. Ihr Name ist Main Street. Es ist die Main Street.
Mario Gandelsonas	Ich möchte noch eine letzte Bemerkung zu dem machen, was Jaque gesagt hat. Wir haben den Fehler gemacht, unseren Planungsbereich vorzustellen, ohne den Gesamtplan von Dallas mitzubringen. Es gibt hier nämlich schon ein nordsüdlich verlaufendes Raster, das sich aus dem früheren Raster von Dallas entwickelt hat. Und daneben gibt es, wie schon erwähnt, ein zweites Raster – vom Typus „Continental Congress", also im Winkel von 45 Grad –, und diesem Raster folgen alle Gebäudeobjekte.

Dieses Raster schneidet nun die Main Street etwa drei Blocks von unserem Standort entfernt. Natürlich enden damit an diesem Punkt auch die Blickachsen. Das ist der Grund, warum wir der Meinung waren, wir brauchten keine solchen Gesten. Unsere Ausblicke gehen auf Industriebauten, Garagen, Lofts usw., und das ist völlig in Ordnung.

Rafael Moneo Für mich ist dieser Entwurf ein wichtiger Beitrag zur gegenwärtigen amerikanischen Stadtplanung. Gleichzeitig ist es meiner Meinung nach aber auch eine scharfe Kritik an einigen Aspekten dieser Planung. Es ist eine Art Plädoyer für eine Rückkehr zu dem, was man die amerikanische Tradition des Rasters nennen könnte. Gleichzeitig aber kehrt man damit zu einer Haltung zurück, die Land als Mittel zur Strukturierung städtischen Wachstums einsetzt und durch die einfache Unterteilung der Blocks beabsichtigt, städtische Qualität zurückzugewinnen, das heißt für die Kinder die Stadt wieder lebenswert zu machen.

Außerdem impliziert es, daß die Stadt entweder durch korrigierende Eingriffe Schritt für Schritt neu definiert wird oder sich langfristig gesehen selbst korrigieren wird. Ich glaube, daß diese beiden Überlegungen von den meisten amerikanischen Stadtplanern heute abgelehnt werden. Ich glaube, die einzelnen Grundstücke werden zunehmend größer werden, und die Bauträger wollen von Anfang an wissen, was geschehen wird.

Ich weiß nicht, ob das, was Sie hier vorgestellt haben, mehr ist als nur der Wunsch nach etwas, was in den amerikanischen Städten wiederbelebt werden sollte. Es wird sehr schwierig sein, das traditionelle Raster wieder durchzusetzen. Ich sage nicht, daß man es nicht noch einmal damit versuchen sollte. Vielleicht sollte man wirklich. Auf jeden Fall handelt es sich eindeutig um eine Stellungnahme gegen alles andere, was amerikanische Stadtplanung heute bestimmt.

Diana Agrest Der Bauträger war von unserem Projekt begeistert, weil wir bemüht sind, jeden Quadratfuß des zur Verfügung stehenden Bodens zu nutzen. Wir nutzen die mögliche Geschoßflächenzahl voll aus und

150

haben all unser Augenmerk darauf gerichtet, die Nutzung an jedem Punkt zu maximieren.

Mario Gandelsonas Ich möchte gerne noch hinzufügen, daß ich der Meinung bin, unsere stereotypen Vorstellungen von Amerika bedürfen dringend einer Revision. Es finden enorme Veränderungen statt. Es gibt heute eine Menge Leute, die gerne in Lofts inmitten von Industriegebieten wohnen, die man noch vor zwanzig Jahren nie für Wohnzwecke genutzt hätte. Vor dreißig Jahren zog es alle in die Vororte, nach Suburbia; heute gibt es immer mehr Leute, die wieder in der Stadt leben möchten und bereit sind, dafür zu bezahlen. Sie werden dafür auch zahlen, wenn es eine Menge Geld kostet. Und das ist das einzige, was die Bauträger letzten Endes wirklich interessiert.

Michael Graves

Michael Graves

Das Projekt, das ich Ihnen vorstellen möchte, ist nicht in irgend einem fernen Land angesiedelt, sondern sozusagen in meinem alten Hinterhof, dem Mittleren Westen der Vereinigten Staaten – genauer in Youngstown, Ohio. Es ist eine kleine Industriestadt, die etwa um die Jahrhundertwende am Rande der Stahlwerke entstanden ist, die heute natürlich alle längst stillgelegt sind. Es ist ein kleines Museum für Industriegeschichte. Es soll an die erinnern, die früher hier in den Stahlwerken gearbeitet haben. Bauherren und Auftraggeber sind die Ohio Historical Society und die State University in Youngstown. Dieses Projekt wird Ihnen überhaupt nicht gefallen, weil es weder modern noch alt ist, aber ich hatte keine Lust, die Idee, ein neues Stahlwerk für diesen Zweck zu errichten, auch nur irgendwie zu trivialisieren.

Ich wünsche mir hier eine Diskussion über den Begriff des architektonischen Charakters, so wie ihn mein Gebäude verkörpert. Man könnte beispielsweise Paxtons Crystal Palace in London nehmen und sagen, daß es von den Anhängern der Moderne, jenen Anbetern der Technik, völlig mißverstanden wurde, weil Paxton hier ein klassizistisches Gebäude entworfen hat, ein klassizistisches Gebäude in Stahl und Glas. Wie sein Entwurf, so stellt auch mein Entwurf den Versuch dar, ein Gebäude mit klassizistischen Augen zu sehen, wenn auch auf ungewöhnliche und merkwürdige Art und Weise. Bei mir handelt es sich um eine eigenartige Agglomeration von verschiedenen Gebäudetypen, die sich aus dem Eisenbahntransport, der Anlieferung von Rohmaterialien und der industriellen Produktion von Gütern des täglichen Gebrauchs herleitet.

Unser Grundstück befindet sich gegenüber dem Dom der Stadt, der den schönen Namen St. Columba trägt. Dieser Dom besteht aus Kasota-Stein, der, wie einige von Ihnen wissen, in Minnesota abgebaut wird. Auf der anderen Seite finden wir vorwiegend rote Ziegel, das wichtigste Baumaterial in Youngstown. Daneben gibt es hier und da auch ein wenig Granit und Kalkstein aus Indiana. Das ist im wesentlichen der Kontext, in dem unser Projekt angesiedelt ist – wie gesagt, direkt gegenüber dem Dom, auf der anderen Straßenseite. Es handelt sich um ein äußerst schwieriges Grundstück, eine stillgelegte alte Eisenbahntrasse, auf der früher die Züge durch die Stadt kamen, um die Stahlwerke am Rande der Stadt mit Rohstoffen zu beliefern. Das Grundstück weist ein Gefälle von rund sechs Metern auf.

Unser Entwurf sieht nun eine Fassade vor, die direkt auf den gegenüberliegenden Dom schaut. Davor ein großer Wendeplatz für Busse, denn die Besucher des Museums werden vor allem Kinder und Jugendliche sein. Gegenüber der Vorhalle befindet sich die große Lobby, die als Ausstellungsraum dient, dann folgen eine Reihe von Unterrichts- und

153

Archivräumen und die Büros der Mitarbeiter auf der einen Seite. Daran anschließend eine große, leere, neutrale Kiste für wechselnde Ausstellungen. Darüber gibt es noch drei kleine Ableger von Räumen, draufgesetzt oder ausgestülpt, kleines Gekröse, das jeweils Platz bietet für kleine Sonderausstellungen.

Diana Agrest   Was liegt diesem „Gekröse" gegenüber?

Michael Graves   Alte Lagerhäuser, die jetzt gerade modernisiert und „yuppifiziert" werden.

Cesar Pelli   Welches Material ist für das Dach vorgesehen?

Michael Graves   Wahrscheinlich Kupferimitat.

Peter Eisenman   Die Krümmung des Daches wird im Innern überhaupt nicht in Erscheinung treten?

Michael Graves   Vielleicht doch. Wir brauchen eine Ebene als Lager.

Peter Eisenman   Hat der große Kamin ein Oberlicht?

Michael Graves   Ja, der Kaminaufsatz dient als Oberlicht.

Stanley Tigerman   Sie haben vorhin gesagt, daß Sie sich eine Diskussion über den architektonischen Charakter wünschen, und ich will es versuchen. Ich finde es schon interessant, daß Sie Ihr Gebäude auf die Stahlfertigung beziehen, die es in Ohio heute längst nicht mehr gibt. Sie sagen, die Häuser auf der anderen Straßenseite würden gerade yuppifiziert, aber ich finde, Ihr Gebäude ist ebenfalls eine Yuppifizierung, so etwas wie die veredelnde architektonische Beschwörung des Verlustes, der dort zu beklagen ist. Das einzige, was tatsächlich an die Stahlindustrie erinnert – etwa im Sinne einer williamsburgischen Charakterisierung, will ich mal sagen –, sind diese Ableger und Anbauten, das „Gekröse", das hat noch wirklich mit dem zu tun, was es hier einst gegeben hat. Nun haben Sie aber die Anlage so entworfen, daß sie eine Art „T" bildet, und der Querbalken gegenüber der Kirche schirmt das Konglomerat gegenüber der sakralen Achse ab. Die Bedeutung der kleinen Ableger besteht nur in dieser speziellen Konfiguration. Ich frage mich, ob dies wirklich der geeignete Weg ist, einem Gebäude, das etwas verkörpern soll, was in einer bestimmten Kultur vom Untergang bedroht ist, seinen besonderen Charakter zu verleihen – nämlich durch kleines Gekröse. Ansonsten zeichnet sich das Gebäude meiner Meinung nach vor allem durch seine Konventionalität aus – und in diesem Genre sind Sie einfach brillant.

Michael Graves   Sie müssen verstehen, der Grund für diese historischen Verweise ist doch der, daß die Bilder bekannt sind. Viele von uns – zumindest die Amerikaner hier unter uns – denken bei einem Stahlwerk sofort an Stahlbauten, Wellblechbauten, Zinkblechbauten. Als wir mit dem Projekt begannen – und das ist keineswegs nur eine Ausflucht, denn ich bin sicher, daß wir sowieso so verfahren wären –, da sagte man

154

uns, wir wollen keine Stahlbauten, wir wollen zuerst einmal ein Museum. Und merkwürdigerweise dachte ich eigentlich genauso. Ich habe das gemacht, was ich wollte. Und es sind diese Anbauten, die auf dieses eher transitorische als dauerhafte Moment verweisen und, wie Sie gesagt haben, die Fassade des Gebäudes, die zur Kirche hin zeigt, dadurch extrem aufwerten.

Ich sollte vielleicht noch erläutern, daß das Grundstück keine eindeutige Orientierung aufweist. Obwohl es eine Fassade gibt, die der Kirche gegenüberliegt, nähert man sich dem Gebäude in der Regel von der unteren Seite des Grundstücks und betritt es von der Ecke her. Was man also zuerst sieht, ist der kompliziertere Teil des Gebäudes, und erst, wenn man oben auf der Anhöhe zwischen dem Gebäude und der Kirche steht, bekommt man einen Eindruck von der direkten Beziehung zwischen diesen beiden Bauten.

Rem Koolhaas

Damals, vor fünf Jahren, ging es Ihnen in erster Linie um eine harte Kritik an der Langeweile, dem Dogmatismus und dem Automatismus der modernen Architektur. Ich hatte den Eindruck, Sie waren auf mehr Spaß und Vergnügen aus, auf originelle, vielleicht sogar schrullige Einfälle, die Eigenschaften von Architektur wieder hervorkitzeln können, die mehr und mehr in Vergessenheit geraten.

Jetzt habe ich eher den Eindruck, daß Ihre Arbeit und selbst Ihre Präsentation hier vergleichsweise nüchtern und trocken ist. Das mag vielleicht dran liegen, daß Sie jetzt nach fünf Jahren anfangen, das Vergnügen und den Humor selbst zum Dogma zu machen. Vielleicht ist es auch so, daß sich diese ganze Sache, die sich in der damaligen Phase als durchaus befreiend erwiesen hat, jetzt sozusagen wieder in ihr Gegenteil verkehrt und zu einer wirklich ernsten, trockenen Angelegenheit wird.

Michael Graves

Wahrscheinlich haben Sie recht. Das Ganze ist weniger gewitzt als das vor fünf Jahren, vielleicht sind wir inzwischen wirklich über unser Ziel hinausgeschossen. Ich bin mir nicht sicher, Rem. Ich würde sagen, was den Charakter betrifft, so wollte ich dem Gebäude eine ganz bestimmte Ausdruckskraft verleihen, und vielleicht war es mir einfach nicht möglich, beides zu tun – Sie zum Lächeln zu bringen und im strengen Schema zu bleiben. Aber vielleicht gibt es da doch noch einen Weg.

Diana Agrest

Lassen Sie mich noch einmal auf die Art der Präsentation zurückkommen. Ich habe den Eindruck, daß wir hier immer wieder nur über Stil reden. Was mich persönlich betrifft, so bin ich an Stilfragen nicht sonderlich interessiert.

Michael Graves Stil?
Diana Agrest Ja.

156

Michael Graves	Wenn hier jemand Stil hat, dann sind Sie es doch.
Diana Agrest	Ach, lassen Sie das. Für mich ist es jedenfalls ein wichtiges Thema innerhalb der Dichotomie zwischen Moderne und Historismus. Das bringt uns nämlich zu der Frage, was wir abstrakt und was wir gegenständlich nennen. Ich finde, wir bringen Moderne ebenso zum Ausdruck wie, zum Beispiel, Stille. Das Problem – und hier schließe ich mich Rem an – ist also, warum das Gebäude mich nicht zum Lächeln bringt. Ihre Bauten sollten mich zum Lächeln bringen.
Michael Graves	Und warum sollten sie das?
Diana Agrest	Nun, ich finde eben, daß sie das sollten.
Leon Krier	Und warum nur seine?
Diana Agrest	Ich spreche jetzt nur von seinem Projekt. Denn plötzlich ging mir auf, daß das Problem ganz einfach darin besteht, daß wir es hier mit einem Zuviel an Repräsentation, an Darstellung zu tun haben. Ich hatte plötzlich das Gefühl, daß Sie versuchen, ein Objekt darzustellen, daß Sie versuchen, hier eine Art Objet trouvé zu konstruieren. Aber warum muß es unbedingt das sein?

Nehmen wir mal an, ich würde verstehen, Sie brauchen ein Objet trouvé und setzen diese drei kleinen Dingelchen sozusagen als symbolischen Faktor ein, mit dem Sie auf die Stahlwerke verweisen, obwohl der Rest des Gebäudes das eigentlich auch schon tut. Diese Art von Symbolkraft ist aber auch schon in dem eigentlichen Baukörper enthalten.

Wir haben es also zusätzlich zu diesem architektonischen Verweis noch mit einer anderen Art von Verweis zu tun, durch das Objet trouvé. Vielleicht sind Sie davon ausgegangen, daß es hier keine klare Trennungslinie gibt, daß wir aber unterscheiden müssen zwischen dem, was gegenständlich und was figürlich ist, was von außerhalb in die Architektur eingebracht wird, und was zur eigentlichen Architektur gehört. Ich finde dagegen, daß es ein und dieselbe Sache ist. Jedenfalls würde ich gerne wissen, wo der Unterschied liegen soll.

Und ich glaube, daß es einen Punkt gibt, ab dem der eigentliche Baukörper wie ein bloßer Hintergrund, wie eine Kulisse wirkt. Sie wollen aus diesen drei Elementen das Letzte an Bedeutung herausholen, und der Rest ist einfach nur Kulisse und nur deswegen nötig, weil wir ein Museum brauchen. Aber dieser Hintergrund ist alles andere als neutral. Er ist auch gar kein Hintergrund. Er ist dafür viel zu laut.

Frank Gehry	Ich wollte eigentlich auf ein paar von den Dingen eingehen, die Diana angesprochen hat, aber dann fiel mir ein, daß Stanley vorhin meinte, daß das, was das Gebäude aussagt, keinerlei Bezug habe zu den Bildern von damals, die er uns gezeigt hat. Ich sehe das ganz anders. Ich finde, die Krümmung des Daches ist ein sehr starkes Element, eine

157

wirklich schöne und beeindruckende Form, die sich für mich ganz deutlich auf die historischen Bilder bezieht. Diana hat auf den Punkt hingewiesen, wo dieser Bezug schwach wird oder mißlingt, nämlich durch die Treppe, den Brennofen, das Dreibein, die alles nur unnötig verwischen und verwirren, was vorher schon sehr deutlich war.

Peter Eisenman   Ich bin anderer Meinung. Ich möchte gerne über zwei Dinge sprechen. Zum einen hat das Gebäude im Schnitt eine starke Dynamik. So auch im Aufriß. Im Grundriß jedoch sehe ich davon nichts. Mit anderen Worten, der Grundriß wirkt sehr viel statischer, als die Aufrisse vermuten lassen. Das bringt mich zu meinem zweiten Punkt. Ich habe den Eindruck, daß du versuchst, mit dieser Arbeit aus deiner eigenen Konvention auszubrechen, denn auch die Moderne war eine Konvention, und immer wieder mußtest du ein paar halbrunde Treppen, freistehende Stützen, ein bißchen Asymmetrie usw. vorweisen.

Auch hier gibt es eine Reihe von konventionellen Elementen – die Rotunda, die Pergola, die zweifarbige Fassade, die Symmetrie. All das gehört irgendwie zum Repertoire, wirkt in diesem Zusammenhang jedoch plötzlich überflüssig. Mit anderen Worten, man könnte sich vorstellen, du verzichtest auf die zweifarbige Fassade, weil der Schnitt auf diese Art horizontaler Schichtung überhaupt nicht eingeht. Er scheint sich auf ganz andere Dinge zu beziehen. Wenn die äußeren Massen sich im Schnitt hätten auswirken dürfen, dann würden wir jetzt etwas ganz anderes sehen.

Ich finde, die Moderne ist heute zu sehr in ihrer eigenen Typologie gefangen. Du stehst meiner Meinung nach an einem Punkt, wo dich die Schritte, die du vor drei oder vier Jahren gemacht hast, einfach zurückhalten und hemmen. Ich sehe in diesem Gebäude wiederum einen Fortschritt in eine Richtung, die dich ebenfalls wieder blockieren wird. Ich weiß nicht, ob du verstehst, was ich meine. Vor allem der Grundriß erscheint mir ungeheuer statisch im Vergleich mit dem Schnitt. Ich wäre allein vom Grundriß her nie auf das geschwungene Dach oder andere Dinge gekommen, die sich überhaupt erst im Schnitt zeigen.

Michael Graves   Das liegt wahrscheinlich daran, daß dieser durch eine Zwischendecke in der Mitte geteilt wird und die beiden Räume auch wirklich getrennt sind. Dem steht natürlich die Eingangstür entgegen, die bis zu dem Oberlicht hinaufreicht.

Peter Eisenman   Genau, das ist es. Sie saust geradezu nach oben durch.

Michael Graves   Aber gerade diese Unstimmigkeit war mir so wichtig, und ich dachte mir, eine der beiden Möglichkeiten, das zu erreichen, sei diese Zwischendecke. Es wäre sicher interessant gewesen, mit hölzernen Bindern im Innern zu arbeiten, wie bei den alten Stahlwerken. Ich hätte

160

es großartig gefunden, wenn das möglich gewesen wäre, nicht im Eingangsbereich, aber in der großen Kiste. Wir wollten eine einzige riesige Kiste mit einem zweiten Stockwerk. Aber dann wäre die Binderkonstruktion sichtbar geblieben. Und was ich suchte, war doch nur eine ganz glatte, langweilige, neutrale Kiste.

Ich finde, der Grundriß verrät ein bißchen von dieser Neutralität, indem er das Gebäude unter der Maske eines Industriebaus aus der Zeit der Jahrhundertwende versteckt. Aber es ging mir wirklich um diesen nüchternen, glatten, neutralen Eindruck, den diese riesigen alten Räume hatten, in denen all diese lebendigen Maschinen und Tätigkeiten lärmten. Normalerweise denke ich ganz anders über ein Kunstmuseum, aber hier wollte ich, daß die Art von Skulpturen, die hineinkommen, den Innenraum lebendig machen, während das Äußere ruhig ein wenig eintönig bleiben kann.

Cesar Pelli	Ich muß sagen, ich bin mit vielem, was hier gesagt wurde, nicht einverstanden. Mir gefällt das Gebäude. Ich finde es wirklich sehr schön.
Michael Graves	Cesar hat die Treppen gemacht.
Cesar Pelli	Vor allem, weil ich finde, daß die klassizistischen Motive hier einen ganz besonderen Verbund eingehen, der enger ist als sonst an seinen Bauten. Das Haus ist klassisch inspiriert, wirkt aber ganz einfach harmonisch und angenehm. Es ist zwar nur ein kleines Detail, hat aber doch etwas sehr Persönliches, wenn er mit diesem dünnen Furnier aus Ziegeln auskommt und es nicht nötig hat, irgendwelche großen Gesten zu machen, nur damit es nach etwas anderem aussieht. Ich finde gerade dieses relativ dünne Dach sehr schön.

Ich glaube, wenn das Gebäude erst einmal steht und die Materialien nicht mehr diese leuchtenden Farben haben, die er für das Modell verwendet hat, dann wird es ein schöner, bescheidener Bau sein, der sich ganz harmonisch in die Umgebung einfügt. Und die Idee mit diesen aufgesetzten Zitaten, die den Ausdruck des Gebäudes noch verstärken, war wirklich großartig. Ich finde das wirklich sehr schön.

Leon Krier	War der Entwurf für dich nicht zu italienisch, Cesar?
Cesar Pelli	Nein, überhaupt nicht italienisch. Außerdem finde ich es gar nicht schlecht, wenn etwas italienisch ist.
Peter Eisenman	In London war das aber ganz anders. In London hat dir das gar nicht gefallen, aber in Youngstown ist es jetzt in Ordnung.
Cesar Pelli	Ich mag es einfach nicht, wenn etwas allzu wortwörtlich ist.
Peter Eisenman	Cesar, das war wohl die beste Bemerkung bisher, als du Michael gesagt hast, er habe die klassizistische Architektur ganz und gar verstanden und verarbeitet. Mr. Krier würde dazu sagen, was versteht denn der davon.

161

Rafael Moneo

Rafael Moneo	Dies ist der Entwurf für das Hauptverwaltungsgebäude einer kleinen örtlichen Versicherung in der spanischen Stadt Sevilla. Sevilla ist eine der schönsten Städte Spaniens, und es war eine große Ehre für mich, dort arbeiten zu können. Hier ist ein alter Häuserblock in Sevilla. Die Stadtmauer berührte einstmals diesen Turm hier, den Torre del Oro – Goldturm –, der häufig als Wahrzeichen der Stadt Sevilla erscheint. Dieser alte Block war früher rundum mit Häusern bebaut, in denen die Münzanstalt untergebracht war. Später wurde daraus dann die unzusammenhängende Ansammlung einzelner Gebäude, die wir heute hier sehen. Die Stadtverwaltung plant nun, diesen Block zu sanieren und wieder in den Originalzustand zu versetzen. Das Projekt ist Teil der geplanten Wiederherstellung des gesamten alten Häuserblocks.

Wir wollten von Anfang an eine Beziehung zu dem alten Turm herstellen. Dazu stellten wir uns vor, daß man das Gebäude von der Ecke betritt statt von irgendwo in der Mitte der Fassade – also keine frontale Beziehung zum Turm, sondern eher eine diagonale.

Das Problem bestand in der Fassade. Dies ist eine heroische, noble Fassade. In Sevilla ist alles sehr klein. Deshalb war ich von Anfang an der Meinung, es geht nur mit maßstäblich reduzierten Elementen, wenn es uns gelingen soll, die besondere Atmosphäre der Stadt zu wahren. Sozusagen als Kontrapunkt zu diesem Miniaturmaßstab habe ich den Eingang vergleichsweise monumental gestaltet und ihm die Kontinuität der übrigen Fassaden quasi anvertraut. Die Erdgeschoßzone spielt eine besonders wichtige Rolle und braucht eine besondere Behandlung – das war ein weiterer Ausgangspunkt der Überlegungen. Und dann habe ich noch versucht, die Fassade so aufzubauen, daß es aussieht, als handele es sich um ein eingeschossiges Gebäude.

Der Fassade kam, wie schon gesagt, von Anfang an eine besondere Bedeutung zu. Das Gebäude hat gewissermaßen seinen Ausgangspunkt in dieser Fassade. Es handelt sich um ein Bürogebäude, das Hauptverwaltungsgebäude eines mittelgroßen, eng mit diesem Ort verwurzelten Unternehmens. Sevilla ist eine Stadt mit gleißend hellem Licht. Wir waren einfach gezwungen, für ausreichenden Sonnenschutz zu sorgen. Das schmiedeeiserne Eingangstor schließt das Erdgeschoß ab und wird später zu einer Art Leitmotiv, das zur Einheitlichkeit und Geschlossenheit der Fassade beiträgt. Gleichzeitig haben wir versucht, die Höhe des Gebäudes möglichst niedrig zu halten. Das ist der Grund, warum das Gesims eine so wichtige Rolle spielt.

Leon Krier	Was befindet sich hinter dieser Ziegelmauer?
Rafael Moneo	Es sind Büros im Erdgeschoß.
Leon Krier	Diese Büros haben keine Fenster?

163

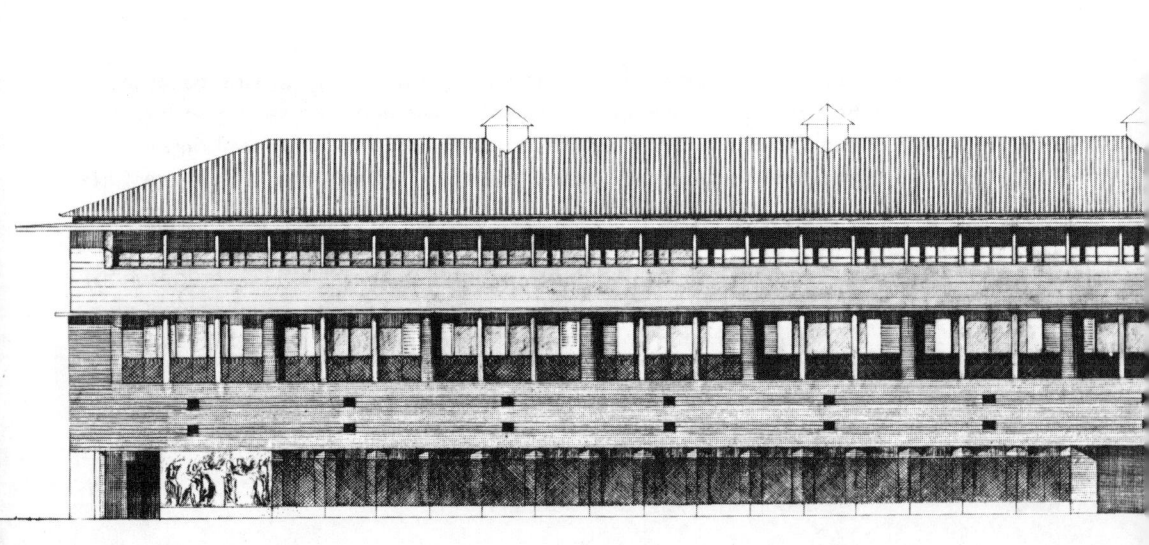

Rafael Moneo	Doch, sie haben Fenster, die durch gußeiserne Gitter geschützt sind, und außerdem zwei kleinere Fenster, die die Struktur des Mauerwerks betonen. Die kleinen Fenster dienen als Lichtquelle für den oberen Teil der Räume, und die Gitterfenster dienen dem Kontakt mit der Straße. Das gußeiserne Gitter ist dabei von großer Wichtigkeit und hat sozusagen eine Schutzfunktion für das gesamte Gebäude. Es war von Anfang an so etwas wie ein fester Bezugspunkt für uns. Für mich ist das ein wichtiger Aspekt im Hinblick auf den kleinteiligen Maßstab, von dem ich zu Anfang gesprochen habe. Wie bereits erwähnt, war es schwierig, einen entspannten Dialog mit der bestehenden Bebauung herzustellen, und das wäre meiner Meinung nach nicht gelungen ohne den kleinen Maßstab in den Details und den Materialien.

Der Name des Unternehmens wird in das Mauerwerk eingegraben, am Haupteingang werden bronzene Flachreliefs angebracht, und die Wände der langen Korridore werden mit rotem Stuck geschmückt. Ich habe mir Mühe gegeben, das Wesen der verschiedenen Materialien zu unterstreichen: Ziegel, Marmor, Beton, Gußeisen. Dennoch war es uns möglich, auch Marmorsäulen und die gußeisernen Säulen zu verwenden, die in den kleinsten der „Loggias" auftauchen. Die Geometrie des Grundrisses geht überaus empfindsam auf die verschiedenen Fluchten und Perspektiven des Grundstücks ein. Innen und Außen stehen in einer ständigen Wechselbeziehung, und der Raum wird jeweils definiert durch die Interaktion der verschiedenen Fluchten, die entweder von außen kommen – durch die Fassade – oder von innen – durch die Brandmauern.

Leon Krier	Warum sitzt das Fenster hier?
Rafael Moneo	Das war die einzige Stelle, die in Frage kam.
Peter Eisenman	Ich würde Rafael gerne eine Frage stellen. Es scheint, als hätten wir heute mehrere Diskussionen gleichzeitig zum Thema Darstellung, Abstraktion, Materialien, was auch immer. Ich weiß einfach nicht, wo ich Ihr Gebäude einordnen soll. Ich verstehe nicht, was dieses Gebäude aussagt im Hinblick auf Ihre allgemeine philosophische Position. Könnten Sie wenigstens eine Minute darauf verwenden, Ihren Entwurf in den Kontext unseres Diskurses zu stellen, damit wir uns nicht in irgendwelchen anderen Fragen verlieren, zum Beispiel, wie Sie die Ziegel angeordnet haben oder ob die Büros wirklich funktionieren. Ich möchte gerne ein wenig mehr Klarheit in dieser Beziehung, um zu wissen, ob wir weiter darauf eingehen sollen oder nicht. Ist Ihr Gebäude traditionell im Kleihuesschen Sinne? Das ist es, was ich Sie fragen wollte.
Rafael Moneo	Man könnte es durchaus als traditionell bezeichnen.

166

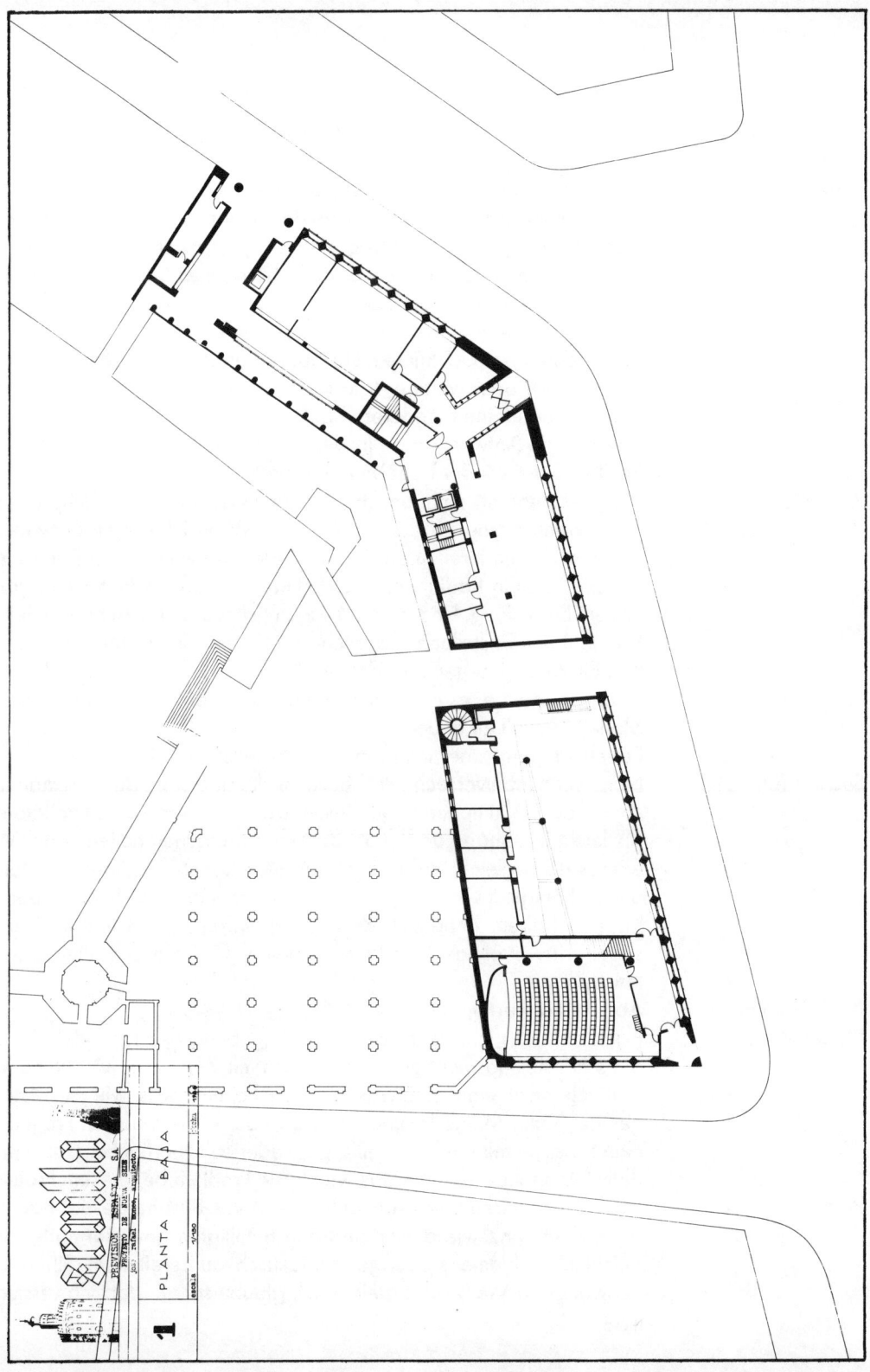

PLANTA BAJA

escala 1/400

Peter Eisenman	Das ist alles, was ich gerne wissen wollte. Sie gehen also von einer traditionellen Einstellung aus.
Rafael Moneo	Nein, es ist mehr als das. Ich versuche einfach, auf die verschiedenen Fragen einzugehen, die das Gebäude aufwirft, und es interessiert mich nicht im geringsten, ob man die jeweilige Antwort auf diese Fragen als traditionell verstehen will oder nicht. Meiner Meinung nach kann es nur darum gehen, ob die Fragestellungen legitim sind, nicht aber die Art und Weise, wie sie beantwortet werden. Wenn man so vorgeht, dann kann man auch nicht mehr fragen, ob dieses Fenster oder jener Balkon mehr oder weniger traditionell ist. Ich glaube nicht, daß mein Balkon irgendeinen anderen Balkon zitiert, obgleich natürlich der Balkon eine Antwort darstellt, die von Architekten in einer Stadt wie Sevilla immer wieder gegeben worden ist.
Peter Eisenman	Nein, es geht mir nicht um den Balkon. Wenn ich Einstellung gesagt habe, dann meine ich damit folgendes: Wenn ich diesen Entwurf mit Logrono, einem Ihrer anderen Gebäude, vergleiche, dann finde ich, Logrono ist kein traditionelles Gebäude. Ich sehe dahinter eine ganz andere Einstellung. Und ich muß sagen, ich war überrascht von diesem Wechsel der Einstellung, gar nicht so sehr von den Details. Ich meine, Ihre Einstellung gegenüber der Stadt.
Susana Torre	Peter, ich glaube, es geht dir einfach darum, ein passendes Etikett für Moneos Arbeit zu finden.
Peter Eisenman	Entschuldigung, aber ich mag keine Etiketten.
Susana Torre	Nun, wenn man versucht, Probleme zu klassifizieren, dann ist man nun einmal auf Definitionen angewiesen. Das heißt, wir müssen definieren. Vielleicht ist jemand unter uns, der mir ein bißchen helfen kann. Wer war es doch gleich, der gesagt hat, man könnte Intelligenz vielleicht als die Fähigkeit verstehen, zwei scheinbar widersprüchliche Ideen im Kopf zu haben, ohne sich dadurch verwirren zu lassen? Ich würde sagen, das ist etwas, was im allgemeinen für Rafaels Bauten charakteristisch ist.
Peter Eisenman	Aber er verwirrt uns damit.
Rafael Moneo	Peter, ich will nicht behaupten, die Umgebung des Torre del Oro sei der schönste und wichtigste Ort auf der Welt. Aber er ist wichtig genug, daß ich nicht einfach etwas machen konnte, was wie ein Affront gewirkt hätte. Meine Lösung besteht in dieser besonderen Fassade – eine Fassade mit einer feinteilig gegliederten Oberfläche. Das war in dem Augenblick für mich das wichtigste Problem bei diesem Projekt.
Peter Eisenman	Ich möchte nur kurz auf das antworten, was Susana gesagt hat. Auf einer Konferenz wie dieser sind alle Beteiligten gewissermaßen verpflichtet, Probleme sozusagen didaktisch aufbereitet im Sinne von Schwarz und Weiß darzustellen. Ich glaube schon, daß ich verstehe,

168

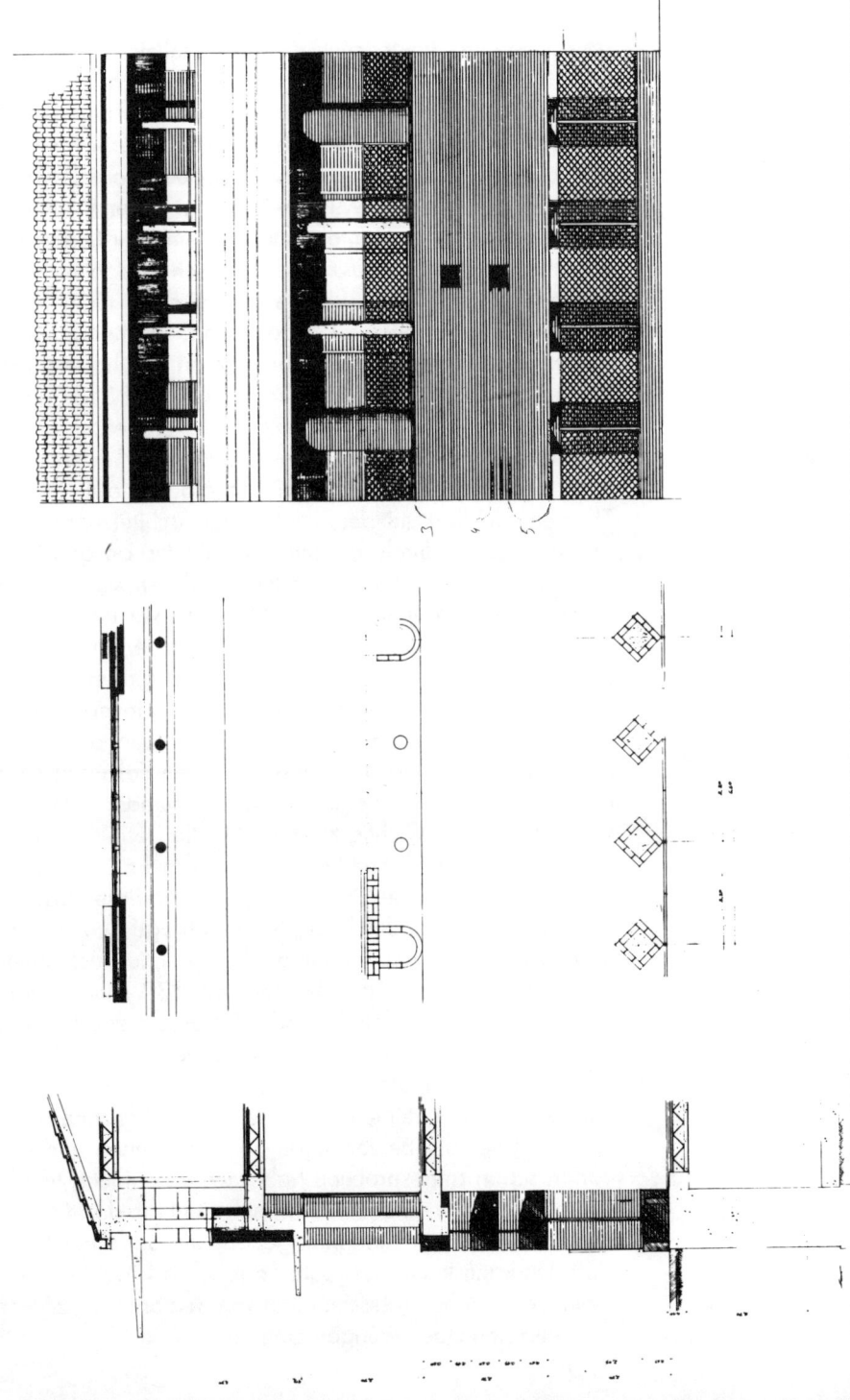

was Intelligenz heißt, auch wenn du vielleicht der Meinung bist, du seist die einzige, die dieses Privileg hat. Ich glaube einfach, daß Rafaels Gebäude nichts mit dem eigentlichen Thema dieser Konferenz zu tun hat. Mir fallen eine ganze Reihe anderer Entwürfe ein, die er hier hätte präsentieren können – zum Beispiel sein Projekt für einen Wohnblock in Venedig. Mit diesem relativ neuen Wohnungsbauprojekt hätte er zumindest ein interessantes Thema zur Diskussion gestellt.

Ich habe versucht herauszufinden, welches Problem er uns eigentlich vortragen wollte. Schließlich sind wir doch nicht hier, um einfach irgendwelche Arbeiten zu begutachten. Ich meine, wir sind hier, um über bestimmte Probleme zu diskutieren. Ich habe ganz einfach nur danach gefragt, welche Probleme dieses Gebäude aufgeworfen hat, und Rafael gebeten, das etwas genauer zu definieren.

Rafael Moneo

Ich habe ganz bewußt dieses Gebäude in Sevilla mitgebracht und nicht das Venedig-Projekt, weil ich glaube, daß die Probleme und Themen, die direkt mit der Situation der Architektur heute zu tun haben, in erster Linie durch *gebaute* Architektur ausgedrückt und daher diskutiert werden sollten. Dadurch werden wir zu einer größeren Genauigkeit gezwungen, die fehlt, wenn wir uns einfach nur irgendwelche Zeichnungen vornehmen. Für mich verkörpert das Gebäude in Sevilla eine Reihe von Problemen, die mir immer wieder Sorgen machen. Da ist zuerst einmal das Problem, wie man in einer alten Stadt etwas Neues bauen kann, und wir wissen doch, daß es dabei um mehr geht als um Mimesis. Ich habe in diesem Falle erst einmal versucht, den Block zu konsolidieren, wobei sich wieder einmal erwiesen hat, wie nützlich und wichtig Fluchten für die Definition von Stadträumen sind. Der nächste Schritt bestand darin, auf die wichtigste Herausforderung, den Torre del Oro, einzugehen, und die Strategie, für die ich mich dabei entschieden habe, ist die schräge Orientierung der Eckfassade. Aber die Einpassung in die bestehende Flucht allein reicht nicht aus. Und eine Fassade, die mehr als 130 Meter lang ist, verlangt geradezu nach einer Struktur oder Textur, die es erlaubt, auf die vielen kleinen Varianten, die ihr dabei begegnen, einzugehen. Die Aufgabe lag für mich darin, Struktur und Textur aufeinander abzustimmen. Aber wir können hier natürlich auch über andere Probleme diskutieren, zum Beispiel über die Beziehungen zwischen innen und außen, die ich vorhin schon angesprochen habe. Ich weiß nicht, inwieweit Sie das interessiert, Peter, und ich weiß auch nicht, ob das für Sie nicht einfach zur normalen Professionalität gehört, die Sie scheinbar nicht interessiert. Ich kann Ihnen nur sagen, daß ich als Architekt nicht bereit bin, meine technische Professionalität von den grundsätzlichen architekturtheoretischen Überlegungen zu trennen.

170

Susana Torre	Peter, ich finde, du hast vollkommen unrecht. Man kann auf solchen Konferenzen nicht alles sozusagen auf Schwarz und Weiß reduzieren. Ich finde, das ist genau das, was in den Zeitschriften immer gemacht wird. Ich dachte, der Sinn dieser Konferenz bestünde eher darin, miteinander über Dinge zu diskutieren, die eben nicht einfach auf Schwarzweißmalerei hinauslaufen, sondern die sehr viel subtiler und komplexer sind und sich eben nicht einfach in einem normalen 250seitigen Buch abhandeln lassen.
Peter Eisenman	Ich meinte didaktische Überlegungen, nicht Schwarzweißmalerei.
Josef Kleihues	Ich habe dieses Gebäude vor einiger Zeit gesehen und muß sagen, es hat mich auf Anhieb begeistert. Es paßt wirklich ausgezeichnet in das Stadtbild von Sevilla. Es kopiert nicht einfach die vorhandene Architektur von Sevilla, nicht einmal einzelne Elemente. Und doch hat es etwas, was genau dem Geist dieser Stadt entspricht. Natürlich ist Sevilla eine ganz besondere Stadt, und man kann auch nicht sagen, daß Sevilla nur einen einzigen, einheitlichen Geist hätte. Das ist es ja gerade, was Sevilla von anderen Städten so unterscheidet. Ich stelle mir vor, Kolumbus ist genau hier aufgebrochen, um Amerika zu entdecken.
Bruce Graham	Ich hatte den gleichen Eindruck, als ich die Dias sah. Ich finde, das Gebäude sieht aus, als gehöre es nach Sevilla, besonders wegen seiner Farben.
Leon Krier	Ich verstehe immer noch nicht, worum es bei diesem Gebäude geht. Sie haben eine Reihe von Dingen angesprochen, die einfach keinen Sinn ergeben. Mir ist überhaupt nicht klargeworden, was dieses Gebäude hervorgebracht hat. Ein Architekt liest Pläne. Wenn ich mir die Fassade ansehe, dann sehe ich eine stark ausgeprägte Horizontale, die den Eindruck vermittelt, das Gebäude habe vier Stockwerke. In Wirklichkeit sind es nur drei. Wenn man heute drei Stockwerke baut – und dazu ein sehr hohes Erdgeschoß –, dann bietet sich die Gelegenheit, großartige Architektur zu machen, etwas wirklich Nobles. Aber bei Ihnen sind es einfach nur drei gewöhnliche, niedrige Geschosse, die irgendwie nach sozialem Wohnungsbau aussehen, wenn auch zugegeben ein wenig nobler. Trotzdem bleibt der Eindruck einer normalen, geschichteten Fassade, und das beinhaltet eigentlich, daß es eine gewisse Kontinuität über diese Horizontalen hinaus gibt. Der Grundriß widerspricht dem jedoch. Mir scheint, daß hier ganz unterschiedliche Gesten nebeneinanderstehen. Und warum so viele verschiedene Materialien? Ich sehe absolut keinen Grund dafür. All die anderen Materialien – der Marmor, die Ziegel – dienen ausschließlich dekorativen Zwecken. Aber Dekoration dient entweder der Ausschmückung ikonographischer Szenen, die entweder

171

	mit dem gesellschaftlichen Leben oder mit Mythologie zu tun haben, oder sie ist Ausdruck der eigentlichen Konstruktion. In diesem Falle jedoch ist der Marmor einfach vorgeklebt und hat nichts mit der Konstruktion zu tun. Die Architrave sind so dünn, daß sie von den Säulen, die bis zu ihnen aufragen, optisch beinahe gesprengt werden.
Rafael Moneo	Also, was die Horizontale des Erdgeschosses betrifft, so glaube ich nicht, daß die Komplexität der Räume oder die Dimensionen der Räume hinter der Wand durch eine Arkade oder ein Meer von Pilastern oder sonst etwas unterstrichen werden sollten. Ich würde sagen, die kleinen Fenster sagen genug darüber aus, was im Innern vor sich geht. Dafür bedarf es keiner großen Öffnungen. Ich hatte nicht das Gefühl, die Dimensionen dieses Stockwerks durch irgendwelche dramatischen, rhetorischen Gesten gliedern oder äußerlich sichtbar machen zu müssen.
	Ich glaube einfach, daß der direkte Ausblick von innen nach außen durch die mit gußeisernen Gittern geschützten Fenster im Erdgeschoß für die dort arbeitenden Menschen die günstigsten Bedingungen schafft. Gleichzeitig verleiht die zusätzliche Beleuchtung durch andere Lichtquellen von oben dem Raum eine Beziehung zur Gesamtstruktur des Gebäudes, so wie ich es mir vorgestellt habe.
Leon Krier	Das steht aber in keinerlei Beziehung zum Grundriß.
Rafael Moneo	Also Leo, diese Bemerkung verstehe ich nun wirklich nicht.
Leon Krier	Sind Sie alle hier der Meinung, daß die Betonung der Horizontalen irgendwie mit dem Grundriß in Beziehung steht? Ich finde das überhaupt nicht. Für mich – und ich bin doch kein Idiot – bedeutet das ganz einfach, daß ich mich im vierten Stock befinde – gleich, was Sie mir erzählen. Für mich heißt das eben, daß das Gebäude vier Stockwerke hat.
Rafael Moneo	Nein, es hat drei Stockwerke.
Leon Krier	Yeah – das müssen Sie mir erklären! Irgendwo haben wir hier ein Problem.
Bruce Graham	Für mich ist das kein Problem.
Diana Agrest	Es ist ein außergewöhnlicher Glücksfall, ein so hohes Gebäude mit nur drei Stockwerken zu haben. Warum haben Sie nicht die Gelegenheit benutzt, etwas Nobleres, Anspruchsvolleres daraus zu machen? Etwas, was weniger nach sozialem Wohnungsbau aussieht?
Rafael Moneo	Für Leo scheint die Betonung der Horizontalen etwas mit Mietskasernen oder anderen einfachen Dingen zu tun haben. Für mich bedeutet die Horizontale etwas völlig anderes. Ich finde, die Horizontale, die dieses Gebäude trägt und die es betont, hat überhaupt nichts mit der Würde oder dem Rang des Gebäudes zu tun. In diesem Fall bot sie sich ganz einfach an, um die bestmögliche Ausrichtung auf das entscheidende Element, den Torre del Oro, zu erreichen.

172

Diana Agrest	Ich muß zunächst einmal sagen, daß ich das Gebäude sehr mag. Ich habe Rafaels Arbeiten immer schon bewundert, denn ich finde, daß er im Vergleich zu anderen überhaupt nicht kühn oder dreist ist. Seine architektonischen Aussagen und Gesten hatten etwas immer überaus Subtiles und Feinsinniges. Er ist ein großer Meister im Umgang mit Materialien. Und all das verkörpert meiner Meinung nach auch dieses Gebäude.
Peter Eisenman	Warum kommst du nicht endlich zur Sache?
Diana Agrest	Laß mich ausreden, ich bin noch nicht fertig. Ohne daß Rafael etwas von Kontextualismus, Historismus oder so gesagt hätte und noch ehe ich das Gebäude gesehen hatte, habe ich die Zeichnungen gesehen und sofort gewußt, das ist Sevilla. Es ging mir dabei wie Josef. Es ist einfach erstaunlich. Ich habe tatsächlich – und das ist genau der Ausdruck, den Sie gebraucht haben – den Geist dieses Ortes gespürt.

Frank Gehry

Frank Gehry

Ich kam hierher mit der festen Absicht, Ihnen ein paar ordentliche Projekte zu zeigen, aber das war mir dann doch zu einfach, und so habe ich im letzten Moment, sozusagen im Geiste dieser Konferenz, entschieden, mich etwas weiter vorzuwagen und Ihnen von meinem Fisch-Fetisch zu erzählen.

Wie Sie wissen, habe ich immer schon ein paar verrückte Ideen oder, sagen wir, abweichende Vorstellungen in meinem Kopf gehabt. Zum Beispiel Maschendraht und – in der letzten Zeit – Fische. Das ganze begann eher als eine Art Seitenhieb auf die Postmoderne, die damals gerade losging. Ich war ein bißchen sauer auf all diese Dinge und sagte mir: „Warum nicht Fische?" Ich weiß nicht, ob das jemandem einleuchtet. Wie dem auch sei, in einigen meiner frühen Skizzen habe ich mich damit beschäftigt, viele verschiedene Formen – ähnlich wie Morandi – in ein Haus einzubringen. Der Fisch war für mich dabei so etwas wie ein Symbol der Vollkommenheit, ohne daß ich die Absicht gehabt hätte, mehr daraus zu machen.

Und dann tauchten diese Formen plötzlich in den Originalskizzen für ein kleines Haus in Minnesota auf – eindeutig Fische. Dann wurde ich gebeten, einen Entwurf für eine Haute-Couture-Ausstellung in Italien zu machen, in Turin, im Castello di Rivoli. Ich wurde also gebeten, eine Ausstellung zu machen, und so machte ich eine Zeichnung von diesem riesigen, fünfzehn Meter langen Fisch, mit einer Figur im Innern, wie Jonas und der Wal – deswegen auch die Fenster.

Dieser Raum hat mich fasziniert. Das Innere war ganz einfach aus Sperrholz. Aber das Schlagen der Schwanzflosse, das Festhalten dieser Bewegung – das wurde für mich plötzlich ein Problem von Architektur und begann mich immer mehr zu interessieren. In Loyola: ein Mahagoni-Fisch. Vor kurzem habe ich einen riesigen Glasfisch gebaut, schwierig daran war die Konstruktion, wie ich ihn aufrecht halten sollte, und das Ganze sieht schon eher aus wie ein Gebäude. Das Gefühl der Bewegung des Fisches – das war es, was ich wollte. Natürlich warf das Ganze eine Menge neuer Fragen auf. Es gelingt natürlich nie ganz. Was mich so fasziniert und weitertreibt ist, daß es nie gelingen wird, die Vollkommenheit dieses wirklichen, lebendigen Tieres zu kopieren. So wurde der Kampf mit den einzelnen Elementen immer aufregender für mich. Die Schuppen bestehen aus einzelnen Teilen, die ungefähr einen Meter achtzig hoch sind und überlappen. Sie werden durch Bolzen gehalten. Das ganze ist ähnlich gebaut wie die Freiheitsstatue, mit einem Mittelschaft, von dem einzelne Speichen ausgehen, die die Außenhaut tragen. Ando weiß, was ich gegenwärtig in Japan mache. In der japanischen Stadt Kobe wird gerade ein alter Bau abgerissen, und eine Menge neuer Gebäude werden gerade

175

gebaut. Wir machen dort ein neues Restaurant. Ich werde Ihnen nicht erzählen, wie es kam, daß das ganze plötzlich ein Fisch wurde. Das ist eine viel zu lange Geschichte. Jedenfalls veränderte sich der Fisch durch das, was ich bei dem ersten gelernt hatte. Er hängt sozusagen schräg im Raum, und die Schwanzflosse bildet eine Art Flechtwerk über einem Speiseraum. Wenn man diesen Fisch endlich betreten kann, wird er hoffentlich auch dieses Penisartige verlieren. Im Inneren ist ein Stahlgerüst, mit einer Höhe von rund 25 Metern. Die Schuppen werden wieder rautenförmig, sie bestehen aus einer doppelten Schicht Maschendraht.

Ich hätte es lieber gehabt, wenn der Fisch massiv gewesen wäre, aber das wäre einfach viel zu aufwendig geworden, vor allem auch wegen der Windlasten. Ich hatte ohnehin bereits mein Budget überschritten. Was ich dabei gelernt habe und worum ich mich bemüht habe, ist eine Rückkehr zu den architektonischen Mitteln Raum und Haut. Ich habe versucht, in Segmente zu gliedern und die Konstruktion aufzuschlüsseln und diejenigen Teile oder Segmente zu finden, die das Gefühl von Bewegung vermitteln und Spannung herstellen. Diese Bewegung und dieses Gefühl und die architektonische Kraft machen es vielleicht zum besten, was ich je getan habe.

Um bei dem Thema der Segmente zu bleiben – dies ist ein Teil von Turtle Creek, einem Gebäude mit Mischnutzung, das wir in Dallas bauen. Dies ist natürlich eher abstrakt. In Wirklichkeit habe ich keine doppelte Haut. Wir haben einfach versucht, diesem Teil, diesem Segment den Charakter dieser Form zu verleihen …

Leon Krier   Was ist das dahinter?

Frank Gehry   Das ist das Haar. Sozusagen eine Abstraktion deiner Frisur.

Leon Krier   Warum sprichst du von einem Fetisch?

Frank Gehry   Nun, ich neige einfach dazu, etwas eher abzuwerten, wenn ich darüber sprechen muß.

Cesar Pelli   Um welche Art Fisch handelt es sich denn?

Frank Gehry   Ursprünglich war es ein Karpfen. Ich bin kein großer Fischkenner. Es ist nicht so, daß ich ständig Fische anschleppe und seziere. Noch nicht. Ich bin ganz intuitiv darauf gekommen.

Diana Agrest   Ich wollte Frank eigentlich fragen, warum ausgerechnet Fische?

Frank Gehry   Einfach weil es etwas ist, womit ich mich beschäftige. Es ist ein Teil meiner Arbeit, zugegeben, nur ein sehr kleiner Teil. Neunzig Prozent dessen, was wir in unserem Büro machen, hat nichts mit Fischen zu tun. Aber alle, die sehen, wie ich daran arbeite, und alle meine Freunde sagen: „Hör auf damit, du machst dich kaputt. Du versuchst, ein Künstler zu sein – vergiß es!" Ich würde sagen, mir geht es darum, eine wie auch immer geartete architektonische Erfahrung zu machen,

176

	wie man vielleicht erkennen kann. Ich glaube, der Bleifisch aus der Ausstellung im Walker Art Center kommt der Sache ungefähr so nahe, wie ich es mir erträumt habe. Aber das ist natürlich noch kein Gebäude im eigentlichen Sinne.
Cesar Pelli	Ich finde die Idee, diese Arbeiten auf diese Konferenz mitzubringen, großartig. Es geht uns doch schließlich darum, warum wir bestimmte Dinge tun und andere nicht und bis wohin Architektur tatsächlich geht. Was das betrifft, so erproben Sie eine neue Richtung von Architektur, es ist ein Weg, auf dem Ihnen bisher keiner gefolgt ist, auf jeden Fall weder so weit noch so erfolgreich. Und ich muß zugeben, daß diese Bilder wirklich sehr schön sind. Außerdem funktionieren sie in vielen Fällen überraschend gut, und man hätte doch schwören können, daß es eine Katastrophe geben würde.
Frank Gehry	Yeah, das hätte ich auch schwören können. Andererseits bin ich so talentiert, daß es gar nicht anders möglich …
Cesar Pelli	Bildhauerei, als Kunstform, dringt immer mehr in die Architektur ein. Und wir lassen es zu, daß jeder den Begriff „Kunst" verwendet, wie er will, weil wir selbst schließlich keine Künstler sind. Mit der Baukunst ist es etwas anderes, das ist ein Zwischenbereich, und dort sehe ich die Spannung. Und dort liegt auch die Bedeutung. Sie sollten uns aber wirklich erklären, warum es ausgerechnet Fische sind?
Frank Gehry	Sie meinen, warum ich Fische besser fand als alles andere? Die Erklärung klingt absolut verrückt, aber es ist die Wahrheit. Es fing an, als ich an diesem Entwurf für den Tribune Tower gearbeitet habe. Da habe ich einen Adler gemacht. Ich weiß nicht, ob Sie sich daran erinnern – es war nur so eine kleine Skizze. Ich wollte eigentlich eine Reinzeichnung davon machen, bin aber nie dazu gekommen. Dann habe ich irgendwann beschlossen, eine Maquette von diesem Adler zu machen. Ich habe ihn dann in das Haus eingebaut, das ich damals in Charlottesville vorgestellt habe, und zwar draußen vor dem Küchenfenster. Dann fing ich an, eine Kolonnade aus den verschiedensten Dingen zu machen, und als nächstes zeichnete ich einen Fisch. Es war reine Intuition – ein Fisch stand plötzlich auf. Ich begann zu zeichnen und war einfach fasziniert. Es gibt alle möglichen Dinge in meinem Leben, die vielleicht mit Problemen zu tun haben, welche ihrerseits irgendwie auf das Bild vom Fisch verweisen, aber ich weiß nicht, ob das alles so stimmt.
Helmut Jahn	Ich finde auch, hier haben wir Forschungsgeist und hier haben wir Schönheit. Es wird nur in dem Augenblick problematisch, wo Sie das Ganze auf ein reales Gebäude anwenden. Genau das ist es, was die Architektur von Begriffen wie Schönheit und Kunst trennt, wenn etwas nämlich eine andere Funktion, einen anderen Zweck hat als den, der

178

der Konstruktion zugrunde liegt. Ich finde einfach, es sieht weder aus wie ein Fisch noch wie ein Bürohaus. Sie hatten Mühe, daraus eine Vorhangfassade zu machen, und das heißt, Sie brauchten eine technische Ausdruckform, die aber ebenso stark ist wie das Bild selbst.

Frank Gehry

Aber womit fangen Sie an, mit der technischen Lösung oder womit? Ich hoffe, Sie verstehen, worum es mir geht. Ich habe mich bemüht, ein technisches Gefühl zu erzeugen. Im kleinen Maßstab ist mir das gelungen. Aber ich weiß nicht, was im großen Maßstab daraus wird.

Mario Gandelsonas

Ich habe eine Antwort für den Fisch. Ich glaube, der Fisch ist nur ein Vorwand. Auf der anderen Seite hat die Sache aber ein starkes linguistisches Element, denn das Problem, das wir hier diskutieren, ist das Problem des Maßstabs. Und mir ist plötzlich aufgegangen, was Sie uns eigentlich damit sagen wollen. Wissen Sie, Frank, Sie haben etwas ziemlich Aufregendes an sich. Das habe ich schon damals bemerkt, als wir uns zusammen das Luftfahrtmuseum angesehen haben.

Das englische Wort „scale" bezeichnet sowohl den Maßstab als auch die Schuppen eines Fisches.

Ich glaube, die Kraft, die in diesem Gebäude steckt, hat nichts mit Syntax zu tun und auch nichts mit den Risiken, die Sie eingehen. Es hat vor allem zu tun mit der Wirkung des Maßstabs. Und Sie erzielen mit dem Fisch genau den umgekehrten Effekt. Der Fisch ist viel zu groß, das Flugzeug zu klein. Noch etwas ist mir damals in Los Angeles aufgefallen, die Wirkung, die ein Flugzeug hat, direkt über kleinen Vororthäusern. Ich habe damals zum erstenmal diese riesigen Flugzeuge neben den winzigen Häusern gesehen. Das war dasselbe wie in Gehrys Projekt. Gleichzeitig fühlte ich mich auch an diese riesigen Werbetafeln erinnert, die in Relation zum Freeway genau richtig wirkten.

Ich würde also sagen, was Sie versuchen ist, eine neue Art von Maßstab in die Architektur einzuführen, wie wir sie vorher nicht kannten, weil Los Angeles noch so neu ist, weil der Freeway noch so neu ist. Und der Kontrast zwischen einem riesigen Flugzeug und einem winzigen Einfamilienhaus ist uns ebenfalls neu. Ich weiß nicht, inwieweit Sie einfach nur diese Erfahrungen einfangen und uns vorführen. Ich weiß nicht, ob man in dieser Richtung nicht noch weiter gehen könnte.

Ich habe das Gefühl, daß Sie mir Zeichen geben, Signale schicken. Ich glaube, darüber sollten wir nachdenken. Das ist etwas, was wirklich wichtig ist. Ich sehe das gleiche übrigens in Ihrer Zusammenarbeit mit Alden, der in gewissem Sinne das gleiche Spiel spielt wie Sie, wenn auch in einem anderen Bereich. Ich finde das toll, ich finde das einfach großartig.

Frank Gehry

Als Cesar damals den blauen Wal gebaut hat, gab es hellen Aufruhr. Aber gerade das war ein Zeichen für die Kraft dieses Entwurfs. Jetzt,

180

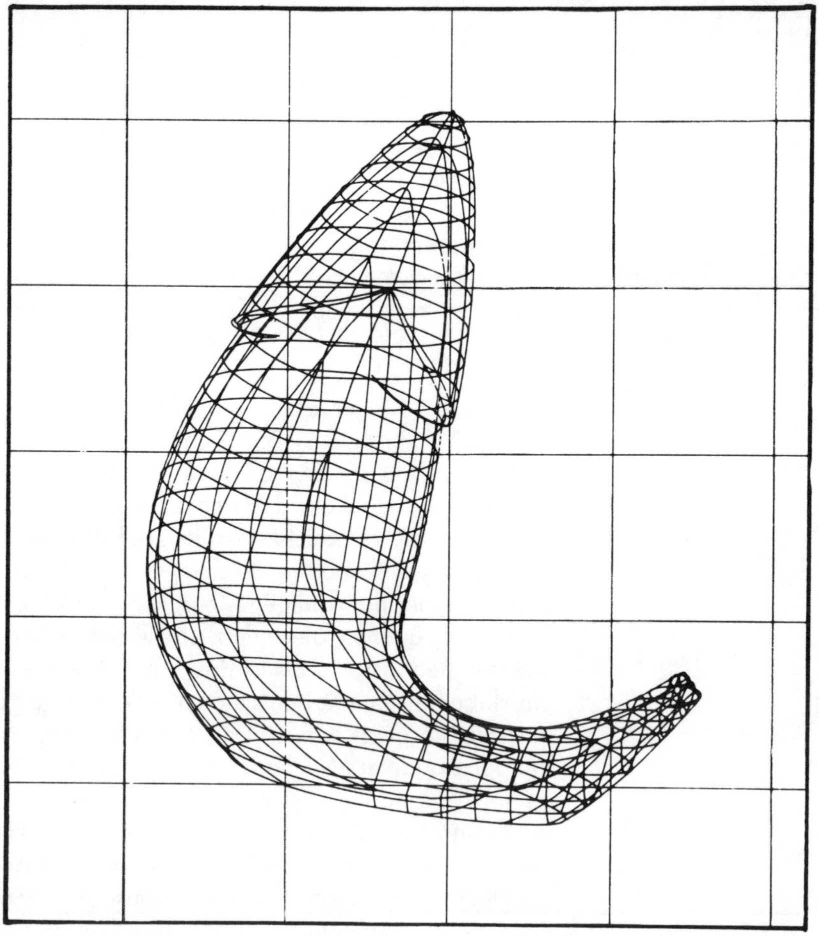

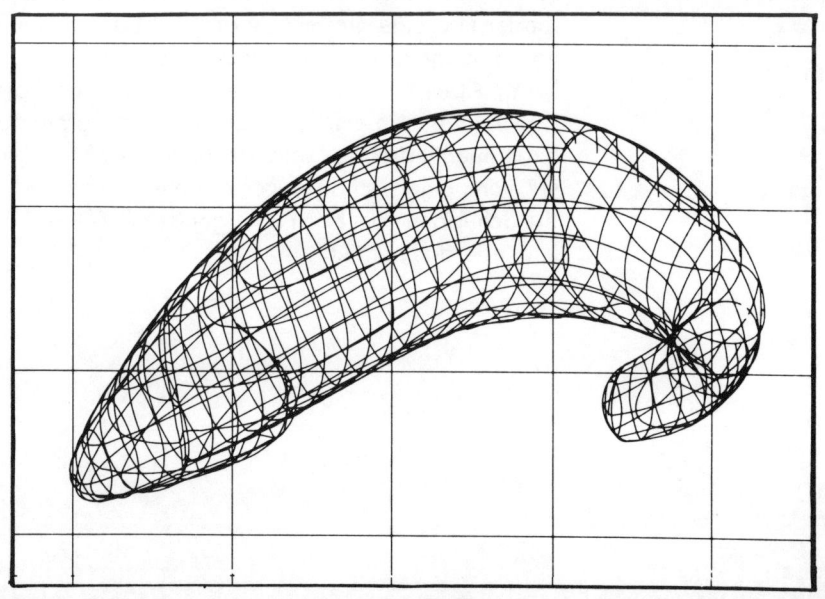

wo die anderen Gebäude abgerissen sind, hat er einiges von dieser Kraft eingebüßt, deshalb wird er ihn jetzt dreimal so groß machen und die alte Wirkung wiederherstellen. Für mich ging es dabei jedenfalls genau darum.

Stanley Tigerman Ich möchte gerne noch zwei Dinge zu dem Fisch sagen. Ich habe eine lange Zeit zugesehen, wie Frank damit umgegangen ist. Bei unseren gemeinsamen Projekten hat er nicht emblematisch gearbeitet, bei dem Projekt mit Bob Stern in Kalamazoo dann doch. Es hat etwas Heroisches, wie er damit umgeht. Und ich verwende den Begriff „heroisch" hier keineswegs leichtfertig, sondern ganz bewußt. Viele Leute – manche von uns und viele von denen da draußen – versuchen das, was sie machen, dadurch zu legitimieren, daß sie sich immer wieder auf die Geschichte berufen, auf das, was sie gerade machen, auf die Linguistik, auf die Sprache in jeder Form.

Frank ist einer der wenigen Menschen, die ich kenne, die bereit sind, Risiken einzugehen, die verletzlich bleiben wollen, die sich als Künstler beschimpfen lassen. Das ist das, was ich mit heroisch meine, weil er uns dabei in seine Karten schauen läßt. Er sagt ganz offen, worum es ihm geht und was er macht. Aber noch einmal zurück zu Helmut. Ich bin ganz anderer Meinung. Ich glaube, daß es riskant ist, einen Fisch zu nehmen und ein Gebäude daraus zu machen. Aber das ist genau der Grund, warum ich ihn so liebenswert finde. Und das ist dann auch der Punkt, wo unsere Auseinandersetzung erst beginnt.

Ich glaube nicht, Helmut, daß der Konstruktivismus irgendwie auf das Prinzip des Verschraubens oder Schweißens zurückgeht. Wenn das so wäre, dann müßten wir Frank Lloyd Wright, Bruce Goff, Frederick Kiesler und eine große Zahl anderer Leute fallen lassen. Für dünnblütige, hochgezüchtete, französischstämmige Virginier ist das kein Problem. Aber für uns im Mittelwesten jedoch kommt die Vorstellung davon, wie man ein Gebäude baut, häufig genau aus dieser Art von Experimentierfreude. Und ich finde es einfach toll, daß Frank jetzt versucht, einen Schritt weiter zu gehen und zu sehen, ob der Fisch, ob die Schuppen vom Fisch auf irgendeine Weise ein Gebäude ergeben. Ich finde das herrlich.

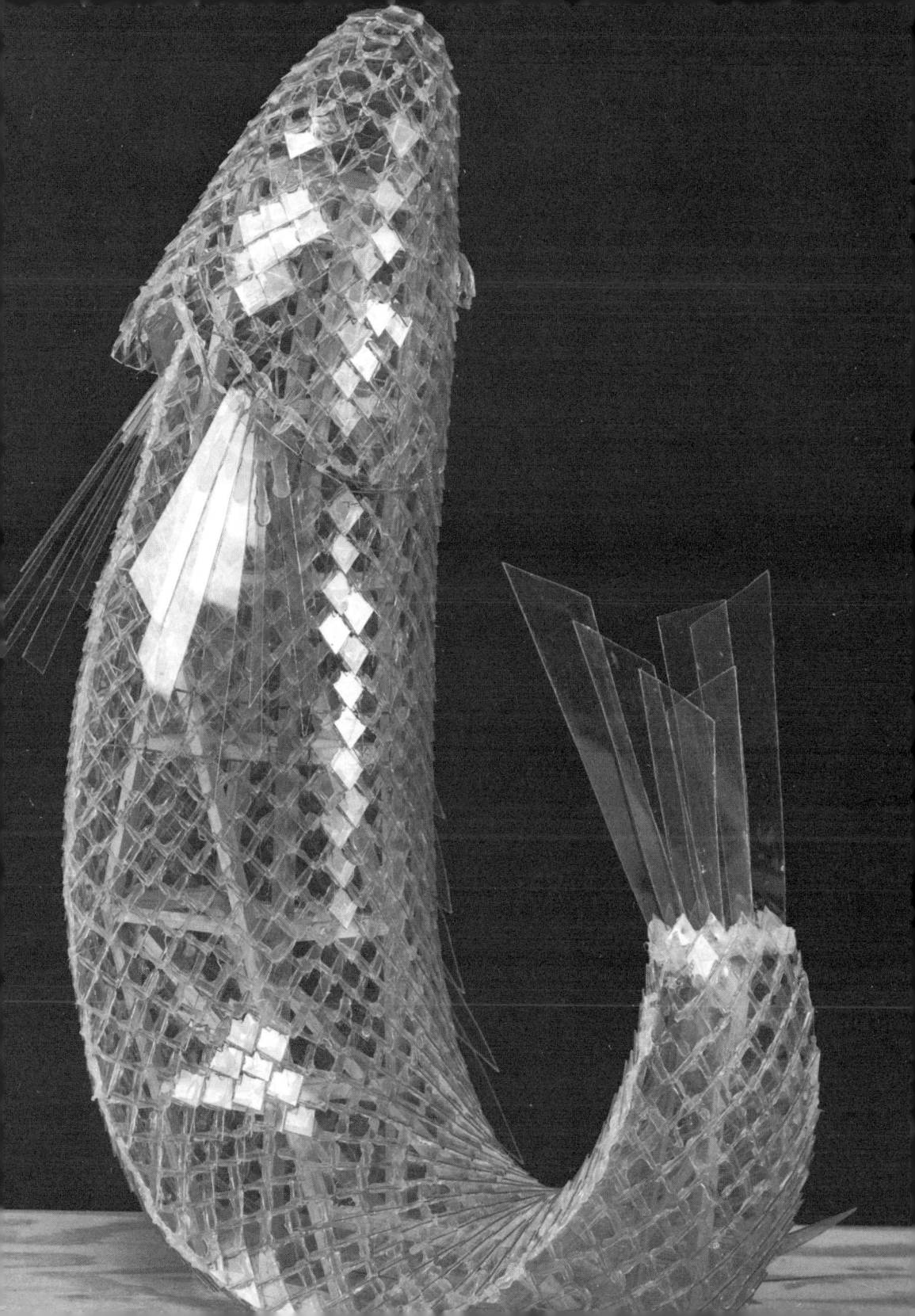

Josef Kleihues

Josef Kleihues   Ich war mir nicht ganz sicher, welches Projekt ich hier zeigen sollte. Zuerst wollte ich Ihnen ein großes Projekt zeigen, weil wir hier in einem großen Land sind. Dann dachte ich, es wäre interessanter, Ihnen nur die eiserne Dachkonstruktion des Museums für Geschichte vorzuführen, das gerade im Bau ist. Dieses Dach war ursprünglich Teil einer Kirche, die im Zweiten Weltkrieg völlig zerstört wurde. Ich glaube, das wäre schon interessant geworden, weil wir dieses Dach aus 5 bis 6 cm dicken flachen Eisenteilen ziemlich ungewöhnlich konstruiert haben. Der Bau ist inzwischen fertig.

Aber dann erinnerte ich mich, daß Stanley um neue Projekte gebeten hatte, die noch nicht veröffentlicht sind, und so zeige ich Ihnen heute etwas, von dem ich erst kurz vor meiner Abreise ein paar Dias gemacht habe.

Bonn, die Hauptstadt der Bundesrepublik, will nicht nur politisches Zentrum sein, sondern auch etwas für die Kultur tun. In diesem Zusammenhang wurde vor drei Jahren ein Museumswettbewerb ausgeschrieben, und im letzten Jahr wurden fünfunddreißig Architekten eingeladen, Entwürfe für eine Kunsthalle einzureichen.

Das Programm dafür war nicht eindeutig. Noch wissen die Auftraggeber nicht genau, was sie mit dieser Ausstellungshalle anfangen wollen. Jedes Jahr werden hier vielleicht sechs oder acht Ausstellungen gezeigt werden. Das können Kunst-, aber auch Designausstellungen sein. Ein Teil des Gebäudes sollte darüber hinaus für Konferenzen genutzt werden, es sollte eine Bibliothek geben, und schließlich beinhaltete das Programm auch noch ein sogenanntes „Totaltheater".

Der Grundriß hier stammt aus der letzten Phase. Der Wettbewerb ist übrigens noch nicht entschieden. Da das architektonische Programm so ungenau war, dachte ich mir, wir sollten einen Kulturtempel bauen. Eine Art großen Tempelbezirk. Das Gebäude besteht aus einer riesigen Halle, die man von der Hofseite her betritt. Wir haben die Verwaltungsbüros im ersten Obergeschoß und ein Café auf der gleichen Ebene wie den Skulpturengarten. Aus klimatischen Erwägungen haben wir uns dabei für drei überdachte Gärten entschieden.

Das Foyer kann ebenfalls für Ausstellungszwecke genutzt werden. Und hier habe ich das Totaltheater plaziert. Natürlich wird sich jeder erinnern, daß Gropius 1927 ein solches Theater entworfen hat. Wir haben die Gropiusschen Pläne genau studiert und ziemlich schnell gemerkt, daß er offenbar nicht sehr intensiv an diesem Projekt gearbeitet hat. Das ganze war nur eine ziemlich vage Idee. So haben wir uns denn hingesetzt und die Sache neu durchdacht.

Wir haben nicht nur eine bewegliche Arena wie in dem Entwurf von Gropius; in unserem Falle kann man das gesamte Theater bewegen.

185

Bei einer Größe von 30 mal 30 Metern läßt sich die Bühne je nach Wunsch zur Ausstellungshalle, zum Foyer oder auch zum Skulpturengarten hin öffnen.

Es gibt nur vier eiserne Säulen im Zentrum und dann zwölf weitere Säulen weiter außen. Insgesamt sind es also sechzehn. Das Dach darüber besteht aus Glaswürfeln, die überall gleich sind.

Ich möchte mich bei dieser Präsentation vor allem auf zwei Dinge konzentrieren. Das eine ist das Theater, und das andere ist das System flexibler Wände, die von der Decke abgehängt sind. Damit lassen sich die verschiedensten Räume für die unterschiedlichen Ausstellungen schaffen, je nach Bedarf.

Man kann diesen inneren Ring drehen, so daß man immer genau die gewünschte Beziehung zur Bühne im Zentrum herstellen kann. Auch die Bühne selbst kann gedreht werden. Der gesamte Außenring ist auf Rollen gelagert, so daß man das Theater in die verschiedensten Richtungen drehen kann – zur Eingangshalle hin, zum Foyer oder auch zur Ausstellungshalle, wenn man zusätzlich die Austellungshalle und den Skulpturenbereich als Spielfläche nutzen will.

Der nächste Punkt betrifft die Technik der Wände. In der Decke befindet sich in jedem 9 mal 9 Meter großen Feld eine Glaspyramide. Diese Technik ist sehr einfach. Alle Klimakanäle sind in dieser Doppelkonstruktion untergebracht, so daß man die Decken, die jeweils mit den entsprechenden Vorrichtungen für die Beleuchtung versehen sind, je nach Belieben herunterlassen kann. Man kann sie bei Bedarf bis auf den Boden der Ausstellungshalle herunterfahren und so die Beleuchtung austauschen und ähnliches mehr.

Zwischen diesen einzelnen Konstruktionsteilen gibt es drei Wände, die bei Bedarf heruntergelassen werden können. Und es gibt eine Reihe von Stützen im Erdgeschoß, die hochgefahren werden können.

Diana Agrest	Das ist ja fast wie in „Modern Times".
Josef Kleihues	Es ist alles ganz einfach. Hier ist ein Schnitt, man kann einfach damit spielen. Ich werde Ihnen erklären, wie man den Raum verändern, wie man Säulen hochfahren oder Wände herunterlassen kann.
Diana Agrest	Woraus bestehen sie denn?
Josef Kleihues	Es sind Eisenplatten, die mit Holz verkleidet sind.
Stanley Tigerman	Haben die Säulen eine tragende Funktion?
Josef Kleihues	Nein, man kann sie auch unten lassen. Die Säulen haben nichts mit der Stabilität der Konstruktion zu tun.
Stanley Tigerman	Welchen Zweck haben sie dann?
Josef Kleihues	Sie dienen dazu, einzelne Räume abzuteilen. Wenn man einen Raum abgrenzen will, braucht man die Säulen.
Stanley Tigerman	Also die Wände brauchen die Säulen.

186

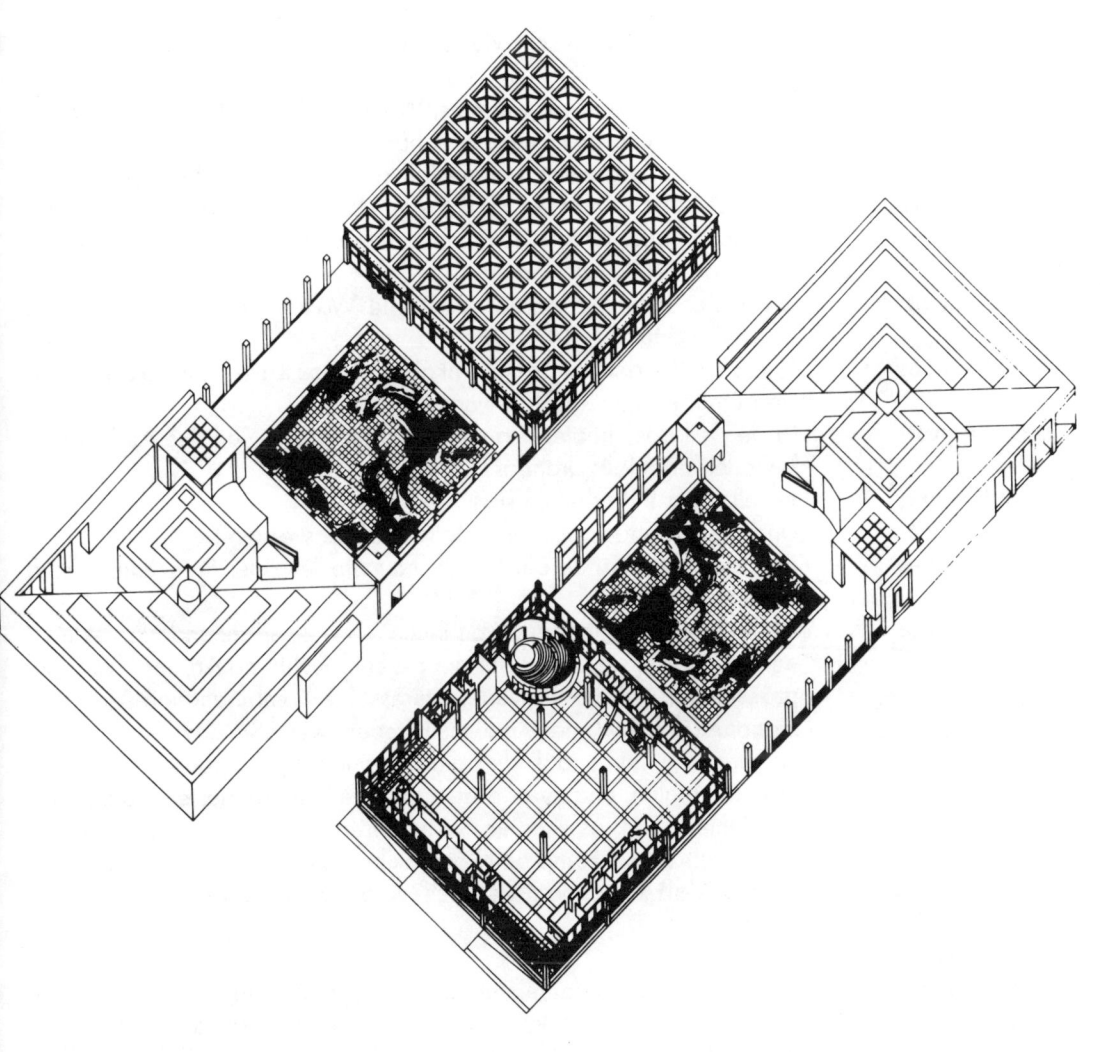

Josef Kleihues	Nein. Es ist so, daß weder die Säule die Wand braucht noch die Wand die Säule. Es geht nur darum, welche Art von Unterteilung man vornehmen will.
Diana Agrest	Wo fangen die Säulen an? Werden sie pneumatisch hochgefahren? Gibt es ein pneumatisches System für die Säulen?
Josef Kleihues	Nein, nein. Es wäre sehr viel billiger, wenn man einfach einen Turm unter dem Dach einrichten würde, um sie aufzunehmen.
Diana Agrest	Nein, ich meinte etwas anderes. Wenn die Tafeln die Säulen sozusagen als Führung brauchen, was hält dann die Säulen? Werden die Säulen nicht gebraucht, um die Tafeln auf und ab zu bewegen?
Josef Kleihues	Nein. Die Säulen messen 1,18 Meter. Wenn die Säulen unten sind und nur die Wände heruntergelassen werden, dann hat man einen Durchgang von 1,18 Meter Breite.
Diana Agrest	Ich weiß, aber wie werden dann die Wände gehalten, wenn nicht durch die Säulen?
Josef Kleihues	Durch ein Bündel von drei Eisenkabeln. Diese Kabel sind so stark, daß sie sich überhaupt nicht bewegen.
Diana Agrest	Ist der Teil des Theaters, in dem sich der größte Teil des Auditoriums befindet, ebenfalls drehbar?
Josef Kleihues	Ja, alle drei Teile drehen sich.
Diana Agrest	Und die Wände können ebenfalls geöffnet werden?
Josef Kleihues	Nur eine der Wände öffnet sich. Nur die Teile des Proszeniums sind zu öffnen.
Rem Koolhaas	Ich finde, es ist ungehörig von Ihnen, so viele spannende Projekte zu entwerfen und sie immer auf die gleiche nüchterne Art und Weise zu präsentieren. Ich habe allerlei interessante Kombinationen und Assoziationen entdeckt und würde mich freuen, wenn Sie dazu etwas sagen könnten. Stimmt es, daß dies ein Gebäude ist, dem bestimmte Eigenschaften fehlen, und zwar deswegen, weil ihm die festen Abgrenzungen fehlen? Daß es eher ein Sechziger-Jahre-Gebäude ist, wie Mario sagt, weil es so kompromißlos flexibel ist? Und stimmt es darüber hinaus, daß es außerdem auch eine Art neoklassizistischer Aura besitzt?
Josef Kleihues	Ja.
Rem Koolhaas	Ja? Und zu guter Letzt nimmt der Bau auch noch für sich in Anspruch, ohne jedes Konzept zu funktionieren. Wenn das alles tatsächlich zutrifft, könnten Sie etwas dazu sagen? Sie müssen ein fantastischer Synthetisierer sein, um diese thematische Vielfalt wirklich umsetzen zu können. Ich habe eine Andeutung davon in den Innenräumen gesehen.
Josef Kleihues	Zuerst einmal ist dies alles andere als ein klassizistisches Gebäude. Es gibt zwei Gründe dafür, warum das unmöglich ist. Der erste ist, daß der Bau keine Achse hat. Es handelt sich vielmehr um ein Gebäude,

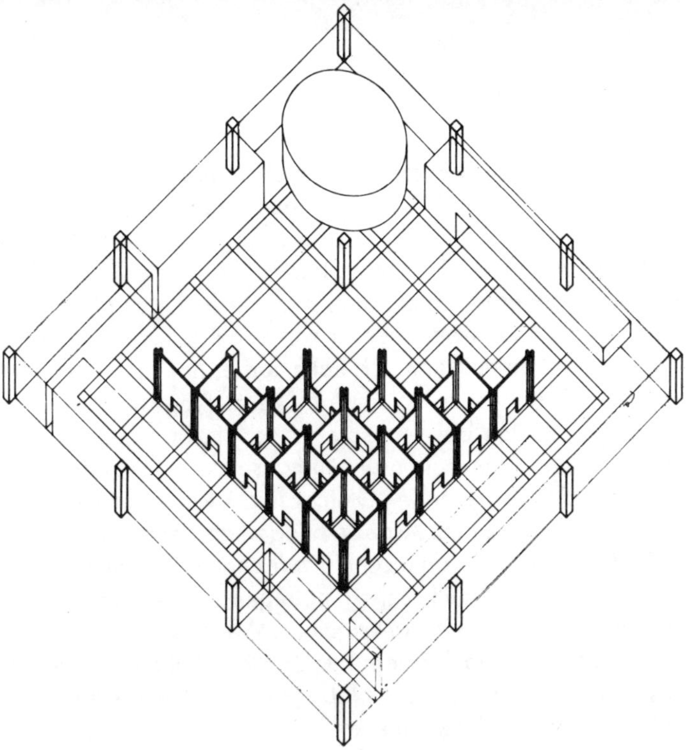

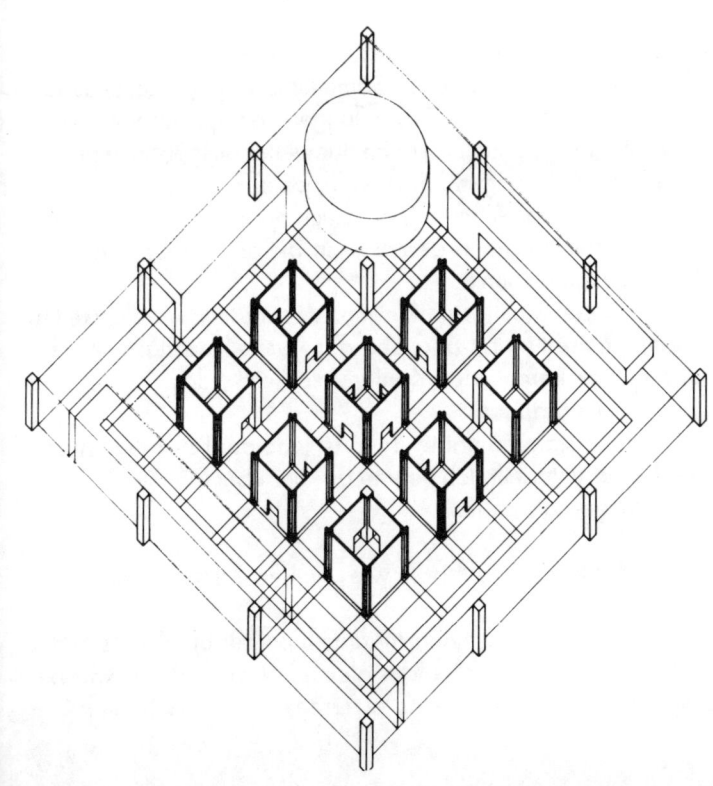

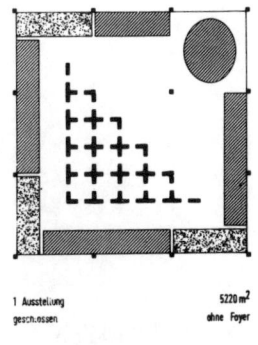

1 Ausstellung   5220 m^2
geschlossen   ohne Foyer

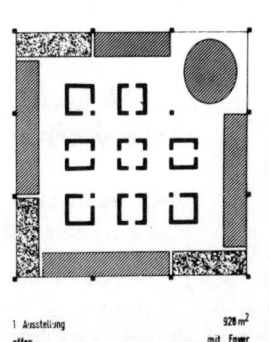

1 Ausstellung   920 m^2
offen   mit Foyer

bei dem zum Beispiel die Gärten sozusagen rotieren wie bei einer Windmühle. Es ist kein klassizistisches Gebäude, sondern vielmehr ein rationales Gebäude. Es basiert auf einem absolut rationalen Grundkonzept. Was die Architektur betrifft, so bin ich nun einmal Rationalist. Ich war nie etwas anderes. Ich glaube an die Technik. Ich glaube an die Funktion. Und diese Arbeit hier ist sozusagen emblematisch für meinen Glauben an die Funktion. Ich hatte vorher noch nie Gelegenheit, ein solches Gebäude zu entwerfen. Dieses Programm war die erste Chance, die sich mir bot, und so habe ich sie wahrgenommen. Wenn Sie sich meinen Krankenhausentwurf ansehen, so ist er genauso eine völlig rationale Maschinerie. Gleichzeitig ist es aber auch ein Stück Architektur. Diese beiden Aspekte hängen also eng miteinander zusammen. Wir kennen den Unterschied zwischen Rationalismus und Klassizismus. Es war für mich schon aufregend, das Gropiussche Theater zu nehmen und es weiter auszutüfteln. Wenn jemand in seinem Programm die Forderung nach einem Totaltheater erhebt und man sich an Gropius erinnert, dann wird das plötzlich eine große Herausforderung zu sehen, ob das so funktioniert.

Paul Rudolph	Ich habe nicht ganz verstanden, wie man in das Gebäude hineinkommt. Es ist doch angelegt wie eine Windmühle, mit diesen verschiedenen Gärten. Kommt man durch einen dieser Gärten hinein?
Josef Kleihues	Ganz recht. Es gibt einen Skulpturengarten zwischen dem Museum mit seiner mehr oder weniger statischen Sammlung und der Ausstellungshalle, in der ständig wechselnde Ausstellungen gezeigt werden. Dabei sollen die bestehenden Sammlungen immer weiter ausgebaut werden. Es gibt also nur einen einzigen Eingang für beides.
Paul Rudolph	Manchmal wird man, so nehme ich an, auch nur das Theater nutzen, während die Ausstellungshalle geschlossen bleibt. Es gibt also noch einen dritten Anziehungspunkt.
Josef Kleihues	Das war eine unserer wichtigsten Fragen. Wir müssen Möglichkeiten schaffen, damit man alle drei Bereiche der Ausstellungshalle separat betreten und nutzen kann – den Konferenzbereich, das Theater und das Foyer für die Empfänge.
Paul Rudolph	Wenn ich richtig verstanden habe, dann ist jede der Fassaden in drei gleichgroße Felder unterteilt. Ich nehme an, der überspannte Raum ist in beiden Richtungen gleich tief.
Josef Kleihues	Genau.
Paul Rudolph	Und dann habe ich mich gefragt, wie Sie die Klimaschächte und -leitungen geführt haben.
Josef Kleihues	Das haben wir zusammen mit einem Ingenieur perfekt durchkonstruiert.
Paul Rudolph	Mein zweite Frage ist: Sind dies die gleichen Proportionen wie bei dem Theater von Gropius? War das letztere nicht sehr viel höher?

Josef Kleihues	Es gibt für das Gropiussche Theater keine Maßangaben. Alles, was wir haben, ist eine Zeichnung.
Paul Rudolph	Es ging mir nur um die Höhe. Soweit ich mich erinnere, waren die Proportionen ganz andere. Dieser Raum hat ziemlich große Bedeutung, und früher war man sowieso der Meinung, Flexibilität sei von allergrößter Bedeutung. Tatsache aber ist natürlich, daß es sehr, sehr kostspielig ist, Flexibilität wirklich zu erreichen.
Josef Kleihues	So teuer ist es nun auch wieder nicht. Wir machen das für rund 120 Millionen DM.
Paul Rudolph	Aber der Universalraum erfordert schließlich auch eine Art Fundus oder Lager für die Kunstwerke. Immerhin unterscheiden sich die verschiedenen Ausstellungen doch erheblich im Umfang. Und außerdem scheint mir, daß auch der architektonische Ausdruck zu wünschen übrigläßt.
Josef Kleihues	Wir haben in dem Begleittext ausführlich beschrieben, daß man mit den vorhandenen Elementen noch weit mehr anfangen kann. Man könnte zum Beispiel einen Raum mit ganz speziellen Abmessungen schaffen und eine perfekte Installation machen. Ein Ausstellungsarchitekt könnte seine eigenen Installationen vornehmen, außerdem gibt es Werkstätten für alle Holz- und Stahlkonstruktionen, die dabei notwendig werden.
Helmut Jahn	Ich muß sagen, ich fühle mich ebenfalls an einige der Vorbilder erinnert, von denen Rem gesprochen hat. Sie verwenden die gleichen Techniken, um Säulen hochzufahren und Trennwände herunterzulassen, wie sie Mies in seinem Museumsbau benutzt hat.
Josef Kleihues	Aber hier handelt es sich um ein völlig anderes Gebäude. Ich bewundere den Bau von Mies, aber dieses Gebäude hier entstand aus einem ganz anderen Geist.
Helmut Jahn	Aber ich verstehe das so, daß Sie eine Vielzahl aufwendiger technischer Vorrichtungen einsetzen, um gewissermaßen einen Teil des eigentlichen architektonischen Konzepts zu zerstören. Und am Ende kommen Sie schließlich doch nicht darum herum, eine Menge Säulen und Hindernisse einzubauen, damit das ganze wirklich funktioniert.
Josef Kleihues	Wenn man eine große Ausstellung machen will, dann nutzt man die gesamte Halle und hat dann auch den Raum einer großen Halle. Wenn man eine Anzahl kleinerer Ausstellungen gleichzeitig aufbauen will, dann ist auch das ohne weiteres möglich.
Helmut Jahn	Nun, man kann doch auch eine große Ausstellung in einer Reihe von kleinen Räumen machen.
Josef Kleihues	Das kann man natürlich auch machen.
Peter Eisenman	Ich war ein wenig irritiert über Ihre Präsentation, so wie es mir immer geht, wenn jemand die Dinge nicht beim richtigen Namen nennt. Sie haben eine halbe Stunde gebraucht, um das wirklich Entscheidende

191

zu sagen, nämlich daß dieses Gebäude aus einem völlig anderen Geist ist als das von Mies. Und das ist doch genau der Punkt. Mechanische Vorrichtungen, Technik und Rationalismus sind schön und gut. Ich meine, es gibt viele verschiedene Wege, eine mathematische Gleichung zu lösen, aber keiner dieser Wege ist poetischer, symbolischer oder raffinierter als der andere.

Sie können mir alles mögliche über die Technik und die mechanischen Vorrichtungen erzählen. Am Ende ist es doch nur die Raumqualität, das Verhältnis von Masse zu Leere, das darüber entscheidet, ob Architektur gelingt oder nicht. Ihnen geht es doch um den Geist der Sache. Und über den Geist der Architektur sagen Sie nichts. Das ist es, was mich so irritiert. Wir haben überhaupt nicht über Architektur gesprochen. Wir haben uns nur über Technik und die Möglichkeiten der Technik unterhalten.

Ich glaube, wenn Ando ein Raster macht, wenn Mies ein Raster macht oder wenn Sol Le Witt, der Bildhauer, ein Raster macht, dann ist das etwas völlig anderes als bei Josef Kleihues. Und genau das ist es, was mich als Architekt interessiert. Worin besteht der Unterschied zwischen Ihrem Raster, Andos Raster, Mies' Raster und Le Witts Raster?

Josef Kleihues   Ich kann Ihnen den Unterschied zeigen zwischen dem Miesschen Raster und meinem Raster.

Peter Eisenman   Okay, das ist etwas, was ich gerne hören würde.

Josef Kleihues   Es ist doch so, daß zum Beispiel im Theoriegebäude des Klassizismus das Raster in der Hauptsache mit Ästhetik, mit universaler Vollkommenheit, mit Idealismus zu tun hatte. Im Theoriegebäude des Rationalismus hat das Raster dagegen eine völlig andere Bedeutung. Hier bedeutet das Raster Mechanik, Methode, all diese Dinge. Und ich habe Ihnen ja gesagt, daß ich kein Klassizist bin, sondern Rationalist.

Thomas Beeby   Selbst wenn Sie das Raster als eine Art mechanistisches Instrument oder Hilfsmittel begreifen, sind doch immer architektonische Elemente mit im Spiel. Wenn Sie eine Decke herunterlassen oder wenn Sie das gleiche Wandsystem für sieben, zwölf oder dreißig Meter große Räume verwenden und damit das Verhältnis des Menschen zu diesen Elementen verändern, dann müssen Sie doch jeweils auch den gesamten Maßstab des Raumes ändern. Wie können Sie etwas entwerfen, ohne dabei zu wissen, ob etwas aus einer Entfernung von drei Metern oder dreißig Metern gesehen wird? Da ist doch immer diese Beziehung zwischen den einzelnen Elementen und dem Gesamtsystem.

Josef Kleihues   Wenn Sie beispielsweise eine Ausstellung von Zeichnungen machen wollen, dann brauchen Sie nur zwei oder drei Fuß – neun mal neun Meter. Sie können dann die Decken auf sechs Meter oder sogar auf drei Meter herunterlassen, wenn Sie wollen.

192

Thomas Beeby	Damit verleihen Sie aber dem Raum eine völlig neue Oberfläche. Sie schaffen eine völlig neue Oberfläche in diesem Raum.
Josef Kleihues	Das hängt davon ab, was Sie vorhaben. Sie haben technische Werkstätten für die notwendigen Installationen, oder Sie benutzen für den gleichen Zweck diese eher neutralen Oberflächen.
Thomas Beeby	Sie erwähnten vorhin Oberlichter. Gibt es hier natürliches Tageslicht?
Josef Kleihues	Normalerweise ist da eine Glasdecke. Aber man kann die Glaselemente herausnehmen und statt dessen Strahler montieren, ganz nach Bedarf.
Thomas Beeby	Das heißt also, das System als solches hat keinen eigenen architektonischen Ausdruck?
Josef Kleihues	Aber natürlich. Es ist schließlich Architektur. Es ist alles Architektur.
Mario Gandelsonas	Ich habe nur eine einfache Frage zur Architektur, dieselbe, die Paul zu Anfang angesprochen hat. Es geht um die der Tür, das heißt wie man diesen Raum betritt. Eigentlich sind es drei Fragen. Die erste lautet: Warum die Zahl von neun Feldern? Warum eine ungerade und nicht eine gerade Anzahl? Die nächste Frage – eine sehr wichtige Frage: Wie kommt es, daß das Theater, dieses ungeheuer symbolstarke Element, in eine Ecke geschoben ist und der Entwurf des Gebäudes in keiner Weise darauf eingeht? Und das dritte ist das Problem, wie man diese Box betritt. Alle diese Fragen scheinen nichts miteinander zu tun zu haben. Aber wir sind doch alle Architekten, und das sind die Bedingungen, das ist unsere architektonische Aufgabe. Und Sie ignorieren das einfach.
Josef Kleihues	Nein, ich will keineswegs etwas ignorieren. Ich will es einfach so und nicht anders machen.
Mario Gandelsonas	Aber als Architekt ignorieren Sie es. Ich glaube wirklich, daß es in der Architektur gewisse Regeln gibt – und daß es bestimmte Probleme gibt.
Peter Eisenman	Aber er hat das Recht, so zu tun, als seien das keine Probleme.
Mario Gandelsonas	Dann muß er als Architekt aber auch zeigen, daß er diese Probleme leugnet. Andernfalls nämlich ist er kein Architekt. Viele Leute leugnen oder ignorieren diese Probleme, nur weil sie nicht wissen, daß es sie gibt.
Josef Kleihues	Ich bin doch kein Ingenieur, ich bin Architekt.
Leon Krier	Und damit ist wohl der Streit beendet.
Josef Kleihues	Nein, das wäre zu einfach.
Leon Krier	Wieso sollte denn auch ein Museum nach Kultur aussehen?
Josef Kleihues	Es ist doch kein Museum, sondern eine Ausstellungshalle.
Leon Krier	Es ist alles mögliche, alles mögliche Kulturelle, und doch sieht es aus wie eine Fabrik.

193

Rem Koolhaas

Rem Koolhaas　　　Ich habe mich entschlossen, Ihnen ein Gebäude zu zeigen, das für Europa ebenso untypisch ist wie für Amerika. Es handelt sich um eine Villa. Es ist eine Villa mit allerlei einschüchterndem Beiwerk. Zuerst einmal handelt es sich um einen historisch ungeheuer befrachteten Standort in St. Cloud, einem Vorort von Paris, in der Nähe einiger der Villen von Le Corbusier.

Das Grundstück ist sehr schön gelegen und fällt steil zur Seine hin ab. Dahinter liegt der Bois de Boulogne, und hinter diesem bietet sich das unglaubliche Panorama von Paris. Ringsum stehen vor allem Häuser aus dem 19. Jahrhundert. Eines davon besitzt sogar ein wunderbares Schwimmbecken aus dem 19. Jahrhundert. Daneben gibt es aber auch ein unvorstellbar häßliches belgisches Haus im Stile des 15. Jahrhunderts mit eigenem Tennisplatz. In gewissem Sinne ist der Kontext also verletzt.

Im Bebauungsplan hat das Grundstück die Form einer begradigten Bretzel, und das war eine der größten Schwierigkeiten bei diesem Projekt. Eine weitere Schwierigkeit war diese klassische Monet-Landschaft ringsum. So etwa müssen Sie sich die Atmosphäre vorstellen. Wegen der problematischen Grundstücksverhältnisse stellten die Bauherren zwei Bedingungen: Sie wollten ein Schwimmbecken auf dem Dach, was mir sehr unangenehm war, weil ich endlich einmal ein Haus ohne Schwimmbecken entwerfen wollte, und sie wollten ein architektonisches Meisterwerk, was für mich mindestens genauso unangenehm war.

Jedenfalls war es nicht ganz leicht, das Gebäude richtig einzupassen, zumal im Hinblick auf die Bauvorschriften. Bis ich endlich darauf kam, daß die bestimmende Form nicht etwa die Form des Hauses war, sondern die Form des Zwischenraums, den das Haus übrigläßt.

Die Auftraggeber wünschten sich in diesem dicht bebauten Gebiet, mit den zahlreichen benachbarten Häusern und dem umfangreichen alten Baum- und Pflanzenbestand, unbedingt ein Glashaus. Und ein Glashaus mit einem Schwimmbecken auf dem Dach ist ein völliger Widerspruch.

Das Haus ist als gläserner Pavillon entworfen, mit zwei getrennten Apartments – einem für die Tochter und einem für die Eltern – und einem gemeinsamen Wohnraum. Das Grundstück war so schmal, daß man es nur schwer bebauen konnte, ohne es dabei zu zerstören. Und wie gesagt, bestand der Bauherr unbedingt auf seinem Glashaus, stellte dabei aber gleichzeitig so viele Bedingungen, daß es fast unmöglich war, ein Glashaus zu bauen. Und dann noch dieser Glaspavillon, mit der ungeheuren Last des Schwimmbeckens obendrauf. Wir haben das Problem dann durch eine drei Geschosse hohe Betonmauer gelöst, mit einem großen Ausschnitt für das Glashaus. Im Innern des Glaspavillons

195

verbirgt sich also die gesamte Tragkonstruktion, die das Gewicht des Schwimmbeckens mit aufnimmt.

Wenn man im Wohnbereich steht, hat man einen Blick auf ganz Paris. Der Glaspavillon ist größtenteils nach Süden orientiert. Wir wollten allerdings keinen durchsichtigen Glaspavillon bauen, deswegen bestehen einige der Glasflächen aus geätztem, andere aus farbigem Glas. Die Verschattung erfolgt mit Hilfe von beweglichen Sonnenschutzgittern aus Bambus oder aus Lochblech, die beliebig verstellt werden können, so daß ganz unterschiedliche Stimmungen erzeugt werden können.

Hinter den Wohnräumen befindet sich jeweils eine Treppe zur Wohnung der Eltern und zur Wohnung der Tochter. Dann folgt eine Terrasse und wieder eine Treppe, die auf den Dachgarten und zum Schwimmbecken führt.

Leon Krier Gibt es in Paris niemanden, der versucht, diese Art von Architektur zu verhindern?

Rem Koolhaas Natürlich. Es war so, daß die Baugenehmigung bereits erteilt war, als die Nachbarn dagegen Einspruch erhoben, aber unterlagen. Erstens wurden beim Bau des Hauses alle entsprechenden Vorschriften streng eingehalten, und darüber hinaus drohte der Bauherr, das Grundstück einer Einrichtung für Drogensüchtige zu schenken. Das war eine sehr effektive Methode, um die Nachbarn zum Schweigen zu bringen.

Leon Krier Das letztemal, als du diesen Entwurf gezeigt hast, meinte ich, es würde mich sehr an Monet erinnern. Ich finde es wunderbar, daß du jetzt auch noch die Umgebung dazu hast.

Frank Gehry Mir gefällt es.

Michael Graves Rem, es gibt ein Haus – ich versuche schon die ganze Zeit, mich daran zu erinnern, wie es heißt. Ich glaube, es ist in Chile.

Peter Eisenman In Brasilien.

Mario Gandelsonas In Argentinien.

Peter Eisenman Auf jeden Fall irgendwo da unten, in Südamerika.

Michael Graves Es steht auf einer Ebene. Vorne ist eine Arztpraxis und hinten ein Wohnhaus und dazwischen eine Rampe – du kennst es. Bei diesem Haus ist es so, daß die Front des vorderen Gebäudes sich sozusagen städtisch zeigt und als Teil der Straße gibt. Dann folgt weiter hinten der Pavillon, und die Rampe ist das Verbindungselement. Auf jeden Fall gibt sich die Straßenfassade nach außen hin förmlich und paßt sich in den öffentlichen Rahmen der Straße ein, während der Pavillon dahinter eher informellen und lyrischen Charakter besitzt und gewissermaßen die formale Strenge der urbanen Straßenfassade mildert.

Bei deinem Gebäude folgen die Massen einem ähnlichen Kompositionsprinzip, was aber ganz und gar fehlt, ist das urbane Element. Ich weiß natürlich nicht, ob das erwähnte Gebäude ein Vorbild für dich

196

war, aber ich kann mir nicht vorstellen, daß es deinen Entwurf nicht doch irgendwie beeinflußt hat. Bei dir ist es jedoch so, daß die einzelnen Flächen sich krümmen und sich anschmiegen und dabei ganz deinen eigenen Intentionen und Zielen oder Einfällen folgen. Ich finde, du hast hier ein beinahe frivoles Objekt geschaffen, dem die nötige Strenge fehlt.

Rem Koolhaas   Willst du damit sagen, daß du nicht gemerkt hast, daß es sich hier um einen neuen, ehrgeizigen Versuch handelt, Stadt- und Vorstadtarchitektur miteinander zu verbinden?

Michael Graves   Nun, gehen wir einmal davon aus, wir haben ein Vordergebäude und ein Hintergebäude und einen Garten dazwischen, dem in diesem Falle das Schwimmbecken entspricht. Dann bietet sich doch die Gelegenheit, den Garten sozusagen als Übergang zwischen Vorder- und Hintergebäude einzusetzen und die Unterschiede der beiden zu betonen. Ich habe jedoch den Eindruck, daß du daran überhaupt nicht gedacht hast. Aber vielleicht lese ich jetzt auch mehr hinein, als ich sollte.

Rem Koolhaas   Nein, darum ging es mir wirklich nicht. Aber trotzdem finde ich, daß sich die beiden Fassaden unterscheiden. Die Straßenseite hat auf jeden Fall mehr Gewicht. Die andere Seite schwebt eher über dem Garten, statt eine lineare Verbindung zwischen der Straße und der Grundstücksmitte herzustellen. Sie steht rechtwinklig zur Straße – sozusagen ein gebogenes Stück Garten, ein gebogenes Haus und ein gebogenes Stück Asphalt, das die Auffahrt zur Garage bildet. Es ist also nicht so sehr die Polarität zweier gegensätzlicher Elemente, sondern das Spiel mit diesen parallelen und gleichzeitig durchaus widersprüchlichen Situationen. Darüber hinaus sollte man in die Beurteilung des Hauses auch die Wirkung der Wände auf den Grundstücksgrenzen miteinbeziehen. Diese begrünten Elemente sind mir sehr wichtig für die Definition des Glaspavillons.

Michael Graves   Erzähle mir doch noch mal etwas über den prophetischen Charakter dieses Hauses, dieses ganz spezielle nostalgische Moment, das du dir ausgesucht hast, irgendwo in den vierziger Jahren.

Rem Koolhaas   Du fragst mich immer das gleiche.

Michael Graves   Du machst das doch sehr gut. Ich frage mich nur, wie du das anstellst. Wahrscheinlich warst du doch damals noch nicht einmal geboren.

Rem Koolhaas   Du hast schon das letztemal angedeutet, es sei Nostalgie. Deine Reaktion heute ist die gleiche wie damals, aber bei diesem Haus, mit seinen Details, gibt es das doch gar nicht mehr. Es ist sehr viel plumper und viel direkter als das, worauf du anspielst.

Susana Torre   Michael meinte das Haus von Le Corbusier in La Plata in Argentinien. Ich habe dort Architektur studiert und kenne den Ort ziemlich gut. Die

198

meisten hier werden wissen, daß Le Corbusier abwechselnd die Urheberschaft an diesem Haus beansprucht und dann wieder geleugnet hat. Ich brauche wohl nicht zu betonen, daß gerade diese Ambivalenz, die Le Corbusier diesem Bau gegenüber empfand, ihn zumindest für mich zu einem ungeheuer interessanten und problematischen Architekturdokument gemacht hat.

Dieses Haus, auf das er sich, wie gesagt, immer wieder berufen hat, um es dann wieder zu verleugnen, blieb ein problematisches Objekt, belastet mit der Auseinandersetzung um den öffentlichen Charakter der Arztpraxis und die Schutzfunktion, die sie für das dahinter liegende private Wohnhaus haben kann. Natürlich kann man diese Auseinandersetzung für völlig bedeutungslos halten. Ich möchte die Diskussion auf diesen Punkt zuspitzen, weil ich das Gefühl habe, es bildet sich eine Art Unterströmung, die mich faziniert, aber auch beunruhigt. Einige von Ihnen scheinen einfach unfähig zu sein, eine Problematik überhaupt auch nur zu erkennen, wenn sie nicht mit Ihren Erwartungen und Interessen übereinstimmt, und sie wird dann ganz einfach als frivol oder banal abgetan. Natürlich ist das Ihr gutes Recht, aber ich glaube, daß Sie damit eines Tages auf der anderen Seite des Zauns stehen werden, während einige von uns vielleicht doch eine gewisse Kontinuität beanspruchen würden.

Peter Eisenman	Ich würde gerne wissen, wer damit gemeint ist.
Susana Torre	Ich weiß nicht. Es könnte jeder von uns gemeint sein.
Peter Eisenman	Warum sprechen Sie nicht einfach für sich selbst?
Susana Torre	Ich spreche doch für mich selbst.
Peter Eisenman	Dann sagen Sie nicht immer „wir"!
Susana Torre	Jeder ist eingeladen, sich diesem „wir", das ich hier benutzt habe, anzuschließen. Wie dem auch sei, ich finde das Projekt, das Rem hier präsentiert hat, sehr interessant, denn es stellt uns vor Probleme. Ich gebe zu, daß ich nicht alles verstehe oder sehe, was er sagt. Gleichzeitig erkenne ich jedoch eine gewisse Kontinuität im Hinblick auf bestimmte problematische und vielfach vernachlässigte Artefakte architektonischer Auseinandersetzungen, die ich gerne vertieft sehen würde. Was mich irritiert, ist einfach nur der Ton der Diskussion.
Thomas Beeby	Wollen Sie, daß Rem darauf antwortet, oder war das nur eine allgemeine Feststellung?
Susana Torre	Nein, mit Rem hat das eigentlich nichts zu tun.
Peter Eisenman	Ich möchte Rem gerne eine Frage stellen. Vor vier Jahren hatten wir ein ähnliches Treffen wie heute und du hast damals ein ganz ähnliches Projekt vorgestellt. Ich mag deine Projekte immer sehr, Rem, das weißt du. Ich bin da voreingenommen. Das ist vielleicht auch der Grund, warum ich einer deiner schärfsten Kritiker bin. Ich habe den Eindruck,

200

daß deine Arbeiten irgendwie in die Kategorie des Surrealen fallen. Ich gehe jetzt von meiner persönlichen Auffassung dieses Begriffs aus. Ich will keineswegs unterstellen, daß du deine Arbeit auch nur im Traum für surreal hältst, aber wenn ich dafür einen Begriff finden sollte – ich neige nun einmal zu solchen Verallgemeinerungen, und ich möchte mich für diese Entschuldigung entschuldigen, aber sie erscheint mir notwendig –, dann würde ich wirklich sagen, sie ist surreal.

Die Frage, die ich stellen möchte, ist die: Glaubst du, daß es möglich ist, in unserer vom Fernsehen geprägten Welt einen Surrealismus aufrecht zu erhalten, der außerhalb der Sphäre der Kunst existiert? Glaubst du, daß es möglich ist, Kunst auf surreale Weise oder auf effektive Weise als künstlerischen Diskurs aufrecht zu erhalten?

Rem Koolhaas
Peter Eisenman
Du mußt schon ein wenig näher erläutern, was du darunter verstehst.
Nun, ich finde einfach, daß die Welt, die mich umgibt, absolut surreal ist.

Rem Koolhaas
Gut, ich kann verstehen, wieso du die Welt für surreal hältst, aber wieso mein Projekt?

Peter Eisenman
Wenn ich versuchen würde, dieses Projekt in ikonographischer Hinsicht einzuordnen, dann scheint es mir eine bestimmte Energie zu manifestieren, die man surreal nennen könnte. Das ist es, was Michael gemeint hat, als er sagte, es sei irgendwie in den vierziger Jahren gefangen. Er meint damit wahrscheinlich, daß es in den vierziger Jahren vielleicht etwas bewirkt hätte, was sicherlich wohl zutrifft – aber das ist genau meine Frage. Ich habe einfach nur eine Frage gestellt, und sie war durchaus ernst gemeint. Glaubst du, daß es möglich ist, heute surreale Architektur zu machen?

Rem Koolhaas
Ich kann darauf einfach nicht mit Ja antworten, weil ich nicht glaube, daß hier eine surreale Absicht dahintersteht.

Peter Eisenman
Rem Koolhaas
Es gibt auch Surrealismus in durchaus ernst gemeinten Projekten.
Vielleicht handelt es sich um eine Frage von Komplexitäten oder Brüchen. Sagen wir, wir haben es hier mit einer subtilen Lösung für einen ungewöhnlich schweren Aufbau im Zentrum eines Glashauses zu tun. Vielleicht spürst du, daß die Qualität dieses Gebäudes nicht aus diesen Formen abgeleitet ist. Eigentlich hat sie für mich mehr mit einer Art von Luxus zu tun, die unvermeidlich von dieser Art Ambivalenz begleitet ist.

Leon Krier
Also gut. Man fährt auf der rechten Seite. Man parkt auf der Terrasse. Wie geht man von da aus weiter?

Rem Koolhaas
Leon Krier
Einfach die Treppe hoch.
Von der Geraden aus, ja, aber der Haupteingang befindet sich doch genau auf der gegenüberliegenden Seite. Ich finde das sehr verwirrend.

201

Rem Koolhaas	Es ist doch ganz normal, von der Garage aus einen Zugang zum Haus zu haben.
Leon Krier	Aber der liegt doch auf der gegenüberliegenden Seite.
Rem Koolhaas	Also ich finde die Fragestellung nicht besonders interessant.
Leon Krier	Das macht nichts. Aber es ist trotzdem ein wichtiger Punkt. Die andere Sache ist, daß du hier ein Wohnhaus geschaffen hast, das eigentlich nichts anderes ist als ein Apartment auf dem Gelände eines Einfamilienhauses. Auf der rechten Seite hast du eine Zone, die in keiner Weise genutzt werden kann außer für ein Auto. Der meiste Platz wird benötigt, um das Auto in die Garage zu fahren. Und auf der anderen Seite hast du eine Rasenfläche, die nur zur Dekoration da ist. Ich glaube nicht, daß man da draußen sitzen kann. Es sieht jedenfalls nicht danach aus.
Rem Koolhaas	Dies ist die Südseite, ein sehr schöner offener Raum, und der Hauptgarten liegt an der Vorderseite des Hauses.
Leon Krier	Der Garten liegt am Hang.
Rem Koolhaas	Der Garten liegt am Hang an der Westseite – eine sehr gute Lage für den Garten.
Rafael Moneo	Also ich habe große Sympathie für Rems Arbeiten. Aber wenn wir noch einmal auf die Bedeutung der Architektursprache zurückkommen, dann scheint es mir, als ob er irgendwie hinter unserem heutigen Verständnis dieser Sprache zurückbleibt. Natürlich wird es immer bestimmte Leute geben, bestimmte Intellektuelle, die deine Arbeit verstehen können und zu würdigen wissen. Aber ich finde nicht, daß du deine Kraft – ich meine sowohl die Kraft der Sprache als auch deine eigene Kraft – dabei wirklich positiv einsetzt.
	Ich habe den Eindruck, daß du in diesem Augenblick ziemlich allein stehst – vielleicht sogar ein wenig trotzig und arrogant – und einen Aspekt der Moderne verteidigst, der vielleicht durchaus verteidigenswert ist. Aber man sollte ihn mit mehr Intensität verteidigen. Du gehst dabei einfach nicht effektiv genug vor. Ich meine, die Moderne wird ja auch von Piano oder Rogers oder Foster vertreten, und ich habe für deren Arbeiten nicht die gleiche Sympathie wie für deine. Sie arbeiten mit den gleichen Waffen, die du in der Hand hast, und sind weniger wirkungsvoll und zielgenau, als du es sein könntest.
	Ich weiß nicht, ob es nur daran liegt, daß dies ein kleines Haus ist, um noch einmal auf die Sprache und ihren Gehalt zurückzukommen. Ich glaube, es betrifft deine gesamte Arbeit. So wie ich die Dinge sehe, könntest und müßtest du in der heutigen Architekturszene eine sehr wichtige Rolle spielen. Das ist natürlich eine sehr persönliche Bemerkung.

Rem Koolhaas	Deine Sympathie ehrt mich. Aber du verlangst da etwas von mir, wogegen ich mich mit aller Kraft wehre. Ich glaube, daß es bei unserer Arbeit nicht darum geht, die Moderne zu verteidigen oder überhaupt etwas zu verteidigen. Ich denke, es geht vor allem darum, etwas von dem zu sammeln und aufzunehmen, was im kollektiven Bewußtsein noch vorhanden ist. Wir stehen an einem faszinierenden Punkt; denn die Moderne ist fast schon so etwas wie ein volkstümlicher Stil. Und wenn es etwas gibt, wodurch sich dieses Haus auszeichnet – und vielleicht war es falsch, hier diese überfrachteten Bilder zu zeigen –, dann ist es der bewußte Versuch, all diesen Ballast abzuwerfen.
Rafael Moneo	Aber du verstehst doch, warum die Sache mit dem Surrealismus so wichtig ist. Ich kann verstehen, warum Peter den Begriff des Surrealen benutzt, und er meint ihn keineswegs abwertend. Die Schwierigkeit ist nur, daß er dich damit aus der Diskussion bestimmter Probleme ausschließt. Ich fände es besser, wenn du dich dagegen eher mehr beteiligen würdest, wenn du einige der Probleme ernstnehmen würdest, mit denen sich andere hier auseinandersetzen.
	Denn sonst bewirkst du eher das Gegenteil, eine Art marginale Diskussion, die nichts oder nur wenig mit dem zu tun hat, worum es in der Architektur heute geht. Ich weiß natürlich nicht, ob man in zwanzig oder vierzig Jahren sagen wird, du hättest die wahren Probleme erkannt. Ich finde so, wie du dich jetzt gibst, kannst du zwar viele interessante Dinge tun, aber sie bleiben marginal. Wobei ich natürlich nicht weiß, ob es dir nicht darum geht, am Rande zu stehen und zu arbeiten und nicht in der Mitte des Schlachtfeldes.
Rem Koolhaas	Ich glaube, daß wir bei allem, was uns verbindet – wie zum Beispiel Sympathie –, von einer grundverschiedenen Wahrnehmung ausgehen. Ich meine damit das, was du unter marginal verstehst. Ich bin da ganz anderer Meinung. Du fragst mich: „Geht es dir darum, eine Randfigur zu sein und abseits des großen Stromes der Geschichte ein paar rührende kleine Neuerungen zu schaffen?" Ich sehe das ganz anders.
Rafael Moneo	Ich kann deine Antwort sehr gut verstehen. Das bedeutet jedoch auch, daß du damit leben mußt, daß du ziemlich allein bleibst, und zwar für lange Zeit.

Cesar Pelli

Cesar Pelli Ich möchte der Gruppe ein Thema präsentieren, das mich in den letzten Jahren beschäftigt hat, insbesondere in der Zeit nach unserer letzten Diskussion in Charlottesville. Ich habe mir gedacht, daß dies der ideale Ort ist, um ein solches Thema zur Sprache zu bringen.

Es hat zu tun mit einem einzigartigen Phänomen, welches immer deutlicher in Erscheinung tritt: Architekten sind heute überall auf der Welt tätig und entwerfen eine unglaubliche Vielzahl von Gebäudetypen – Privathäuser, vorstädtische Bürogebäude, Museen, Kirchen, Fabriken, alles mögliche. Und ich komme immer mehr zu der Überzeugung, daß wir, wenn wir weiterhin verantwortungsvoll arbeiten wollen, diese vielfältigen Aufgaben an den unterschiedlichsten Orten nicht mehr mit unserer traditionellen Einstellung bewältigen können.

Früher war es so, daß die meisten Architekten, zumindest bis zum Zweiten Weltkrieg, immer innerhalb eines begrenzten geographischen und kulturellen Raums und mit einem begrenzten Katalog von Gebäudetypen gearbeitet haben. Selbst so erfolgreiche und produktive Architekten wie Christopher Wren haben eine sehr kleine Zahl von Gebäudetypen entworfen und im Rahmen eines zusammenhängenden geographischen und kulturellen Raums gearbeitet. Das trifft für uns heute nicht mehr zu. Wie reagieren wir darauf? Wie gehen wir um mit dem Genius Loci? Den Begriff Kontextualismus verwende ich nicht so gerne, weil damit viele Dinge verbunden sind, die ich nicht mag. Die Frage ist, worauf soll sich der Charakter oder das Aussehen eines Gebäudes beziehen? Auf meine Ideologie? Auf meine anderen Arbeiten? Die Wahrheit ist doch, daß alle diese Beziehungen nur für mich selbst von Bedeutung sind. Es sind gewissermaßen künstliche Bezüge.

Gebäude sind keine Skulpturen, und ein Architekt ist kein Chefkoch. Ich widerspreche Peter aufs heftigste – ein Gebäude ist etwas anderes als ein Teller Lasagne. Die beiden Dinge haben nichts miteinander gemein. Und wenn wir weiterhin jedem Gebäude, das wir entwerfen, unsere persönliche Handschrift oder unseren persönlichen Stempel aufdrücken, dann wird es bald dazu kommen, daß jede Stadt ein Fisch-Gebäude hat, ein Meier-Gebäude, ein Jahn-Gebäude usw., bis jede Stadt zu einer Art Woolworth geworden ist – eine Stadt, die von jedem etwas, aber keinen eigenen Charakter hat.

Jaquelin Robertson Wie Houston.

Cesar Pelli Also, wie sollen wir damit umgehen? Ich möchte Ihnen von meiner eigenen bescheidenen – oder vielleicht auch gar nicht so bescheidenen – Reaktion auf ein Problem in San Francisco erzählen. Der Standort dieses Projekts ist der Market Square zwischen der Third Street und der Fourth Street. Die Größe, das Volumen und der Stand-

205

ort des Bürogebäudes, um das es hier geht, wurden bereits vor etwa zehn Jahren von der zuständigen Behörde festgeschrieben.

Das Gebäude gehört zu dem sogenannten Yerba Buena Gardens-Projekt, das außerdem einen Landschaftspark von Giurgola, ein Museum von Maki, eine Konzerthalle von Polshek, ein Einkaufszentrum und andere Einrichtungen umfaßt. Mir hat man den Entwurf des Bürogebäudes und einer Arkade übertragen, die sowohl als Ladenstraße als auch als Eingang für den gesamten Komplex dienen soll.

Die Frage, wie man in San Francisco bauen sollte, wurde für mich zu einer Frage von großer Bedeutung. Mit anderen Worten, welches ist der spezifische Charakter von San Francisco, an den ich mich wende? Das San Francisco, das ich in Erinnerung habe und das ich liebe, hat einen einzigartigen Charakter, mit sehr hellen Pastellfarben und einer Fülle kleinteiliger Details. Überall gibt es eine Fülle von eigenwilligen, typischen Variationen, die offenbar in dieser speziellen Kultur hier besonders gut gedeihen. Es gibt alle möglichen vertikalen Elemente, darunter auch die für die Stadt so typischen Erkerfenster. Dieser historische Charakter der Architektur wurde allerdings im Geschäftsviertel der Stadt durchbrochen. Die neueren Gebäude hier werden fast durchgängig von der Bevölkerung der Stadt abgelehnt. Sie haben die wunderbare Silhouette der Stadt zerstört. Es entbehrt nicht einer gewissen Ironie, daß das eine Gebäude, das die meisten Leute heute inzwischen gewillt sind, in Schutz zu nehmen, ausgerechnet dasjenige ist, das für uns alle das schrecklichste war – die Pyramide von Pereira. Der Grund kann also nicht darin liegen, daß es sich um ein gutes Gebäude handelt, so wie wir es verstehen, der Grund ist ganz einfach der, daß es auf irgendeine Weise dem Bild entspricht, das die Menschen in San Francisco von ihrer Stadt haben.

Unser Grundstück liegt in dem unbebauten Gebiet direkt neben dem Humboldt Tower. Ich bin nicht bereit, mich bei der Entscheidung, wie man in San Francisco bauen sollte, direkt von der unmittelbaren Umgebung beeinflussen zu lassen. Wir arbeiten zwar in einem Stadtsanierungsgebiet, aber ich weiß sehr gut, daß die neuesten stadtplanerischen Direktiven nach Gebäuden mit markanten, unverwechselbaren Spitzen verlangen. Es war sehr schwierig, damit umzugehen. Wie soll man so etwas entwerfen, ohne auf langweilige Giebeldächer oder Kuppeln zurückzugreifen?

Das Gebäude wird mit texanischem Kalksandstein in weichem Pastellton verkleidet. Obwohl der Bau ziemlich groß ist, haben wir den Maßstab ziemlich klein gehalten und ihn sehr stark gegliedert. Die

206

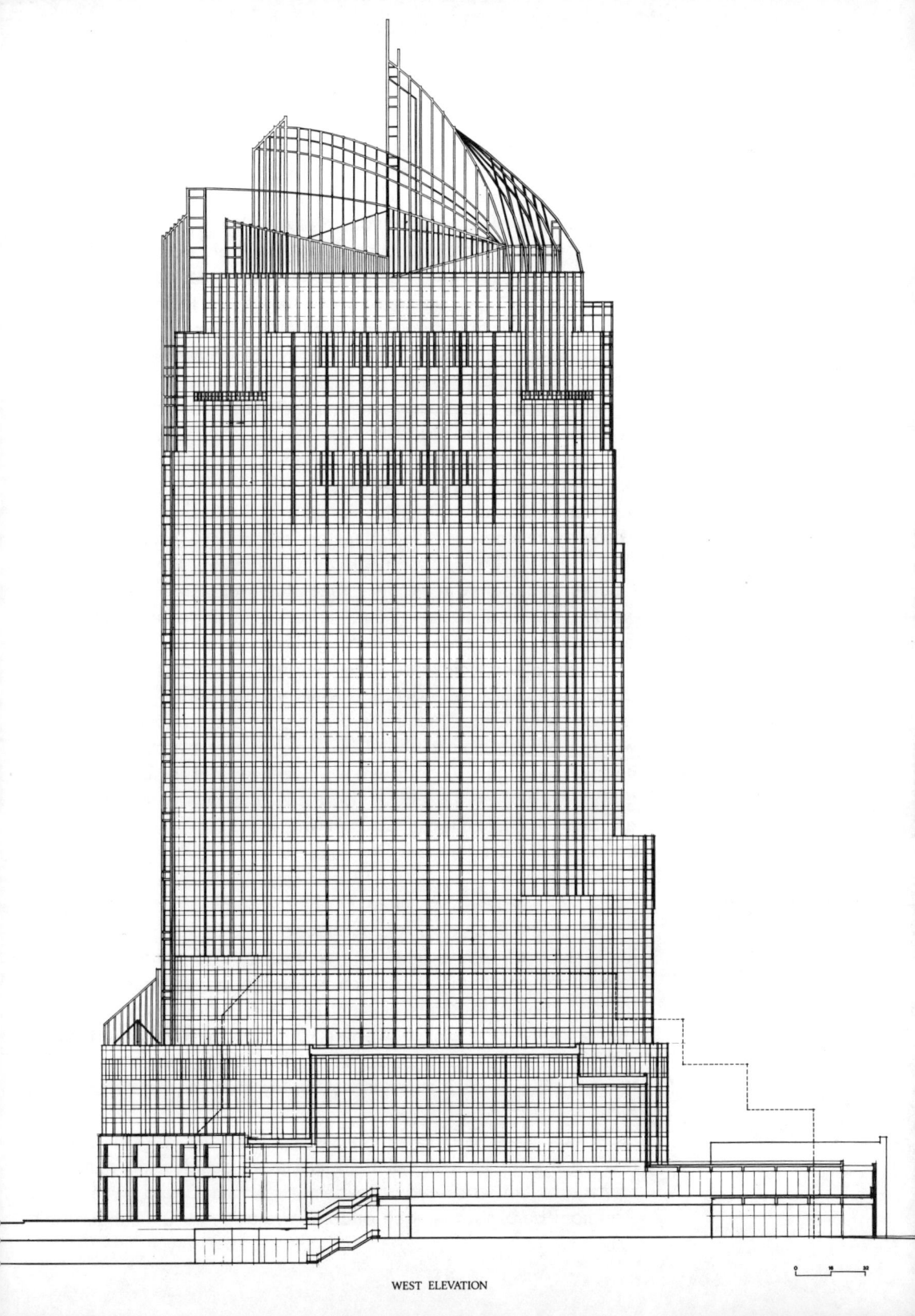

WEST ELEVATION

Gestaltung der Gebäudespitze erforderte neue Überlegungen, und so habe ich einen mir befreundeten Künstler, Siah Armajani, gebeten, mir dabei zu helfen. Ich wollte eine ungewöhnliche und neuartige Krönung für das Gebäude, die zugleich typisch sein sollte für San Francisco. Armajani setzte dem Modell ein paar Hölzchen auf, ich fügte noch ein paar hinzu, und schon bald nahm das ganze eine Form an, die uns gefiel. Die Lösung erschien uns überaus angemessen für San Francisco, das heißt sie war eigenwillig, schön und hatte genügend Schwung, um sich in das Stadtbild einzuordnen. Ich versuchte, mich bei meinem Entwurf nicht so sehr an den neueren Bauten, sondern vor allem an den Gebäuden der Vorkriegszeit zu orientieren, die das Stadtbild, das ich so liebe, weitgehend bestimmen. Gleichzeitig hatte ich nicht das geringste Interesse daran, andere Gebäude zu kopieren oder in meinem Entwurf aufzunehmen. Von der Vorder- und Rückseite aus wirken Gebäude und Dachaufsatz absolut symmetrisch. Aus jedem anderen Blickwinkel ist das nicht der Fall. Der Entwurf ist noch nicht endgültig fertig – als letzte Neuerung haben wir uns für grüne Kupferplatten entschieden. Die weißen Elemente bestehen aus lackierten Walzstahlelementen.

Man hatte uns gesagt, es wäre schön, wenn das Dach für das Publikum zugänglich wäre, aber wir konnten unseren Aufbau nur dann ökonomisch rechtfertigen, wenn wir ihn mit der ganzen Haustechnik belasteten. Wenn wir das Dach jetzt zugänglich machen würden, wären damit erhebliche Probleme im Hinblick auf Sicherheitsvorkehrungen, Zugangswege, Fluchtwege usw. verbunden. Das größte Problem wäre jedoch, daß der Dachaufsatz dann zu einer auf dem Dach plazierten Skulptur werden würde – und genau das ist es nicht. Das ganze Gebäude ist eine Einheit, ein einziges Kunstwerk.

Stanley Tigerman Cesar, ich verstehe dich nicht. Du fängst damit an, daß du mit dem Finger zeigst und sagst, ein Gebäude ist kein Fisch, es darf nicht idiosynkratisch sein, es muß sich einordnen. Und dann setzt du dich selbst darüber hinweg, heuerst einen Künstler an, und der setzt dir ein absolut idiosynkratisches Element auf ein Gebäude, das sonst als streng normativ bezeichnet werden kann. Du hast dich also bemüßigt gefühlt, jemand anderen zu bemühen, der für dich das tut, was andere Personen hier implizit mit in ihre Arbeit aufnehmen. Ich verstehe das nicht.

Cesar Pelli Es ist nicht so, daß ich einen Künstler bestellt hätte, der mir etwas auf das Dach setzt. Ich habe einfach jemanden gebeten, mit mir zusammenzuarbeiten, und zwar aus dem einfachen Grund, weil ich mit Armajani bereits an einigen anderen Projekten zusammengearbeitet

208

hatte und unsere wechselseitige Beziehung überaus anregend fand. Es ist einfach so, daß wir beide ein und dasselbe Problem von unterschiedlichen künstlerischen Voraussetzungen her betrachten, und deshalb können wir beide vorschlagen, ein Stück Stahl an einer bestimmten Stelle zu plazieren. Das hat eine ganz bestimmte Bedeutung für mich als Architekt, der ich innerhalb dieser architektonischen Kultur arbeite. Gleichzeitig hat es für ihn, den gelernten Bildhauer, eine völlig andere Bedeutung.

Wir konfrontieren uns gegenseitig immer wieder mit neuen Formen und Ideen, die unsere vorgefaßten Meinungen in Frage stellen, und ich finde diese Art von Herausforderung sehr anregend. Wahrscheinlich wäre ich allein schließlich auf eine ganz ähnliche Lösung gekommen. Nicht zu genau dieser natürlich, denn sie ist das Ergebnis einer sehr innigen Zusammenarbeit. Aber immerhin zu einer ähnlichen oder gleichwertigen Lösung. Architektur ist eine Kunstform, die der ständigen Zusammenarbeit bedarf, und an diesem überaus kritischen Punkt meiner Arbeit war es mir besonders wichtig, mit jemand anderem zusammenzuarbeiten.

Gerade deshalb zeige ich Ihnen dieses Projekt hier. Es wäre etwas völlig anderes gewesen, wenn ich das Gebäude entworfen und anschließend jemanden gebeten hätte, mir einen Aufsatz für das Dach zu machen.

Peter Eisenman Nicht, daß ich den Vergleich mit der Lasagne über Gebühr strapazieren will, aber ich muß doch sagen, daß ich finde, Lasagne ist Lasagne und Risotto ist Risotto, gleich wer der Koch ist. Und wenn man Pomodori secchi hat, dann nimmt man keinen Parmesankäse dazu, und wenn man Pomodori freschi hat, dann nimmt man Parmesan, gleich wer der Koch ist. Was ich also im Hinblick auf Ihr Gebäude sagen will, ist, daß ich es einfach nicht verstehe. Ich sehe mir die Spitze an und finde das ungeheuer aufregend. Und an dieser Stelle sage ich mir, gut, Pelli ist wieder ganz der alte.

Und dann frage ich mich, warum verliert er plötzlich die Nerven? Mit anderen Worten, warum schmeißt er nicht all das andere Zeugs weg, das er sowieso nicht so gut beherrscht – andere Dinge beherrscht er sehr viel besser –, und ich frage mich, warum zum Teufel streut er jetzt Käse drauf, wo es doch ein Fischsaucen-Gebäude ist. Ich verstehe es einfach nicht. Das ist der Grund, warum ich gefragt habe, warum Sie den Mut verloren haben.

Die Spitze des Gebäudes besitzt eine ungeheure Energie, und ich frage mich, wenn der Rest des Gebäudes genauso wäre, warum sollte es dann nicht mehr nach San Francisco passen, wenn Sie es so sehen? Ich glaube, das ist Ihnen wichtiger als, zum Beispiel, die Fassade. Auf

210

	die Fassade sind Sie hier überhaupt nicht eingegangen, das hat Sie einfach nicht interessiert, aber trotzdem ist das doch ein Teil der Architektur. Sie sagen einfach, das ist so, das muß so sein – über hundert Meter von diesem Zeugs. Aber das scheint Sie überhaupt nicht zu interessieren.
	Die Spitze des Gebäudes dagegen hat Sie ungeheuer interessiert. Warum schälen Sie das ganze andere Zeugs nicht einfach ab und verlängern die Spitze nach unten?
Cesar Pelli	Ich muß sagen, das ist eine interessante Möglichkeit. Vielleicht beim nächsten Gebäude. Hier mußte ich mich einfach entscheiden, Ihnen etwas zu zeigen, was mir wichtig ist und was ich hier in fünfzehn Minuten präsentieren kann.
Peter Eisenman	Verstehen Sie überhaupt, was ich meine?
Cesar Pelli	Ich verstehe sehr gut, was Sie meinen. Aber ich möchte noch einmal auf das zurückkommen, was Sie davor gesagt haben. Für mich reduziert es sich auf die Frage der Verantwortung. Architektur basiert auf Verantwortung.
Peter Eisenman	Das ist ein Thema für eine spätere Diskussion.
Cesar Pelli	Was würden Sie sagen, worin Ihre primäre Verantwortung besteht? Ich meine Ihre künstlerische Verantwortung.
Peter Eisenman	Die Leute nicht zu vergiften.
Cesar Pelli	Wenn man in einer ganz bestimmten Stadt, einer Stadt mit einem ganz bestimmten Charakter arbeitet, dann wäre es falsch, Dissonanzen entstehen zu lassen. Wir können eine Stadt auch dadurch zerstören, daß wir zu viel und zu schnell bauen.
Peter Eisenman	Da kann ich Ihnen nicht zustimmen. Aber für mich ist das Aufregende gerade die Skyline, diese Dissonanz in der Skyline, die Sie uns gezeigt haben.
Cesar Pelli	Genau. Das war für mich genau der richtige Platz, wo diese Dissonanz hingehört, eine sorgfältig durchdachte Dissonanz. Genau hier oben, und nicht auf der Höhe der Straße.
Peter Eisenman	Wie hoch, Cesar?
Cesar Pelli	Es fängt an bei etwa einhundertzwanzig Metern und geht dann rund vierzig Meter hoch.
Peter Eisenman	Nein, nein. Können Sie mit dieser Dissonanz nicht noch ein wenig tiefer gehen? Muß es diese Höhe sein, einhundertundzwanzig Meter?
Cesar Pelli	Ich habe nicht besonders darauf hingewiesen, aber die Elemente der Spitze gehen runter bis etwa zum dritten Geschoß.
Helmut Jahn	Sie haben angefangen mit einer berechtigten und wichtigen Frage, die uns alle betrifft. Alle von uns bauen überall auf der Welt die verschiedensten Typen und Größen von Gebäuden. Und nun haben Sie viel Zeit darauf verwandt, uns den Kontext der Stadt zu erläutern,

211

für die Sie dieses Projekt entworfen haben, aber Sie haben uns kaum etwas von dem eigentlichen Gebäude selbst gezeigt, sondern eigentlich nur von der Spitze.

Ich verstehe, warum diese Spitze so aufregend ist. Und ehrlich gesagt finde ich, daß diese Spitze sehr schön ist. Andererseits ist sie aber auch ganz willkürlich. Ich glaube, ich darf behaupten, daß sie überall hinpassen würde. Sie könnten das gleiche in New York machen, in Chicago, in Frankfurt oder in London. Wenn man es Ihnen erlaubt. Und wenn es Ihnen die Stadt erlaubt, dann wird es auch dem Klienten recht sein. So glaube ich also nicht, daß Sie eine Antwort auf Ihre Frage gefunden haben.

Cesar Pelli Das ist durchaus möglich, aber es geht mir nicht darum, daß man mir irgend etwas „erlaubt".

Frank Gehry Aus der Dynamik der Spitze hätte man noch viel mehr machen können. Sie hätten sogar bis zu der Arkade da unten gehen können, weil sie fast das gleiche Vokabular hat, aber statt dessen blieben Sie einfach regelmäßig. Ich möchte wissen, warum. Aber ich wollte noch etwas anderes ansprechen, was vielleicht ein wenig außerhalb liegt; denn wir sollten uns wirklich auf dieses Gebäude hier konzentrieren. Sie haben vorhin über Zusammenarbeit gesprochen, und da haben Sie wirklich großen Mut bewiesen, finde ich. Ich mache so etwas seit langem und arbeite jetzt auch mit Onkel Peter hier zusammen. Cesar war wirklich sehr mutig, als er diese Gruppe von Verrückten zusammengeholt hat für ein Projekt in Boston. Nun ist mir der Gedanke gekommen, daß diese ganze Energie, die Sie in die Zusammenarbeit mit Armajani gesteckt haben, vielleicht mit dem Bauherrn und Boston und all diesen Dingen zu tun hat. Was meinen Sie dazu? Und können Sie sich eine ähnliche Zusammenarbeit vorstellen mit Leuten wie uns?

Cesar Pelli Natürlich. Natürlich kann ich das.

Leon Krier Wir hatten gestern diese ganze Verwirrung über den Fisch, der in den Bereich der Plastik gehört und nichts mit Architektur zu tun hat. Er wird nie Architektur werden. Selbst wenn Michelangelo behaupten sollte, er sei Architektur, würde das nichts daran ändern – er ist eine Skulptur. Wenn einer also einen guten Fisch macht, dann ist er eben ein guter Bildhauer. Aber wir sollten das auf keinen Fall mit Architektur verwechseln. Und jetzt haben Sie ebenfalls eine merkwürdige Art von Fisch, einen vergammelten Fisch, auf die Spitze Ihres Gebäudes gesetzt, und das soll, wie ich mir habe sagen lassen, für San Francisco ein großer Fortschritt sein. Aber ich finde, die Spitze eines Gebäudes sollte vor allem architektonisch interessant sein, nicht bildhauerisch.

Sie nehmen also den ganzen Schrott, den die Bildhauer in den Hof gestellt haben, diese ganzen rostigen Eisenträger, diese ganzen sinn-

212

los verbogenen Dinge, und stellen sie fünfmal vergrößert aufs Dach. Und dann sprechen Sie von Verantwortung. Ich würde sagen, das ist einfach trivial. Und zwar in einem gigantischen, monströsen Maßstab. Ich habe wirklich keine Ahnung, wovon Sie sprechen.

Cesar Pelli
Dem kann ich nun wirklich nicht zustimmen.

Leon Krier
Das ganze sieht einfach wie ein Unfall aus. Sie sind doch einer der führenden Leute unseres Fachs. Wenn Sie so etwas machen, dann werden all die kleinen Architekten sagen, oh, er macht jetzt wilde Dachaufsätze, also machen wir jetzt auch wilde Dachaufsätze. Aber was bedeutet das für die Qualität unserer Städte? Das ist doch einfach Punk – völlig bedeutungslos.

Diana Agrest
Nun, ich bin nicht für „oben ohne". Ich stimme teilweise mit dem überein, was hier über Zusammenhang und die Beziehung zwischen Spitze und Schaft gesagt wurde. Nicht, daß beide unbedingt gleich sein müssen, aber ich glaube, ein Gebäude sollte einem inneren Diskurs folgen, einem architektonischen Diskurs, der die verschiedenen Teile miteinander in Zusammenhang bringt. Ich finde, es gibt in den amerikanischen Städten schon so etwas wie eine Tradition, solche üppigen, überschwenglichen Spitzen zu bauen, besonders in New York. Doch das gehört in einen anderen Diskurs – einen Diskurs über verschiedene Stilrichtungen. Aber ich möchte konkret werden. Die Fenster stören mich wirklich sehr. Fenster sind mit die wichtigsten Elemente bei einem Gebäude, vor allem bei Hochhäusern, denn Fenster sind alles, was wir sehen. In diesem Falle finde ich, daß Sie der Gestaltung der Fenster im Verhältnis zur Masse des Gebäudes weit weniger Aufmerksamkeit gewidmet haben als der Gestaltung der Spitze. Ich glaube, diese Fenster entstammen eher dem Diskurs des Marktes als irgendeinem architektonischen Diskurs. Mein Eindruck ist eher, daß diese Fenster in keinem Verhältnis zur Masse des Gebäudes stehen.

Es hat mich sehr überrascht, als Sie meinten, dies sei ein eher kleines Gebäude. Ich finde, es ist im Gegenteil sehr groß, sogar für Ihre Verhältnisse. Irgendwie beunruhigt es mich, daß überall diese riesigen Gebäude entstehen. Ich finde, sie sind einfach viel zu groß. Manchmal ist die Architektur dabei gar nicht mehr wichtig, und ich sehe nur noch, daß sie viel zu groß sind. Sie sprechen von San Francisco und zeigen mir diese ganzen viktorianischen Wohnhäuser und sagen mir, Sie wollen nichts mit all diesen neuen Kästen zu tun haben. Nun, ich erkenne schon, daß Sie die Masse des Gebäudes in ein gut gegliedertes Volumen umgesetzt haben. Auch wenn das nur eine Kleinigkeit ist, denn der Bauherr sagt Ihnen, er braucht soundso viele Quadratmeter pro Geschoß, damit ist die Sache erledigt, und das ist das Ende der

214

Geschichte. Aber nun die Hülle. In New York haben die Gebäude oben und an den Seitenflächen ringsum überall Fenster. Fenster sind alles, was man sieht, von morgens bis abends. Und ich muß sagen, zur Zeit ist mir einfach die Mitte wichtiger. Aus meiner Sicht hat man San Francisco einfach zerstört, da ist nichts mehr zu machen. Ich würde diese Pyramide lieber heute als morgen abreißen.

Bruce Graham Also ich freue mich, daß Sie sich die Mitte ausgesucht haben. Mir geht es vor allem um den unteren Bereich. Ich fühle mich in Los Angeles ausgesprochen wohl. Los Angeles ist meine Lieblingsstadt, abgesehen von Chicago. In San Francisco dagegen fühle ich mich unwohl. Für mich ist die Stadt falsch und verlogen. Eine Stadt, die nach markanten Gebäudespitzen schreit und sich dann für Pereiras Pyramide begeistert, ist einfach eine Katastrophe. Mich interessiert viel mehr, wie ein Gebäude auf dem Boden steht, wie es da funktioniert. Insofern stimme ich mit Frank überein, daß die Arkade da unten eine großartige Gelegenheit war, die man hätte nutzen müssen. Man hätte sich eher auf den Fuß des Gebäudes konzentrieren müssen, nicht auf die Spitze. Das Profil von San Francisco ist ohnehin eine Katastrophe, und so wird es auch bleiben. Aber es geht doch darum, wie wir uns einem großen Gebäude nähern, wie wir es betreten. Wenn man unter dem Gebäude steht, bleibt es stumm. Da ist nichts von der Lebendigkeit und Spannung der Spitze. Vielleicht wäre es besser gewesen, man hätte einen markanten Sockel gefordert, dann hätten Sie vielleicht mehr Spaß gehabt.

Jaquelin Robertson Noch etwas zu dem, was Helmut gesagt hat. Ich war sehr angetan von dem, was Sie zu Anfang gesagt haben, und ich habe erwartet – besonders von Ihnen, der Sie doch sonst immer außergewöhnlich vernünftig und klar denken –, daß Sie uns am Beispiel dieses Projekts eine Strategie vorschlagen würden, wie wir alle besser mit dieser Vielfalt von Gebäudetypen umgehen können und vielleicht auch mit unseren multinationalen Büros. Aber darauf sind Sie in Ihrem Vortrag überhaupt nicht weiter eingegangen.

Cesar Pelli Ich habe aber auch gesagt, daß dieses Hochhaus nicht gerade ein ideales Beispiel für mein Thema ist, aber es war das beste noch unveröffentlichte Projekt. Die Frage der Zusammenarbeit ist ein zweites Thema, das nichts mit dem ersten zu tun hat. Ich wollte Ihnen ein Projekt vorstellen, das für mich selbst eine Herausforderung ist und mit dem ich mir sozusagen eine Blöße gebe. Ich habe versucht, Ihnen zu zeigen, wie ich vorgegangen bin und was ich machen wollte. Ob ich damit Erfolg hatte, das bleibt Ihrer Beurteilung überlassen. Ich selbst bin mir noch nicht darüber im klaren, aber ich fühle mich immerhin ganz wohl mit dem, was ich bisher gemacht habe.

215

Die meisten Städte haben eine ganz bestimmte Farbgebung. Wir alle wissen, wie störend es sein kann, wenn ein Gebäude die falsche Farbe hat. Auch in San Francisco gibt es Gebäude, sogar sehr viele Gebäude, die die falsche Farbe haben. Das mag ein ganz einfacher, fast banaler Aspekt sein, aber er ist mir wichtig.

In Städten wie Chicago gibt es eine eindeutige, direkte Beziehung zwischen der Befensterung und dem Gebäude als Ganzem, und zwar nicht nur in den Bauten von Mies, sondern auch in vielen Gebäuden aus dem neunzehnten Jahrhundert. In San Francisco ist das anders. Hier gibt es zahlreiche Zwischenlösungen zwischen dem Fenster und dem Ganzen, Sie haben das ja in meinem Entwurf gesehen. In San Francisco ist es so, daß die Gebäudemasse häufig gegliedert ist, die Fassaden schwingen vor und zurück. In der Regel sind die eingeschnittenen Fenster zu Bündeln zusammengefaßt, meist zu vertikalen Bündeln, und auch dies habe ich in meinem Entwurf aufgenommen.

Nun will ich keineswegs behaupten, daß man automatisch Erfolg hat, wenn man bestimmte charakteristische Elemente in einer Stadt aufspürt und sie in seinen Entwurf aufnimmt. Für mich ist das Wichtigste der Charakter, das ganz besondere Feeling einer Stadt. Das ist das künstlerische Problem, vor dem ich stand, und darauf habe ich reagiert mit dieser üppigen, ausschweifenden Dachkonstruktion.

Jaquelin Robertson Ich würde sagen, daß Ihre Beschreibung der Strategie, der Sie gefolgt sind – eine Fülle von für San Francisco typischen Elementen –, genau der normalen Definition eines Kontextualismus entspricht, für den Sie jedoch nichts übrig haben, wie Sie selbst sagten.

Cesar Pelli Ja, und ich kann Ihnen auch sagen, warum.

Jaquelin Robertson Lassen Sie mich weiterreden. Es ist mir im Augenblick egal, ob Sie mir zustimmen oder nicht. Grundsätzlich ist es mir schon wichtig, aber im Augenblick nicht. Ich glaube, wir alle spüren eine gewisse Unbeholfenheit in den Proportionen dieses Gebäudes. Es wirkt ungeheuer breit und fett, wenn man es von der sogenannten Schmalseite aus betrachtet. Und dann ist da dieser Streifen, der in der Mitte des Gebäudes von oben nach unten verläuft und mich irgendwie an einen riesigen Reißverschluß erinnert. Ich habe mir gesagt, gut, auf diese Weise rettet er die Vertikale des Gebäudes, indem er diesen Reißverschluß betont. Und dann dachte ich, daß Sie diesen Kopfputz, der wie ein indianischer Federschmuck oder ein griechischer Helm aussieht, irgendwie mit diesem Reißverschluß verbinden würden. Und zwar viel dramatischer. Das Ding müßte etwa dreimal so groß sein. Wenn es Ihnen also um die Proportionen ging, die im Vergleich zu der schmalen Stirnseite sehr breit sind – und der Grund, warum das RCA-Gebäude so schön ist, ist doch der, daß es an der Schmalseite wirklich schmal wird –,

216

	dann fehlt einfach die Verbindung zwischen Kopfputz und Reißverschluß. Und wenn Sie das gemacht hätten, dann wäre die kontextuelle Hülle weniger wichtig gewesen.
Cesar Pelli	Nun ist es aber so, daß man das Gebäude nie wirklich frontal sehen wird, mit Ausnahme der Rückseite.
Jaquelin Robertson	Aber von anderen Gebäuden aus würde man es sehen können.
Cesar Pelli	Ja, das ist richtig.
Jaquelin Robertson	Bei einem Hochhaus ist es so, daß man seine Fassade am besten von anderen Hochhäusern aus sehen kann.
Cesar Pelli	Aber nicht in San Francisco.
Jaquelin Robertson	In San Francisco kann man die Hochhäuser von den Hügeln aus wunderbar sehen.
Cesar Pelli	Ja, aber nicht so wie das RCA-Gebäude, das ganz isoliert steht und das man von der Schmalseite her sieht. Bei unserem Gebäude ist das anders. Das wird immer nur in Ausschnitten zu sehen sein, teilweise von anderen Gebäuden verdeckt.
Susana Torre	Zurück zu der Frage nach der Spitze. Sie unterscheidet sich gerade dadurch von fast allen anderen Hochhäusern, daß sie Raum umschließt, der danach verlangt, genutzt zu werden. Wenn Sie nun von Haftpflicht usw. reden, dann klingt das für mich wie eine müde Entschuldigung dafür, daß Sie versäumt haben, hier einen öffentlichen Raum zu schaffen.
	Wenn man die Spitze eines Gebäudes zu einem öffentlichen Raum erklärt, so sagt das etwas aus über die jeweilige Einstellung hinsichtlich dessen, wie Stadträume genutzt werden können und sollten, und zwar nicht nur auf der Straßenebene. Das hätte ein neuer Ansatz sein können, und das Gebäude hätte das Versprechen, das es im Hinblick auf diesen öffentlichen Raum macht, tatsächlich einlösen können.
Cesar Pelli	Ich kann Ihnen da nicht völlig widersprechen, Susana, aber die Hemmnisse, die dem entgegenstanden, sind keineswegs nur Ausflüchte, sondern ganz reale, unüberwindliche Hemmnisse.
Susana Torre	Aber warum haben Sie es dann so gemacht?
Cesar Pelli	Weil es ursprünglich eigentlich gar nicht darum ging. Es war ganz einfach nur ein Nebenprodukt unserer Arbeit.
Susana Torre	Ich würde aber doch sagen, daß die Raumerfahrung für ernsthafte architektonische Arbeit absolut unverzichtbar ist. Man kann doch nicht einfach seine Ausgangsbedingungen neu erfinden und formulieren.
Cesar Pelli	Ich verstehe, was Sie sagen wollen, aber davon bin ich überhaupt nicht ausgegangen. Mir ging es um andere Dinge, die mir wichtig sind, zum Beispiel die Verantwortung des Architekten und seine künstlerischen Möglichkeiten.

217

Abspann

Diana Agrest und Mario Gandelsonas sind Argentinier. Seit den frühen siebziger Jahren haben sie, häufig gemeinsam, zahlreiche Aufsätze zur Semiotik und Linguistik der Architektur publiziert, unter anderem in der Zeitschrift „Oppositions. A journal for ideas and criticism in architecture", die von 1973 bis 1984 erschien und zu deren Herausgebern Gandelsonas gehörte. Diana Agrest gab 1982 das Buch von Irwin S. Chanin, „A Romance with the City" heraus; Mario Gandelsonas schrieb u.a. über Peter Eisenman, Michael Graves, Richard Meier und Massimo Scolari. Zu ihren Entwürfen gehört u.a. ein Wettbewerbsbeitrag zum Parc de la Villette. Ein Verzeichnis ihrer Schriften und veröffentlichten Entwürfe findet sich in den Vance Bibliographies, Architecture Series, von 1985.

Tadao Ando wurde 1941 in Osaka geboren. Er ist Autodidakt, gründete 1969 sein eigenes Büro und hat seither, fast ausschließlich in Japan, hauptsächlich Wohnhäuser und Gewerbebauten entworfen. Im Westen wurde er seit Beginn der achtziger Jahre durch Ausstellungen, Vorlesungen und eine außergewöhnliche Fülle von Publikationen über sein Werk bekannt. 1989 erhielt er die Goldmedaille der Académie Française d'Architecture. Werkübersicht: „Tadao Ando", Verlag für Architektur Artemis 1990.

John Henry Burgee wurde 1933 in Chicago geboren, studierte Architektur, arbeitete von 1958 bis 1967 im Büro von C.F. Murphy in Chicago und hat seit 1968 ein gemeinsames Büro mit Philip Johnson in New York. Weiteres siehe bei Philip Johnson.

Peter D. Eisenman wurde 1932 in Newark, New Jersey geboren, studierte Architektur an der Cornell University in Ithaca und der Columbia University in New York sowie Designtheorie in Cambridge, England. Unterrichtete in Cambridge, Princeton und seit 1975 an der Cooper Union in New York. Er war Gründer und Leiter des Institute for Architecture and Urban Studies in New York und einer der Herausgeber von deren Zeitschrift „Oppositions". Peter Eisenman wurde vor allem durch zahlreiche Kollektivausstellungen und seine Aufsätze zur Architekturtheorie bekannt; seine Entwürfe finden sich u.a. in seinem Buch „Houses of cards" (Oxford University Press 1977) sowie in den Gemeinschaftspublikationen „Five Architects: Eisenman, Graves, Gwathmey, Hejduk, Meier" (Oxford University Press 1975) - ein Porträt der „New York Five" - sowie „Houses for sale" (zusammen mit verwandten Arbeiten von Emilio Ambasz, Vittorio Gregotti, Arata Isozaki, Charles Moore, Cesar Pelli, Cedric Price und O.M. Ungers, Rizzoli 1981).

Mario Gandelsonas wurde 1938 in Argentinien geboren. Er arbeitet eng mit Diana Agrest zusammen, weiteres siehe dort.

Frank O. Gehry wurde 1929 in Toronto, Kanada geboren, studierte Design und Architektur an der University of Southern California in Los Angeles sowie eine Vielzahl von Fächern in Harvard, arbeitete in verschiedenen Büros und gründete 1962 sein eigenes Büro in San Francisco, heute in Santa Monica. Seit Beginn der siebziger Jahre unterrichtet er außerdem sporadisch an verschiedenen amerikanischen Universitäten. Frank Gehry gilt als Begründer und zugleich lebendigster Vertreter des Dekonstruktivismus. Zu seinen bekanntesten Bauten gehören sein eigenes Wohnhaus in Santa Monica (1977–1979) und das Los Angeles Aerospace Museum (1982). Trotz zahlreicher Bauten und Preise kam sein internationaler Durchbruch erst 1986 mit seiner Einzelausstellung im Walker Art Center in Minneapolis, deren Katalog auch auf deutsch erschien („Frank Gehry und seine Architektur", Wiese 1989); 1989 erhielt er den Pritzker Prize. Im gleichen Jahr entstand nach seinem Entwurf das Vitra Design Museum in Weil am Rhein.

218

Michael Graves

wurde 1934 in Indianapolis geboren, studierte Architektur an der University of Cincinnati und an der Harvard University und gründete 1964 sein eigenes Büro in Princeton, New Jersey. Seit 1962 lehrt er an der dortigen Universität. In den sechziger Jahren bildete er mit Eisenman, Gwathmey, Hejduk und Meier den Kreis der „New York Five". Zu seinen Bauten gehören u.a. die Humana Corporation Headquarters in Louisville von 1983 und die Erweiterung des Whitney Museum in New York, doch bekannt wurde Michael Graves vor allem durch seine repräsentativen Architekturzeichnungen, die auf zahlreichen Kollektivausstellungen gezeigt wurden. Jüngste Werkübersicht: „Michael Graves, Buildings and Projects 1982–1989", Princeton Architectural Press 1990.

Charles Gwathmey

wurde 1938 in Charlotte, North Carolina geboren, studierte Architektur an der University of Pennsylvania bei Louis Kahn und Robert Venturi, an der Yale University bei Paul Rudolph und James Stirling u.a. und ist seit 1971 Partner im Büro Gwathmey Siegel and Associates. Seit 1964 unterrichtet er wechselnd an zahlreichen amerikanischen Universitäten. In den sechziger Jahren gehörte er zum Freundeskreis der „New York Five". Werkübersicht: „Charles Gwathmey and Robert Siegel, Buildings and Projects 1964–1984", Harper & Row 1984.

Hans Hollein

wurde 1934 in Wien geboren, studierte in Wien, am IIT in Chicago und an der University of California, seit 1964 eigenes Büro in Wien, seit 1976 Professor an der Hochschule für angewandte Künste in Wien. 1985 erhielt er den Pritzker Prize. Seit Mitte der sechziger Jahre war Hans Hollein Berater und Ladenarchitekt für viele internationale Firmen und wurde auch durch seine Ausstellungsenvironments bekannt. Zu bauen begonnen hat er erst in den letzten Jahren; das Museum Abteiberg in Mönchengladbach, das Museum für moderne Kunst in Frankfurt a.M. und das Haas-Haus am Stephansplatz in Wien sind seine ersten großen realisierten Projekte. Werkübersicht: „Hans Hollein, Opere 1960–1988", Ausstellungskatalog Mailand, Idea Books 1988. Video: „Hans Hollein", Video-Edition Klett.

Arata Isozaki

wurde 1931 in Oita City, Japan geboren, studierte Architektur in Tokio bei Kenzo Tange, arbeitete 1954 bis 1963 in dessen Team und führt seit 1963 sein eigenes Büro in Tokio. Seit 1963 lehrt er als Gastprofessor an zahlreichen amerikanischen Universitäten. Arata Isozaki gilt seit dreißig Jahren als einer der großen Architekten der Gegenwart. Seine vom Metabolismus geprägten früheren Bauten entstanden hauptsächlich in Japan, seit seiner Wendung zum Neoklassizismus um 1980 baut er zunehmend auch in den USA und Europa. In Berlin steht ein Wohnhaus von ihm im „Wohnpark am Berlin Museum" (1984/86, im Rahmen der IBA). Werkübersicht: „Arata Isozaki, architetture 1959–1982", Officina Edizioni 1983. Video: „Arata Isozaki", Video-Edition Klett.

Helmut Jahn

wurde 1940 in Nürnberg geboren, studierte Architektur an der TH München und, nach Übersiedlung in die USA 1966, am IIT in Chicago, arbeitete von 1967 an bei C.F. Murphy und ist seit 1973 Partner im Büro Murphy/Jahn Associates in Chicago. Seit 1981 lehrt er an verschiedenen amerikanischen Universitäten. Helmut Jahn gehört seit Beginn der achtziger Jahre zu den international erfolgreichsten Architekten und wurde über den Kreis der Fachleute hinaus durch seine charakteristischen, dramatischen Architekturzeichnungen berühmt. Zu seinen bekanntesten Bauten gehören das Bürohochhaus am South Wacker Drive und das State of Illinois Center in Chicago; in Frankfurt wurden 1990 sein Turm und Eingang am Messegelände fertiggestellt. Werkübersicht: Ante Gliboto, „Helmut Jahn", Paris: Art Center 1987.

Philip Courtelyou Johnson

wurde 1906 in Cleveland, Ohio geboren, studierte Philologie an der Harvard University, war 1930 - 1936 und 1946 - 1954 Direktor des Department of Architecture am Museum of Modern Art in New York, dazwischen Architekturstudium in Harvard und eigenes

219

Büro in Cambridge, Mass., von 1964 an Büro mit Richard Foster, seit 1967 Büro mit John Burgee. Alle großen amerikanischen Architekturpreise. Philip Johnson war in den dreißiger Jahren ein einflußreicher Förderer der europäischen Moderne in Amerika; er gilt heute, nach seiner seit den sechziger Jahren vollzogenen spektakulären Wendung, als Vater, Großmeister und Enfant Terrible der Postmoderne. Zu seinen bekanntesten Bauten aus dieser Phase zählen die beiden Hochhäuser des Pennzoil Place in Houston, 1970–1976, und das A.T.&T. Building in New York, 1979. Eine Auswahl seiner Aufsätze erschien 1982 auf deutsch („Philip Johnson, Texte zur Architektur", DVA). Werkübersicht: „Philip Johnson, John Burgee, Architecture 1979–1985", Rizzoli 1985.

Josef Paul Kleihues wurde 1933 in Rheine geboren, studierte an der TH Stuttgart, TH Berlin und Ecole des Beaux-Arts in Paris, seit 1962 eigenes Büro in Berlin, 1973–1985 Professor für Entwerfen und Architekturtheorie, seit 1985 für Entwerfen und Städtebau an der Universität Dortmund, 1986 Professor an der Cooper Union in New York. Josef P. Kleihues war von 1979 an Planungsdirektor der IBA in Berlin. Zu seinen bekanntesten Bauten zählen die Hauptwerkstatt der Berliner Stadtreinigung und das Krankenhaus Neukölln, beides in Berlin, sowie zahlreiche Entwürfe für Museen, von denen einige in diesen Jahren realisiert werden, u.a. das Museum für Vor- und Frühgeschichte in Frankfurt; diese Projekte wurden publiziert in Josef P. Kleihues, „The Museum Projects", Rizzoli 1989.

Rem Koolhaas wurde 1944 in Rotterdam geboren, studierte an der Architectural Association in London, arbeitete mit O.M. Ungers an der Cornell University in Ithaca, New York und wurde Partner des 1975 gegründeten Office for Metropolitan Architecture (OMA) in London, Berlin und New York. Aus dieser Zusammenarbeit gingen vor allem städtebauliche Entwürfe und eine eigenwillige Architekturtheorie hervor, publiziert in seinem Buch „Delirious New York", New York 1978. Rem Koolhaas arbeitet heute in Rotterdam. Werkübersicht: „OMA – Rem Koolhaas. Pour une culture de congestion", Electa 1990.

Leon Krier wurde 1946 in Luxemburg geboren, arbeitete bei James Stirling in London und bei Josef P. Kleihues in Berlin und gründete 1974 sein eigenes Büro in London, wo er auch einige Jahre lehrte. Sein Werk besteht vorwiegend aus städtebaulichen Idealplanungen für zahlreiche europäische Städte, die u.a. veröffentlicht wurden in „Leon Krier. Drawings 1967–1980", Brüssel 1981 und „Leon Krier. Houses. palaces, cities", AD profile, Heft 7+8/1984.

Rob(ert) Krier wurde 1938 in Luxemburg geboren, studierte an der TU München, arbeitete bei O.M. Ungers und bei Frei Otto, seit 1976 eigenes Büro und Professur an der TU in Wien. Wie sein Bruder Leon arbeitet er an Entwürfen und Theorien zur Neugestaltung von Stadträumen, veröffentlicht u.a. in Rob Krier, „Stadtraum in Theorie und Praxis. An Beispielen der Innenstadt Stuttgarts", Karl Krämer Verlag 1975. 1989 erschien sein Buch „Über Architektonische Komposition", Klett-Cotta. Daneben realisierte er Soziale Wohnungsbauten vor allem in Wien und Berlin.

Richard Alan Meier wurde 1934 in Newark, New Jersey geboren, studierte Architektur an der Cornell University in Ithaca, arbeitete u.a. bei Skidmore, Owings and Merrill und bei Marcel Breuer und gründete 1963 sein eigenes Büro in New York. Er gehörte wie Eisenman u.a. zu den „New York Five". 1984 erhielt er den Pritzker Prize, 1988 die Goldmedaille des RIBA. Sein gebautes Werk umfaßt u.a. Wohn- und Geschäftshäuser und öffentliche Einrichtungen, doch einer weiteren Öffentlichkeit wurde Richard Meier vor allem durch seine Museen bekannt, darunter das 1985 fertiggestellte Museum für Kunsthandwerk in Frankfurt am Main, wie alle seine Bauten in charakteristischem

Weiß gehalten. Seine Museen sind veröffentlicht in „Richard Meier, Bauen für die Kunst", Birkhäuser 1990. Werkübersicht: „Richard Meier Architect. 1964–1984", Rizzoli 1984.

José Rafael Moneo Valles
wurde 1937 in Tudela, Spanien geboren. Er studierte Architektur in Madrid und gründete dort 1965 sein eigenes Büro. Von 1971 bis 1985 war er Professor für Architektur an der Escuela de Arquitectura in Barcelona, seit 1985 ist er Dekan der Architekturschule der Harvard University. Seit 1974 gibt er die Zeitschrift „Arquitecturas-Bis", Barcelona, heraus. Mit seinen einfühlsam gestalteten öffentlichen Bauten, u.a. dem „Bankinter"-Bankgebäude in Madrid von 1975, gehört Rafael Moneo in Spanien zu den anerkannten Architekten und Lehrern.

Cesar Pelli
wurde 1926 in Tucuman, Argentinien geboren, studierte dort und, nach seiner Übersiedlung in die USA 1952, an der University of Illinois, arbeitete in mehreren Büros, u.a. bei Eero Saarinen und gründete 1977 sein eigenes Büro in New York, heute in New Haven, Connecticut. Er unterrichtete an mehreren amerikanischen Universitäten, u.a. 1977–1984 an der Yale University. Cesar Pelli wurde bekannt durch seine charakteristischen, ganz mit Glas verkleideten Bauten wie das Pacific Design Center in Los Angeles (1971–1988), die Erweiterung und Überbauung des Museum of Modern Art in New York (1977–1984, zusammen mit Jaquelin Robertson) und das World Financial Center in New York (1981–1987). Werkübersicht: „Cesar Pelli, Buildings and Projects 1965–1990", Rizzoli 1990.

Jaquelin Taylor Robertson
wurde 1933 in Richmond, Virginia geboren, studierte an der Yale University und in Oxford, war seit den sechziger Jahren Mitarbeiter bzw. Leiter verschiedener öffentlicher und privater Büros für Stadtplanung und Städtebau in New York und hat dort seit 1978 sein eigenes Büro. Jaquelin Robertson gilt als der Politiker unter den amerikanischen Architekten; mit dem Instrument der „zoning laws" hat er für eine Wohnumfeldverbesserung in zentralen Bereichen von New York gearbeitet. Zu seinem klein gebauten Werk gehört der Hochhausturm über dem Museum of Modern Art (1977–1984, zusammen mit Cesar Pelli).

Kevin (Eamonn) Roche
wurde 1922 in Dublin geboren, studierte dort Architektur, übersiedelte 1948 in die USA, arbeitete von 1950 an bei Eero Saarinen und übernahm nach dessen Tod 1961 das Büro zusammen mit John Dinkeloo. Im Büro Kevin Roche John Dinkeloo and Associates entstanden von 1966 bis 1980 zahlreiche große, der Moderne verpflichtete Regierungs–, Bildungs– und Firmenbauten, von denen besonders die Ford Foundation Headquarters (1963–1968) und die Erweiterung des Metropolitan Museum (1967–1978), beide in New York, bekannt wurden. In den achtziger Jahren (seit 1981: Kevin Roche Associates) bekamen seine Bauten eine eher postmoderne Prägung, zum Beispiel das Bürohochhaus, 60 Wall Street, New York. 1982 erhielt er den Pritzker Prize. Werkübersicht: „Kevin Roche, Architect: The Work of Kevin Roche John Dinkeloo and Associates", Hg. John O'Regan und Shane O'Toole, Dublin 1983; „Kevin Roche", Architecture + Urbanism, extra edition August 1987.

Paul Marvin Rudolph
wurde 1918 in Elkton, Kentucky geboren, studierte an der Harvard University bei Walter Gropius, gründete 1952 ein eigenes Büro, leitete von 1958–1965 die School of Architecture der Harvard University und hat seit 1965 sein eigenes Büro in New York. Charakteristisch für sein äußerst umfangreiches gebautes Werk, das hauptsächlich in den USA und in Fernost entstand, sind seine frühen Bauten in New Haven, u.a. die Parkgarage an der Temple Street (1959) und das Art and Architecture Building der Yale University (1958–1964) sowie das State Service Center in Boston (1962, 1967–1972). Über diese Zeit: „Paul Rudolph. Bauten und Projekte", Stuttgart: Hatje 1970.

221

Stanley Tigerman

wurde 1930 in Chicago geboren, studierte u.a. am MIT in Cambridge und an der Yale University, arbeitete u.a. bei SOM und Paul Rudolph, gründete 1964 sein eigenes Büro in Chicago, lehrt seit 1965 an zahlreichen amerikanischen Universitäten, ist seit 1966 Korrespondent von „L'Architecture d'Aujourd'hui", zahlreiche Ausstellungen seiner Arbeiten als Architekt, Maler und Bildhauer. Stanley Tigerman gilt als einer der experimentierfreudigsten und skurrilsten unter den postmodernen Architekten. Zu seinem gebauten Werk gehören vor allem Wohnhäuser, Läden, Inneneinrichtungen und Möbel. 1982 veröffentlichte er sein Buch „Versus. An American Architect's Alternatives", New York.

Oswald Mathias Ungers

wurde 1926 in Kaiseresch/Eifel geboren, studierte an der TH Karlsruhe bei Egon Eiermann, gründete 1950 sein eigenes Büro in Köln (ab 1964 in Berlin, seit 1970 in Ithaca, New York, heute Köln und Frankfurt), war 1963–1968 Professor an der TU Berlin, lehrt seit 1969 an der Cornell University in Ithaca. Zu seinen bekanntesten Bauten gehören Turmhaus und Galerie auf dem Frankfurter Messegelände (1980–1983) und das Deutsche Architekturmuseum in Frankfurt a.M. (1979–1984). Zahlreiche Publikationen zu Städtebau und Architekturgeschichte und –theorie, u.a. „Sieben Variationen des Raumes über Die Sieben Leuchter der Baukunst von John Ruskin", Hatje 1985. Werkübersicht: „O.M. Ungers. 1951–1984. Bauen und Projekte", Vieweg 1986.

BIRKHÄUSER ARCHITEKTUR BIBLIOTHEK
Neuerscheinungen 1991

Haila Ochs/
Annette Ciré (Hg.)

Die Zeitschrift als Manifest
Aufsätze zu architektonischen Strömungen im 20. Jahrhundert
Im Anhang: Liste der Architekturzeitschriften von 1892–1970
208 Seiten, 35 z.T. 2-fb. Abb.
ISBN 3-7643-2566-6

Hans Bernoulli

Die Stadt und ihr Boden
Im Anhang: Stichwort „Bodenreform" von Klaus Novy
136 Seiten, 85 sw-Abb.
ISBN 3-7643-2610-7

Erich Mendelsohn

Briefe eines Architekten
Herausgegeben von Oskar Beyer
Im Anhang: Chronologie von Leben und Werk Erich Mendelsohns
128 Seiten, 50 sw-Abb.
ISBN 3-7643-2609-3

Jaquelin Robertson/
Stanley Tigerman
(Hg.)

Der postmoderne Salon
Architekten über Architekten
Aus dem Amerikanischen von Hans Harbort
Im Anhang: Kurzbiographien der Architekten
224 Seiten, 100 sw-Abb.
ISBN 3-7643-2486-4

Gordon Cullen

TOWNSCAPE/Das Vokabular der Stadt
Aus dem Englischen von Renate Gerhardt
Im Anhang: Stichwort „Stadtgestalt" von Martina Düttmann
208 Seiten, 400 sw-Abb.
ISBN 3-7643-2407-4

Fritz Schumacher

Das bauliche Gestalten
Im Anhang: die „Philosophie der Komposition" von Edgar Alan Poe
96 Seiten
ISBN 3-7643-2611-5

Philippe Boudon

Der architektonische Raum
Über das Verhältnis von Bauen und Erkennen
Aus dem Französischen von Marianne Uhl
Im Anhang: Die Stichworte „Maßstäblichkeit und Proportion"
von Viollet-le-Duc
136 Seiten, 30 sw-Abb.
ISBN 3-7643-2614-X